创新驱动创业系列丛书

本书得到国家自然科学基金重大项目"创新驱动创业的重大理论与实践问题研究"
课题五"创新驱动的企业国际创业理论与战略研究"（基金号：72091314）
以及国家自然科学基金面上项目"我国企业进行公司创投的动因、机制和效果研究"
（基金号：72072003）的资助

创新驱动企业国际创业
战略与实践

路江涌　谢绚丽　程　聪　孙　彪　等◎著

科学出版社

北　京

内 容 简 介

本书深入探讨了创新驱动国际创业的理论和实践，特别是在新兴市场企业中的应用。通过案例分析，本书展示了中国企业从技术引进到自主创新的转变过程。重点分析了企业如何通过技术创新与国际市场的结合，实现从追赶到领先的跨越。同时，强调了技术的发展对行业未来的影响。此外，书中提出了新兴市场企业国际创业的五大动因，并分析了国际创业过程中的资源寻求、跳板回流、制度逃逸、社会网络与创新驱动等多维视角。本书讨论了用户创新、产品创新、组织创新和市场创新等因素如何共同促进企业国际化和竞争力的提升。

本书面向国际化企业创始人、核心管理层，为他们提供了国际创业的宝贵经验和策略。同时，本书内容对于国际商务政府管理部门领导具有重要的政策指导意义。此外，国际创业领域的学者可以从中获取较新的研究成果和理论进展，有助于深化对创新驱动国际创业机制的理解。总的来说，本书适合对国际创业和市场拓展有深入兴趣和需求的专业人士参考阅读。

图书在版编目（CIP）数据

创新驱动企业国际创业：战略与实践 ／ 路江涌等著. 北京：科学出版社，2024. 9. --（创新驱动创业系列丛书）. -- ISBN 978-7-03-079001-9

Ⅰ. F279.23

中国国家版本馆 CIP 数据核字第 2024N4T576 号

责任编辑：郝　悦 ／ 责任校对：王晓茜
责任印制：赵　博 ／ 封面设计：有道设计

科 学 出 版 社 出版
北京东黄城根北街 16 号
邮政编码：100717
http://www.sciencep.com

三河市春园印刷有限公司印刷
科学出版社发行　各地新华书店经销

*

2024 年 9 月第 一 版　开本：720×1000　1/16
2025 年 1 月第二次印刷　印张：12
字数：252 000
定价：150.00 元
（如有印装质量问题，我社负责调换）

丛书编委会

主编：

陈晓红

委员（按姓氏笔画排序）：

毛基业	朱桂龙	苏敬勤	李　垣	李大元
李新春	杨　治	吴晓波	张玉利	陈　劲
武常岐	柳卸林	翁清雄	黄丽华	谢　恩
路江涌	蔡　莉	魏　江		

目　录

第一篇　创新驱动国际创业的时代背景

第一章　创新驱动国际创业的国际环境 ·················· 3
　　第一节　环境的不确定性和不连续性 ·················· 3
　　第二节　国际地缘政治风险带来的挑战 ················ 8
第二章　创新驱动国际创业的国内环境 ················· 17
　　第一节　国内创新环境 ···························· 17
　　第二节　国内经济环境 ···························· 22
　　第三节　"双循环"发展新格局 ······················ 30
　　第四节　国际创业发展阶段 ························ 33

第二篇　创新驱动国际创业的理论和逻辑

第三章　创新驱动国际创业的研究综述 ················· 41
　　第一节　新兴市场国际创业动因的研究 ··············· 41
　　第二节　用户创新驱动国际创业的研究 ··············· 46
　　第三节　产品创新驱动国际创业的研究 ··············· 49
　　第四节　组织创新驱动国际创业的研究 ··············· 51
　　第五节　市场创新驱动国际创业的研究 ··············· 53
第四章　创新驱动创业的实践逻辑 ····················· 57
　　第一节　创新驱动创业的要素 ······················ 57
　　第二节　创新驱动创业的过程 ······················ 60
　　第三节　创新驱动创业的逻辑 ······················ 68
第五章　创新驱动国际创业的战略过程 ················· 75
　　第一节　创新驱动国际创业的价值过程 ··············· 75
　　第二节　创新驱动国际创业的四个维度 ··············· 83

第三节　国际创业反哺创新的四个机制 …………………………… 90
第六章　创新驱动国际创业的战略阶段 ………………………………… 97
　　第一节　创新驱动国际创业的四个阶段 …………………………… 97
　　第二节　国际创业面临不确定性和不连续性 …………………… 103
　　第三节　创新驱动国际创业企业的持续发展 …………………… 108
第七章　创新驱动国际创业的要素条件 ……………………………… 117
　　第一节　创新驱动国际创业的必要条件 ………………………… 117
　　第二节　创新驱动国际创业的关键要素 ………………………… 122

第三篇　创新驱动国际创业的企业实践

第八章　创新驱动安克创新国际创业的战略实践 …………………… 133
　　第一节　持续创新驱动安克创新的国际创业 …………………… 133
　　第二节　国际创业反哺安克创新持续创新 ……………………… 142
第九章　创新驱动乐普医疗全球化成长 ……………………………… 146
　　第一节　医疗器械行业全球化扩张 ……………………………… 146
　　第二节　产品创新驱动乐普医疗全球化 ………………………… 150
　　第三节　组织创新驱动乐普医疗全球化 ………………………… 155
第十章　创新驱动菜鸟国际化战略布局 ……………………………… 160
　　第一节　菜鸟全球化布局模式创新 ……………………………… 160
　　第二节　菜鸟全球化布局产品创新 ……………………………… 167
　　第三节　菜鸟全球化布局组织创新 ……………………………… 170

参考文献 ………………………………………………………………… 176

第一篇 创新驱动国际创业的时代背景

第一章 创新驱动国际创业的国际环境

本章讨论了当前全球地缘政治风险（geopolitical risk，GPR）的增加对全球经济的影响，指出当前世界正处于历史上的大变局，科技革命、国际力量重构、全球性问题加剧等因素使得全球经济面临复苏乏力和各种挑战。中国在这一背景下面临深层次矛盾和来自外部的压力，需要提高警惕，采取有效措施以应对可能的危机。地缘政治风险的增加对家庭、企业、金融市场等产生深远影响，导致经济创伤后应激障碍（post-traumatic stress disorder，PTSD）、经济行为主体风险认知变化，影响消费、投资、就业和金融市场指标。这种风险还改变了全球地缘经济格局，影响全球贸易和跨境投资。历史数据分析显示地缘政治风险与全球GDP增长速度存在显著反向关系，强调了这种风险的重要性和必须采取的应对策略。

第一节 环境的不确定性和不连续性

党的二十大报告指出："当前，世界百年未有之大变局加速演进，新一轮科技革命和产业变革深入发展，国际力量对比深刻调整，我国发展面临新的战略机遇。同时，世纪疫情影响深远，逆全球化思潮抬头，单边主义、保护主义明显上升，世界经济复苏乏力，局部冲突和动荡频发，全球性问题加剧，世界进入新的动荡变革期。我国改革发展稳定面临不少深层次矛盾躲不开、绕不过，党的建设特别是党风廉政建设和反腐败斗争面临不少顽固性、多发性问题，来自外部的打压遏制随时可能升级。我国发展进入战略机遇和风险挑战并存、不确定难预料因素增多的时期，各种'黑天鹅'、'灰犀牛'事件随时可能发生。我们必须增强忧患意识，坚持底线思维，做到居安思危、未雨绸缪，准备经受风高浪急甚至惊涛骇浪的重大考验。"[1]

目前，我国在迈向高收入国家的关键阶段。尽管全球经济出现复苏迹象，但也伴随着重大风险和不稳定因素，需要密切监测。首先，发达经济体依然面临着生产率增长乏力和工资增长缓慢等问题，新旧经济动能的转换尚未完成，财政紧缩政策的潜在风险需要持续关注。其次，全球资产价格居高不下，金融风险逐渐

---

[1]《习近平：高举中国特色社会主义伟大旗帜 为全面建设社会主义现代化国家而团结奋斗——在中国共产党第二十次全国代表大会上的报告》，https://www.gov.cn/xinwen/2022-10/25/content_5721685.htm[2024-01-25]。

积聚。最后，经济议题受到政治化影响，世界上民粹主义和逆全球化思潮抬头，多边贸易谈判受到干扰，贸易保护主义盛行。

此外，我国还面对着一系列内外挑战和风险。国内经济结构调整和升级面临较大压力，一些行业和企业依然陷入经营困境，产能过剩问题依旧存在。同时，收入分配不均和环境污染等问题仍然存在。国际形势不稳定因素增多，主要经济体货币政策的调整可能带来溢出效应，需要密切关注。此外，地缘政治风险和非传统安全威胁如恐怖主义也给我国的发展带来了不确定性。面对这些挑战，我们必须保持警惕，采取有效措施，确保我国在全球复杂多变的环境中稳步前行，实现更大发展。

一、"黑天鹅"、"灰犀牛"和认知局限

风险、不确定性和利润是经济管理领域中的重要概念。著名经济学家弗兰克·奈特在他的著作《风险、不确定性和利润》中对这些概念进行了深入的探讨（Knight，1921）。首先，奈特将不确定性定义为"我们不知道我们不知道的"事情，即我们对于某些信息或者情况的了解不足。这种不确定性可能来自我们对某个领域的知识有限，或者是由于信息的不完全性。在现实生活中，我们经常会遇到这样的情况，如在做决策时，我们可能无法完全预测未来的发展，因此我们需要对不确定性进行管理。

其次，奈特将风险分为两类。一类是"我们知道我们不知道的"事情，即我们对于某些信息或情况有一定的了解，但仍然存在一定的不确定性。这类风险通常与我们的经验和判断有关，我们可以通过积累经验来降低这种风险。另一类是"我们不知道我们知道的"事情，即我们对自己的认知存在盲区。这类风险可能导致我们在做决策时出现错误，因为我们没有意识到自己的局限性。为了应对这种风险，我们需要不断地反思和学习，以提高自己的认知水平。

此外，奈特还提到了一种风险类型："我们知道我们知道的"事情。这指的是我们对某些信息或情况有完全的认知和了解，不存在任何不确定性。这类风险相对较小，但我们仍然需要对其进行关注和管理，以确保我们的决策是基于准确和全面的信息。

我们可以从图 1.1 中所示的两个维度对客观事物认知的局限以及对自身能力认知的局限进行分析，以直观地理解不确定性、风险和确定性之间的关系。当人们对某类客观事物的认知存在较高的局限，同时对自身的认知能力也有较高的认知局限时，我们无法准确判断自己对某类事情发生的可能性和后果的了解程度。这种情况处于图 1.1 右上方象限的位置，也就是奈特说的严格意义上的不确定性。

如果换作纳西姆·塔勒布的说法，具有这类严格意义上不确定性的事件就是"黑天鹅"事件。

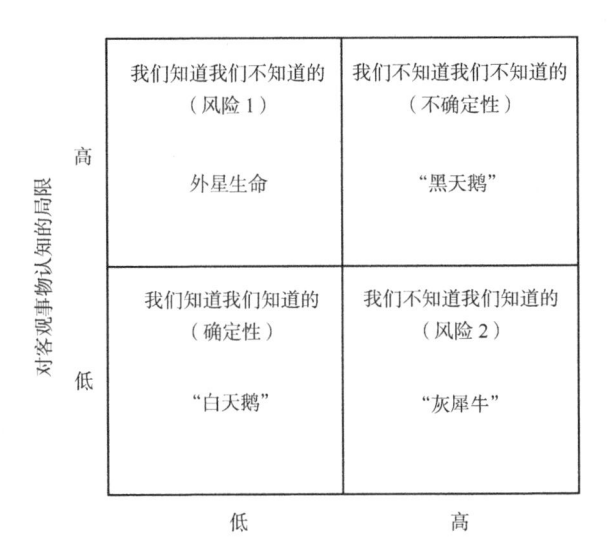

	低	高
高	我们知道我们不知道的（风险1） 外星生命	我们不知道我们不知道的（不确定性） "黑天鹅"
低	我们知道我们知道的（确定性） "白天鹅"	我们不知道我们知道的（风险2） "灰犀牛"

纵轴：对客观事物认知的局限
横轴：对自身能力认知的局限

图 1.1 "黑天鹅"、"灰犀牛"和认知局限

塔勒布（2011）在他的著作《黑天鹅：如何应对不可预知的未来》中，提出"黑天鹅"事件具有三个显著的特点。首先，"黑天鹅"事件具有意外性，这类事件通常不会在预期之中发生。它们可能源于各种不可预见的因素，包括自然灾害、政治决策、经济波动等。因此，它们往往无法预测，也无法通过常规的风险管理策略来防范。

其次，"黑天鹅"事件具有极端性，这类事件的影响通常是极其严重的，甚至可能是灾难性的。例如，2008年的全球金融危机就是一个典型的"黑天鹅"事件，它对全球经济产生了深远的影响，许多国家的经济都陷入了衰退。

最后，"黑天鹅"事件具有事后可预测性。这是指人们在"黑天鹅"事件发生之后，往往会找到各种各样的理由来解释这一事件的发生。他们可能会从各种角度分析，试图找出导致这一事件发生的原因，以此来证明自己在事前就知道这一事件会发生。然而，实际上，由于"黑天鹅"事件的意外性和极端性，我们往往无法提前预知它们的发生。

在"黑天鹅"事件发生后，人们往往会寻找和强调这类事件的原因。这并非出于他们想要掩盖自己的认知能力有限的事实，而是因为他们希望能够表明自己在事前就已经预见到这类事件发生的可能性。这种"知道自己不知道的"情况，就如同图1.1左上方象限所表示的那样，属于奈特所说的第一类风险。

举个例子来说，人类承认自己不知道是否存在外星生命。尽管我们无法确定宇宙中是否真的存在其他智慧生命，但我们可以通过科学研究来不断寻找外星生命存在的证据。这种探索行为可以降低外星生命突然降临地球所带来的风险，使我们能够更好地应对未知的挑战。

因此，人们在事后寻找和强调"黑天鹅"事件发生的原因，实际上是为了展示他们在事前已经尽力预见到这类事件可能发生的迹象。这种努力不仅有助于提高个人的认知能力和决策水平，也能够增强社会的凝聚力和应对危机的能力。

作家渥克（2017）把那些大概率发生且具有巨大影响的潜藏危机称为"灰犀牛"风险。渥克强调，"灰犀牛"风险具备三个显著特征：首先是可预见性；其次是发生概率高，具有一定的确定性；最后是波及范围广、破坏力强。然而，人们往往选择性地忽视这些"灰犀牛"风险，使得这些风险成为那些"我们不知道我们知道的"风险，这种情况处于图1.1右下方象限的位置。

"灰犀牛"风险作为一类大概率且影响巨大的潜在危机，提醒我们要保持警觉并及时采取行动。对于个体而言，了解"灰犀牛"风险有助于提高个人的风险管理能力。在组织和社会层面，也需要建立有效的监测和预警机制，及时发现并应对潜在的危机。

在人类对客观事物认知局限以及对自身能力认知局限的相关情况中，最后一种情况被称为"我们知道我们知道的"。这种情况通常处于图1.1左下方象限的位置，代表着人类已经获得的确定性知识。

类似于"黑天鹅"事件代表"我们不知道我们不知道的"的情况，"白天鹅"事件则代表了"我们知道我们知道的"的情况。这两种情况都是人类对未知领域的认知局限性的体现。当我们面对一些已知的、确定的事物时，我们往往能够准确地判断和理解它们。这种确定性的知识就像一只白天鹅，优雅而高贵地展现在我们的眼前。我们可以通过经验和学习来获取这些知识，并能够将其应用到实际生活中。然而，当我们面对一些未知的、不确定的事物时，我们往往无法准确判断其性质和可能性。这种不确定性就像一只黑天鹅，突然出现在我们面前，让我们感到惊讶和困惑。

因此，无论是"白天鹅"还是"黑天鹅"，都代表着人类对客观事物认知的局限性。我们需要保持谦虚和开放的心态，不断学习和探索，以更好地理解和应对这个充满未知的世界。

二、"黑天鹅"、"灰犀牛"和危机风险

我们可以通过图1.2来进一步理解"黑天鹅"效应和"灰犀牛"效应。简单

而言,"黑天鹅"效应可以理解为不可预测的、罕见的事件,它指的是那些具有极大影响力且无法被预见的事件,而"灰犀牛"则是指那些看似平凡、缓慢发生,但实际上具有巨大破坏力的事件。"黑天鹅"效应强调的是不确定性,而"灰犀牛"效应则强调了不连续性。

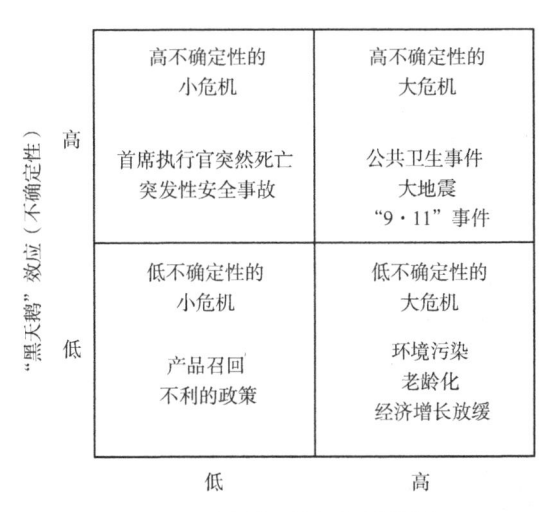

	低	高
高	高不确定性的小危机 首席执行官突然死亡 突发性安全事故	高不确定性的大危机 公共卫生事件 大地震 "9·11"事件
低	低不确定性的小危机 产品召回 不利的政策	低不确定性的大危机 环境污染 老龄化 经济增长放缓

纵轴:"黑天鹅"效应(不确定性) 横轴:"灰犀牛"效应(不连续性)

图 1.2 "黑天鹅"、"灰犀牛"和危机分类

根据不确定性和不连续性两个维度,我们可以将危机分成四类。第一类是高不确定性的大危机,如公共卫生事件、大地震、"9·11"事件等。这类危机同时具备"黑天鹅"和"灰犀牛"两种特性,其不确定性和不连续性都非常高。这意味着这类危机的发生往往出乎意料,并且其影响范围广泛且深远。

第二类是低不确定性的大危机,如环境污染、老龄化、经济增长放缓等。这类危机的不确定性相对较低,但其不连续性却较高。这属于典型的"灰犀牛"危机,即那些看似平凡、缓慢发生,但实际上具有巨大破坏力的事件。这类危机往往是由一系列小问题逐渐累积而成,最终导致严重的社会或经济问题。

第三类危机是具有高不确定性的小危机。这类危机通常涉及意外事件,如企业首席执行官可能因交通事故或其他不可预测的情况突然去世。尽管这类危机的不确定性非常高,但通常情况下,它们对企业的影响相对较小。这是因为在许多情况下,企业已经建立了完善的接班人计划或领导者轮值方案。这些计划旨在确保企业在关键岗位上有可靠的人员接替,以避免因为领导人的突然离世而导致企业生产经营出现严重的不连续性。通过制定和实施这些计划,企业可以更好地应对潜在的危机,并确保业务的持续运营。

第四类危机是具有低不确定性的小危机。这类危机通常与企业产品质量相关，如企业不得不召回大批产品以解决质量问题。虽然这类危机可能会对企业的短期利润产生负面影响，但它也有助于维护企业的长期声誉。这类危机的发生通常是由企业在产品生产过程中存在的缺陷所致。因此，相对于其他类型的危机，这类危机的不确定性相对较低。为了减少这种不确定性，企业可以加强生产过程中的质量控制措施。通过建立严格的质量管理体系，企业可以及时发现和纠正潜在的质量问题，从而降低产品召回的风险，并保护企业的声誉和客户满意度。

通过以上的分类，我们可以更好地理解不同类型的危机的特点和应对策略。对于高不确定性的大危机，我们需要提高警觉性，加强监测和预警能力，及时采取措施应对。对于低不确定性的大危机，我们需要重视其潜在的不连续性，及早发现问题并采取预防措施，以避免问题的进一步恶化。

第二节　国际地缘政治风险带来的挑战

一、全球地缘政治风险

21世纪以来，全球地缘政治风险呈现出显著的上升趋势。在这个百年未有之大变局的时代背景下，地缘政治风险进入高位波动区间的可能性也在不断增加。地缘政治风险对全球经济产生了深远的影响，改变了各行为主体的风险认知和经济行为，进而对实体经济、金融市场、地缘经济格局以及提高经济政策不确定性产生了重要影响。

从1961年以来的全球历史实践来看，地缘政治风险指数上升的年份，往往伴随着全球GDP增速的明显下降。这表明地缘政治风险对全球经济的负面影响不容忽视。以美国为例，自1985年以来的经验表明，地缘政治风险指数的上升往往伴随着金融市场波动性的加剧，股票、国际油价、国债收益率以及固定资产投资增速均出现下降，劳动力市场也将受到不利影响。

在这个关键时刻，各国政府和国际组织应当加强合作，共同应对地缘政治风险带来的挑战。同时，各行为主体也应当提高风险意识，加强风险防范，以维护国家和全球经济的稳定发展。中国政府在应对地缘政治风险时，始终坚持和平发展道路，积极参与国际合作，推动构建人类命运共同体。此外，中国政府还通过加强国内经济改革，提高经济韧性，降低对外部风险的敏感性，为全球经济稳定发展做出了积极贡献。

地缘政治风险可以分为两个主要类别：地缘政治威胁（geopolitical threats）和地缘政治行为（geopolitical acts）。在地缘政治威胁方面，可以进一步分为五种主要类型，包括战争威胁、和平威胁、军事集结、核威胁和恐怖威胁（Caldara and Iacoviello，2022）。战争威胁是指国家之间可能发生的武装冲突，这种冲突可能导致大规模的人员伤亡和财产损失。和平威胁则是指通过外交手段或其他非暴力途径对国际和平与安全构成的潜在威胁。军事集结是指国家或地区军队的集结和准备，可能是为了应对潜在的战争或其他危机。核威胁是指一个国家或组织可能使用核武器进行攻击的风险。恐怖威胁是指恐怖主义活动对国际安全和稳定造成的潜在危害。

地缘政治行为则包括战争开始、战争升级和恐怖行为。战争开始是指一个国家或地区实际发起或参与武装冲突的行为。战争升级是指已经发生的武装冲突在规模、强度或持续时间上的扩大。恐怖行为是指恐怖分子为实现其政治目标而实施的暴力行为，包括袭击、绑架、劫持等。

根据这些定义，作者构建了三个指数来评估地缘政治风险：地缘政治威胁指数、地缘政治行为指数和地缘政治风险指数。这三个指数可以帮助政府、企业和研究机构更好地了解和预测国际地缘政治风险，从而采取适当的应对措施，确保国家和地区的安全与稳定。

为量化衡量地缘政治风险大小，Caldara 和 Iacoviello（2022）使用了一个庞大的新闻文章数据库，包括来自多家国际英文报刊的文章。这些文章涵盖了自 1900 年以来的时间段，并且包括了大约 2500 万篇文章。他们从这些新闻文章中提取了与地缘政治事件和相关威胁有关的关键词和短语。这些关键词和短语可能包括与国际冲突、政治紧张局势、贸易争端、军事冲突等相关的术语。研究人员计算了这些关键词和短语在新闻文章中每个月的出现频率。这可以帮助他们了解在特定时间段内地缘政治事件和相关威胁的关注程度。为了将数据进行比较和分析，研究人员可能对每月的出现频率数据进行标准化处理，以确保不同时间段和事件之间的可比性。

然后，通过将标准化后的数据组合在一起，研究人员可以计算出每月的地缘政治风险指数。这个指数可以用来量化和跟踪地缘政治风险的趋势。其中 1985 年以来地缘政治风险指数中的新闻文章来自 10 家国际英文报刊，如《芝加哥论坛报》《每日电讯报》《金融时报》等，其中 6 家来自美国，3 家来自英国，1 家来自加拿大；回溯至 1900 年的地缘政治风险历史数据，新闻文章则源自《芝加哥论坛报》、《纽约时报》和《华盛顿邮报》三家英文报纸。

从 1900 年以来的全球地缘政治风险指数变化趋势来看（图 1.3），我们可以观察到两次世界大战期间，地缘政治风险指数达到了历史最高点。这两次战争分别发生在 1914—1918 年和 1939—1945 年，战争期间，全球政治局势紧张，各国之间的矛盾和冲突不断加剧，导致了地缘政治风险指数的持续高位。然而，战后随着战争的结束，地缘政治格局发生了重大变化，地缘政治风险指数也随之急剧下降。尽管在朝鲜战争期间（1950—1953 年），地缘政治风险指数再次上升，但整体来看，战后的地缘政治风险明显减弱。

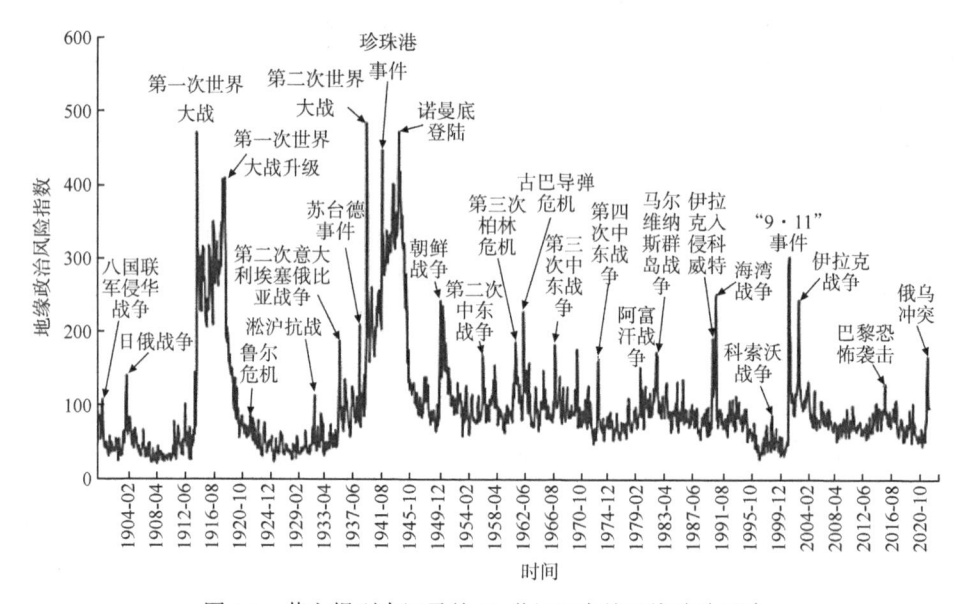

图 1.3 英文报刊中记录的 20 世纪以来的地缘政治风险

图中文字对应的时间非事件的起始时间，是受事件影响指数值达到最高点的时间

回顾二战后的地缘政治风险，我们可以将其大致划分为两个阶段。第一个阶段是从 20 世纪 50 年代到 20 世纪 80 年代中期，这一时期的地缘政治风险指数波动主要反映了核战争威胁和国家之间的地缘政治紧张局势。在冷战背景下，美苏两个超级大国展开了长达几十年的军备竞赛和意识形态对抗，使得全球政治局势长期处于紧张状态。此外，地区性冲突和热点问题也时常引发地缘政治风险，如朝鲜战争、越南战争等，这些事件都对地缘政治风险指数产生了重要影响。

第二个阶段是从 21 世纪以来，恐怖主义、伊拉克战争和日益紧张的双边关系逐渐成为主导地缘政治风险指数走势的主要因素（图 1.4）。在 21 世纪初，全球恐怖主义活动越发猖獗，尤其是以"9·11"事件为代表的恐怖袭击，给世界带来了严重的安全威胁，导致地缘政治风险指数短期内大幅上升。此外，伊拉克战争（2003—2011 年）也对地缘政治风险指数产生了显著影响，战争导致中东地区政治格局发生重大变化，进一步加剧了地缘政治风险。同时，近年来，全球范围内的双边关系紧张也对地缘政治风险指数产生了影响，如中美经贸摩擦、朝鲜半岛局势紧张等事件都对地缘政治风险指数产生了一定程度的推动作用。

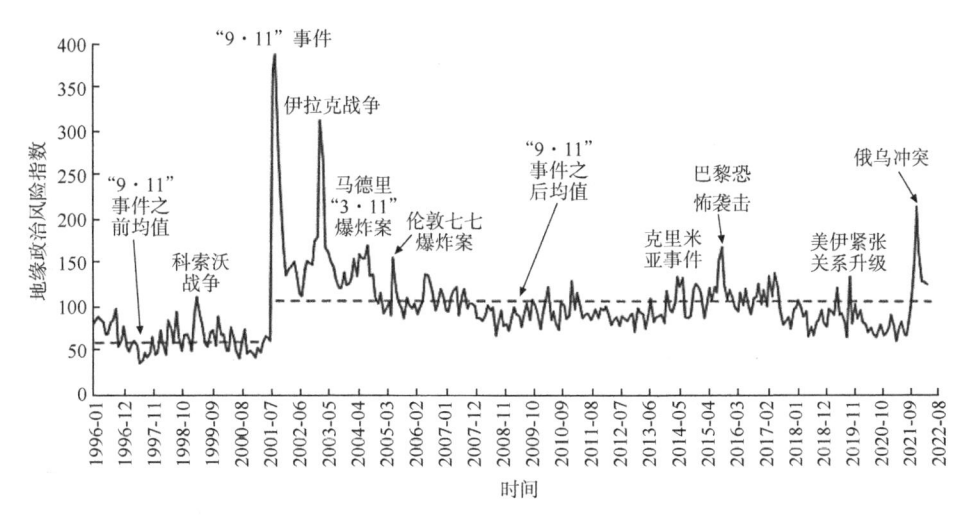

图 1.4 近年来的地缘政治风险

图中文字对应的时间非事件的起始时间，是受事件影响指数值达到最高点的时间

2001年9月11日的恐怖袭击事件是新千年以来全球地缘政治风险的一个重要标志，它不仅改变了世界的安全格局，也标志着一个新的历史时期的开始。这场灾难性的袭击事件使得全球面临的地缘政治风险和威胁增加了近一倍。这一现象反映了全球政治经济格局的重大变化，也揭示了恐怖主义对全球安全的严重威胁。

在此之后，全球地缘政治风险的形态和性质发生了深刻的变化。例如，2022年2月俄乌冲突的发生，使得地缘政治风险指数再次攀升，这进一步加剧了全球地缘政治风险的复杂性和不确定性。

随着世界百年未有之大变局的加速演进，我们可以预见，未来全球地缘政治风险将进入一个高位波动区。这一变化将对全球的政治、经济、安全等方面产生深远影响。因此，我们必须高度重视这一问题，加强国际合作，共同应对全球地缘政治风险。

在这个过程中，中国作为世界上最大的发展中国家，将发挥重要的作用。中国坚持社会主义道路，坚决维护国家的领土完整和主权，坚决反对任何形式的恐怖主义。同时，中国也将积极参与全球治理，推动构建人类命运共同体，为维护世界和平与稳定做出贡献。

综上所述，从 1900 年以来的全球地缘政治风险指数变化趋势可以看出，地缘政治风险在不同历史时期表现出不同的特点。在两次世界大战期间，核战争威胁和国家之间的地缘政治紧张局势是主导因素；而在 21 世纪以来，恐怖主义、伊拉克战争和日益紧张的双边关系成为影响地缘政治风险指数的主要动态。在未来，我们需要密切关注全球政治经济的发展变化，以应对可能出现的新的风险和挑战。

二、地缘政治风险的影响

地缘政治风险，作为一种不确定性风险，对家庭、企业、金融市场等方面都可能产生深远影响。正如 Baker 等（2016）所指出的，这种风险可能导致经济创伤后应激障碍，即在面对下行尾部风险时，人们对未来变得高度敏感，对风险持有谨慎态度，不愿意承担可能暴露于未来"灾难风险"中的资产，也不愿意做出不可逆转的决定。

地缘政治风险对经济行为主体的风险认知和经济行为的影响会在消费、投资、就业、金融市场等经济指标上体现出来。例如，在消费方面，地缘政治风险可能导致消费者信心下降，从而影响消费水平；在投资方面，投资者可能会因为地缘政治风险而减少投资，导致资本流动受限；在就业方面，地缘政治风险可能导致企业生产受阻，从而影响就业市场；在金融市场方面，地缘政治风险可能导致股市、汇市等金融市场波动加剧，影响金融稳定。

此外，地缘政治风险还会改变全球地缘经济格局。例如，它可能影响全球贸易，导致贸易壁垒增加，进而影响全球供应链；它可能影响跨境直接投资，使得投资者对跨国投资持谨慎态度；它还可能影响产业链供应链重塑，使得全球产业链分布发生变化。

地缘政治风险对全球经济有着重大影响。地缘政治风险会使不确定性和不连续性更高，从而使行为主体的预期和行为改变，最终影响经济政策、实体经济、金融市场和国际化趋势（图 1.5）。

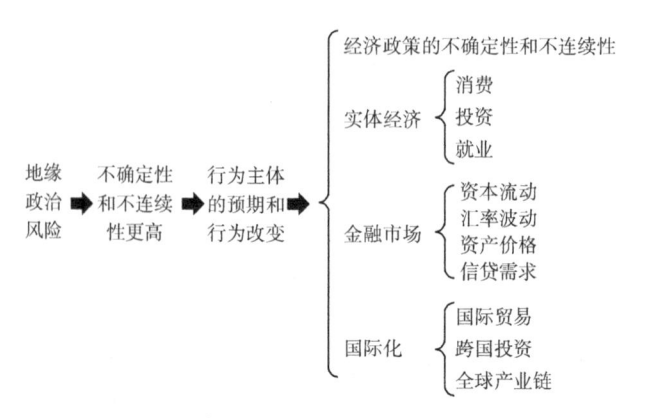

图 1.5 地缘政治风险对经济和全球化的影响

1. 地缘政治风险对经济政策的影响

在地缘政治关系紧张冲击一国或地区经济后，往往会导致该国或地区对自身经济政策的调整和变化。这种调整和变化可能会对未来的政策制定以及预期的经济发展产生不确定性。为了量化这种不确定性，Baker 等（2016）提出了一个经济政策不确定性指数。这个指数是通过统计各国报纸上的文章，特别是那些包含与经济（E）、政策（P）和不确定性（U）相关的文章的频率，来衡量各国经济政策不确定性。这些文章反映了各国公众对经济政策的看法和预期，因此经济政策不确定性指数可以看作公众对经济政策不确定性的一种量化表达。

在计算每个国家的经济政策不确定性指数后，研究者将这些指数按照名义GDP进行加权平均，得到了全球经济政策不确定性指数。研究表明，经济政策不确定性指数与实际宏观经济变量（如经济增长和就业率）存在显著的反向关系。也就是说，当经济政策不确定性增加时，可能会导致经济增长放缓或就业率下降。此外，经济政策不确定性指数还对股票市场的大幅波动具有较强的解释力。这意味着，经济政策的不确定性可能会引发投资者的恐慌情绪，从而导致股票市场的大幅波动（图 1.6）。

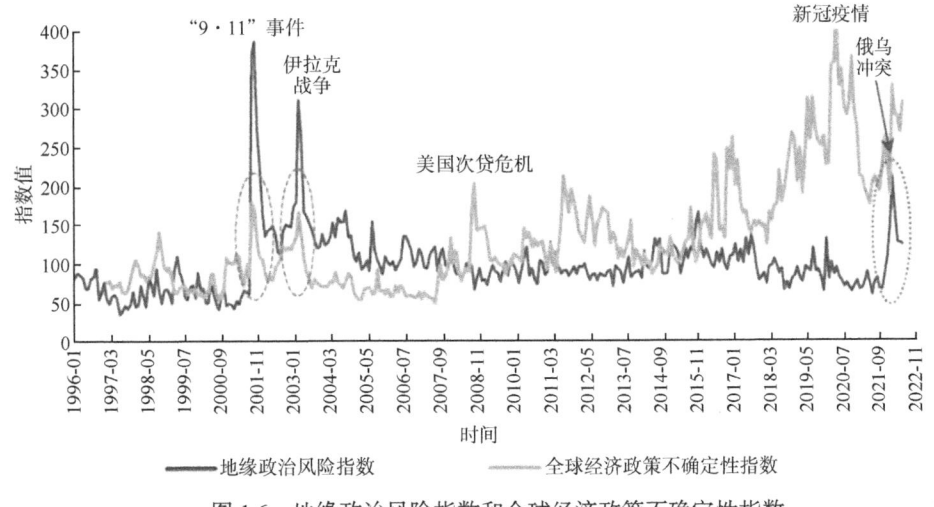

图 1.6 地缘政治风险指数和全球经济政策不确定性指数

图中文字对应的时间非事件的起始时间，是受事件影响指数值达到最高点的时间

2. 地缘政治风险对实体经济的影响

从企业投资决策的角度来看，地缘政治风险的存在使得企业在做出投资决策时更加谨慎。它们会寻求更安全的回报方式，避免任何可能带来较高沉没成本或者不确定回报的经济决策。这种变化不仅会影响企业的投资决策，还可能对其劳

动生产率的提高产生影响。因为，如果企业为了规避风险而选择减少投资，那么这无疑会影响到企业的生产活动，从而影响到整个经济体的劳动生产率。

地缘政治风险也会对家庭消费决策产生影响。在这种情况下，家庭可能会增加预防性的储蓄需求，以此来应对可能的风险。因此，家庭可能会相应地推迟或者减少消费支出，以保证自身的经济安全。这种变化可能会导致家庭消费的减少，从而影响到整个经济体的消费水平。

3. 地缘政治风险对金融市场的影响

地缘政治风险通过直接和间接的渠道对金融市场产生影响（图1.7）。首先，地缘政治风险的提高，往往会导致跨境资本流动的波动。这是因为投资者对于风险的担忧会增加，他们可能会选择将资金转移到相对安全的资产中，以避免损失。这种资金的流动会影响汇率，进而引发汇率的波动。其次，地缘政治风险的增加也会导致原油等大宗商品价格的大幅震荡。这是因为这些商品的供应和需求会受到地缘政治风险的影响，从而引发价格的剧烈变动。此外，股票、房地产等资产的价格也会因为地缘政治风险的影响而调整。这是因为这些资产的价格往往会反映出市场的预期，当市场预期不稳定时，价格就会发生变化。最后，地缘政治风险的增加还会导致信贷需求的减少。这是因为在这种环境下，企业和个人可能会变得更加谨慎，他们可能会减少借款，以降低风险。

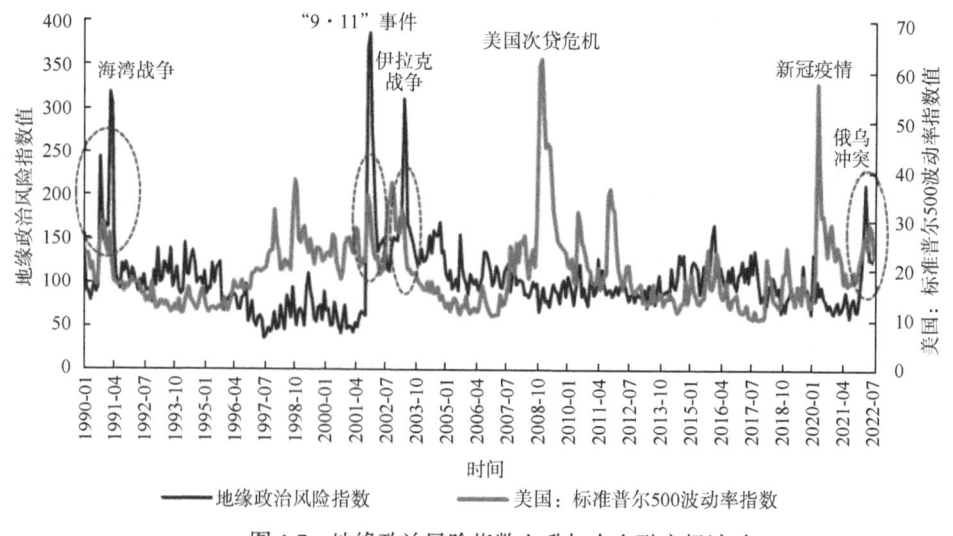

图 1.7 地缘政治风险指数上升加大金融市场波动

图中文字对应的时间非事件的起始时间，是受事件影响指数值达到最高点的时间

此外，地缘政治风险的冲击会直接影响实体经济的活动。当实体经济的活动

衰减时，金融市场上的反应往往是滞后的。这是因为金融市场是基于预期和信心运行的，而实体经济的变化需要一定的时间才能在金融市场上得到反映。因此，地缘政治风险的冲击会在一段时间后才会在金融市场上得到体现。这种滞后的反应可能会导致金融市场的不稳定性增加，进一步加大金融市场的风险。

4. 地缘政治风险对全球化的影响

地缘政治关系的紧张和冲突无疑会对双边或多边贸易关系产生显著影响。这种情况下，贸易增长往往会受到抑制，全球贸易增速也会相应放缓。这种影响不仅局限于经济领域，更会延伸到跨境投资环境，导致投资风险增加，从而影响到跨境直接投资的增长。

全球贸易和投资增速的减缓，一方面会影响全球经济增长的步伐，另一方面也对劳动生产率的提高构成障碍。因为贸易和投资是推动经济增长的重要动力，而劳动生产率则是衡量一个国家或地区经济发展水平的重要指标。

除了对经济增长的影响外，地缘政治关系的紧张还可能加速全球产业链供应链的重塑。近年来，逆全球化的趋势明显加速，尤其是在俄乌冲突爆发后，全球各国或地区的经济体对产业链供应链的稳定性和安全性的重视程度明显提高，甚至将其上升为国家安全战略的重要组成部分。

这种情况导致的地缘经济格局的变化，使部分国家开始将关键产业迁回本国，或者采取友岸外包的方式，即将供应链限制在盟国和友好国家内。这种变化导致了全球产业链价值链的短化和碎片化，同时也加剧了全球经济的区域化趋势。这些因素都不利于全球生产率的提高，从而对全球经济的健康发展构成了威胁。

5. 地缘政治风险对全球经济增长的影响

通过对比 1961 年至 2022 年的全球地缘政治风险指数的平均值与全球 GDP 增速 [这里采用 2022 年的国际货币基金组织（International Monetary Fund，IMF）预测数据]，我们可以发现，每当地缘政治风险指数上升的年份，往往对应着全球经济增速的快速下滑（图 1.8）。这表明，地缘政治关系的紧张和恶化对全球经济增长产生了明显的负面影响。

例如，在 1973 年、1979 年和 1986 年这三次石油危机期间，全球同时爆发了三次大规模的地缘政治冲突，即第四次中东战争、两伊战争和伊拉克入侵科威特战争。这三次冲突不仅导致地缘政治风险指数大幅上升，而且全球经济增长也受到了极大的破坏，全球 GDP 增速分别从 6.4%、4.2% 和 4.6% 下降到 0.6%、0.4% 和 1.5%（图 1.8）。

图 1.8　地缘政治风险指数上升减缓全球经济增长

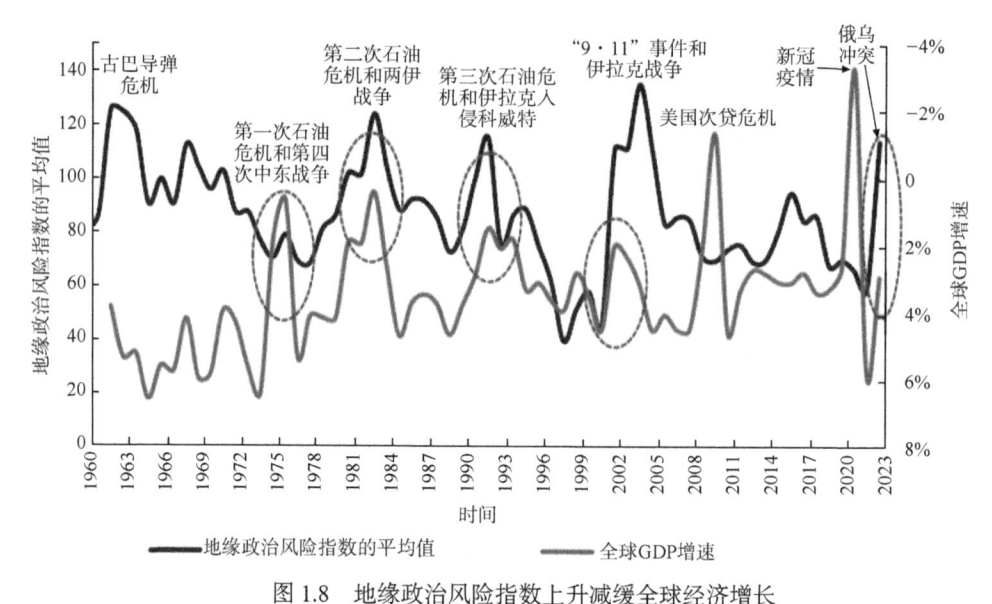

图中文字对应的时间非事件的起始时间，是受事件影响指数值达到最高点的时间

此外，尽管2008年美国次贷危机和2020年新冠疫情也导致了全球经济的急剧放缓，但同期的地缘政治风险指数并没有上升。这说明，地缘政治关系的紧张确实是经济放缓的重要原因，但它并不是唯一的因素。然而，地缘政治风险的不确定性、经济的不确定性以及经济政策的不确定性，作为"不确定性三位一体"，它们都对经济产生了重要影响，并且这三种不确定性是相互关联的。例如，新冠疫情不仅引发了全球经济和政策的不确定性，而且这两种不确定性已经并将继续提升全球地缘政治关系的不确定性，其影响深远。

第二章　创新驱动国际创业的国内环境

本章分析了中国创新驱动国际创业的环境。首先，概述了自 1949 年以来中国科技创新政策的演变，分为形成、发力、成长和成熟四个阶段，每个阶段都具有独特特征，如科技战略、市场化体制等。其次，探讨了我国科技创新体系演变，包括科研院所和企业的转型及其对高技术产业的影响。再次，分析了国内经济发展模式演变，指出了从计划经济到"双循环"经济体系的转变，以及经济发展模式如起步、加速、高速及高质量发展阶段的特点。

本章讨论了经济政策不确定性的影响，包括经济政策不确定指数及其对宏观经济和微观企业的影响，探讨了经济政策不确定性对企业投资行为、融资行为和创新行为的影响，展示了不同观点和研究结果。最后，详细讨论了"双循环"发展新格局，强调了自主技术与全球技术、国内市场与全球市场的相互作用，以及这些相互作用对企业国际创业发展的影响。

第一节　国内创新环境

一、我国科技创新政策演变

新中国成立以来，我国科技创新政策经历了不同阶段的演变。借鉴以往研究成果，我们梳理了 1949 年至 2023 年我国科技创新政策的发展脉络，总结了我国科技创新政策演变的基本模式。从政策生命周期的研究视角，我们认为我国科技创新政策经历了形成阶段（1949—1977 年）、发力阶段（1978—1998 年）、成长阶段（1999—2011 年）和成熟阶段（2012—2023 年）4 个阶段的演变（图 2.1）。

1. 科技创新政策形成阶段

新中国成立后，党和政府审时度势，构建了社会主义计划经济体制，并大力推进国防建设。在这个阶段，我国科技创新政策"从无到有"，逐步形成，服务于国家大方针、大战略，支撑了国民经济的快速发展。

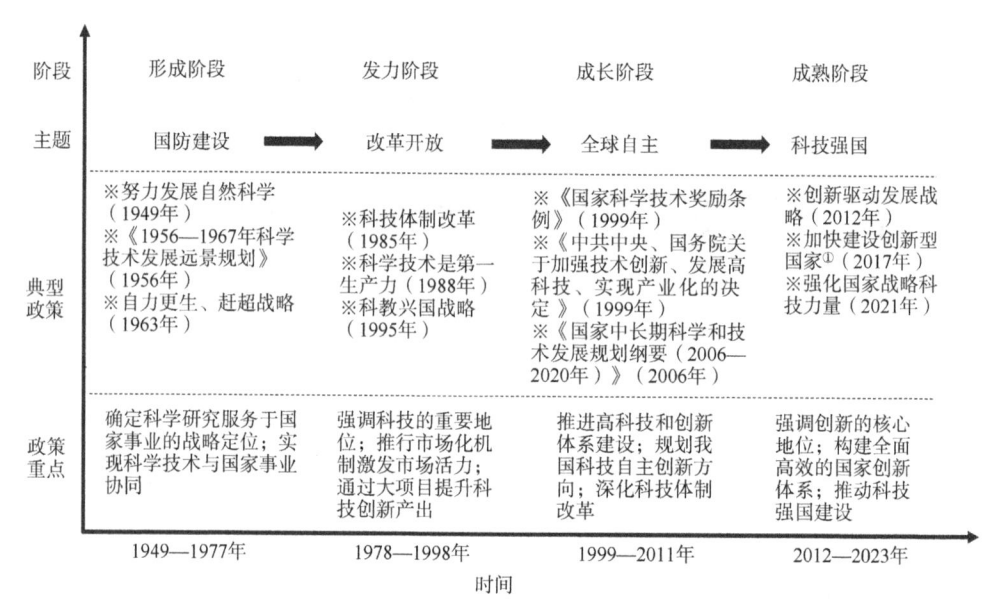

阶段	形成阶段	发力阶段	成长阶段	成熟阶段
主题	国防建设	改革开放	全球自主	科技强国
典型政策	※努力发展自然科学（1949年） ※《1956—1967年科学技术发展远景规划》（1956年） ※自力更生、赶超战略（1963年）	※科技体制改革（1985年） ※科学技术是第一生产力（1988年） ※科教兴国战略（1995年）	※《国家科学技术奖励条例》（1999年） ※《中共中央、国务院关于加强技术创新、发展高科技、实现产业化的决定》（1999年） ※《国家中长期科学和技术发展规划纲要（2006—2020年）》（2006年）	※创新驱动发展战略（2012年） ※加快建设创新型国家[①]（2017年） ※强化国家战略科技力量（2021年）
政策重点	确定科学研究服务于国家事业的战略定位；实现科学技术与国家事业协同	强调科技的重要地位；推行市场化机制激发市场活力；通过大项目提升科技创新产出	推进高科技和创新体系建设；规划我国科技自主创新方向；深化科技体制改革	强调创新的核心地位；构建全面高效的国家创新体系；推动科技强国建设
时间	1949—1977年	1978—1998年	1999—2011年	2012—2023年

图 2.1 我国科技创新政策演变——从形成到成熟

我国科技创新政策在形成阶段（1949—1977年）的主要特征为以下几点。①逐步确定科学研究服务于国家事业的战略定位，让各个主体的科技创新思想得到统一。②运用行政的力量推进科学技术体系的建立，运用计划的方式部署科技活动，实现诸多重大科技事业的突破。③建立起能够与国家事业高度结合的、完整而自主的全面创新体制，基本完成了向科技事业体系化与规模化的转变。

2. 科技创新政策发力阶段

改革开放以来，党和国家的工作重心由阶级斗争转移到经济建设上来，把中国建设成为社会主义现代化国家成为党在该时期的历史任务。在这一阶段，我国科技创新政策开始发力，完成了"从有到准"的转变。

我国科技创新政策在发力阶段（1978—1998年）的主要特征为以下几点。①确立了"科学技术是第一生产力"和"科教兴国"的科技战略。②突破以往国家主导的"自上而下"管理体制，推行"自下而上"的市场化体制，极大激发各类主体和人员的积极性。③通过一系列科技计划、科技工程（如863计划、973计划），聚焦对中国未来经济和社会发展具有重大影响的高技术攻关，集中解决我国战略需求中的重大科学问题，满足我国发展高科技的战略需求。

---

① 《习近平：决胜全面建成小康社会 夺取新时代中国特色社会主义伟大胜利——在中国共产党第十九次全国代表大会上的报告》，https://www.gov.cn/zhuanti/2017-10/27/content_5234876.htm[2024-02-21]。

3. 科技创新政策成长阶段

在21世纪，我国政府高度重视科技创新，积极构建国家科技创新体系，使各类科技创新政策"从准到全"，努力增强我国各类科技主体的自主创新能力。

我国科技创新政策在成长阶段（1999—2011年）的主要特征如下：①把增强自主创新能力作为科技发展的战略基点，确保科技创新在国家发展中的核心地位；②创新政策体系逐步构建并完善，覆盖了法律、资金、基础设施、人才等主要领域，为科技创新特别是高新技术领域的创新提供了有力的保障；③通过政策充分激发企业在科技创新中的关键作用，且科研人员的积极性和创造性得到加强，为国家科技创新提供了源源不断的智力支持。

4. 科技创新政策成熟阶段

进入新时代，我国科技创新政策逐渐成熟，推动形成了以科技创新为核心、产业创新为重点、体制机制创新为保障的全面科技创新政策体系，实现"从全到优"的转变（梁正和李代天，2018；贾宝余等，2022）。

我国科技创新政策在成熟阶段（2012—2023年）的主要特征为以下几点。①把科技创新摆在国家发展全局的核心位置，科技创新政策也相应置于其他政策领域的核心地位，通过与经济社会建设中其他政策配套，逐步向系统化政策过渡。②面向"2050年建成世界科技创新强国"这一长远目标构建"三步走"的战略目标，努力建立面向未来、面向全球的开放式科技创新体系。③紧紧围绕经济竞争力提升的核心关键、社会发展的紧迫需求、国家安全的重大挑战，采取差异化策略和非对称路径，强化重点领域和关键环节的任务部署[①]。

二、我国科技创新体系演变

新中国成立以来，我国科技创新体系经历了不同阶段的演变。借鉴以往研究成果，我们梳理了1949年至2023年我国科技创新体系的发展脉络，总结了我国科技创新体系演变的基本模式。从点、线、面、体的生态研究视角，我们认为我国科技创新体系经历了重点突破阶段（1949—1977年）、双线并进阶段（1978—1998年）、全面自主阶段（1999—2011年）和生态协同阶段（2012—2023年）4个阶段的演变（图2.2）。

---

① 《中共中央 国务院印发〈国家创新驱动发展战略纲要〉》，https://www.gov.cn/gongbao/content/2016/content_5076961.htm[2024-09-06]。

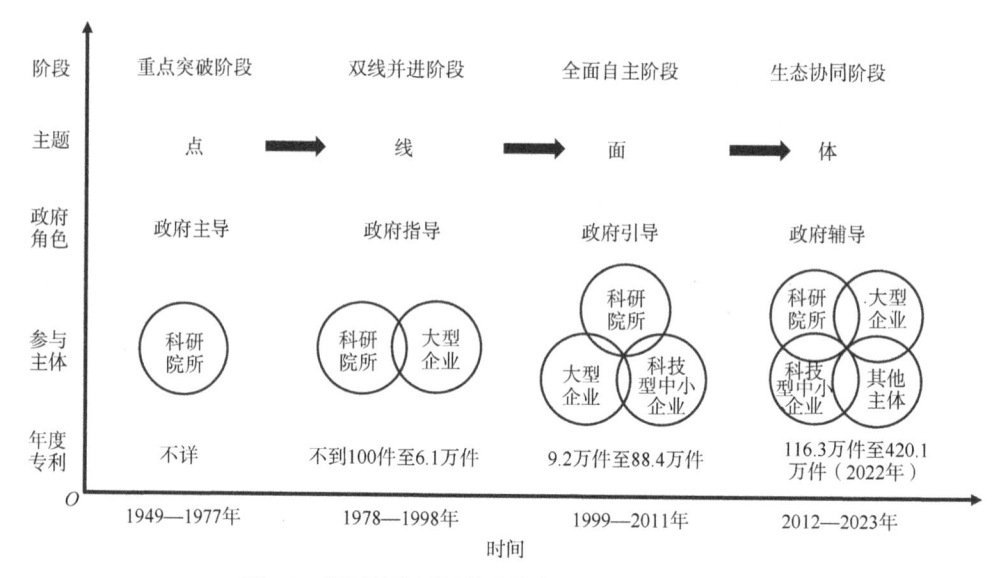

图 2.2 我国科技创新体系演变——点、线、面、体

1. 科技创新体系重点突破阶段

新中国成立前后，中国科技发展面临内外交困的局面。在外部环境上，我国屡次与科技革命失之交臂，受到资本主义强国的封锁与孤立。在内部环境上，我国国防建设刚刚起步，国民经济处于"一穷二白"的局面，科技水平总体上与发达国家存在差距。面对国内外形势和发展环境，党和政府迅速明确科学研究服务于国家事业的战略定位，举全国之力，政府主导，统筹推进。在战略方向上，我国以服务国家事业为目标，举全国之力发展重点科技事业。

在战略部署上，我国围绕科技事业建立多个科研院所，组成了实力较强的人才队伍。1949 年我国成立中国科学院，服务国家战略需求和经济社会发展，围绕国家建设开展科学研究，人才团队逐渐建立，支撑我国工业技术体系、国防科技体系和区域创新体系建设，科技战略实施机构开始建立。此后，我国相继成立国务院科学规划委员会和国家技术委员会，并于 1958 年合并为国家科学技术委员会，统筹我国科技战略方针制定、科技战略有效落实、科技创新体系建设等，我国科技创新战略实施有了统一的组织机构。我国初步形成由中国科学院、高等院校、中央部委所属科研院所、地方科研机构与国防研究机构共同构成的从战略决策到具体实施的科研体系。

2. 科技创新体系双线并进阶段

自改革开放以来，中国社会主义事业建设的方针、目标和策略经历了显著变革，使社会主义现代化建设成为该阶段的历史任务。1978 年，《1978—1985 年全国科学技术发展规划纲要》以"全面安排，突出重点"为方针，确定了8个重点发展领域和108个重点研究项目。

战略机制上，创新战略体系从国家全面统筹的举国体制转向国家主导的市场机制。1985 年，《中共中央关于科学技术体制改革的决定》提倡开拓技术市场，激发科研主体和科研人员的积极性。1995 年，《中共中央、国务院关于加速科学技术进步的决定》指出，"科学技术是第一生产力，是经济和社会发展的首要推动力量，是国家强盛的决定性因素"。2006 年，《国家中长期科学和技术发展规划纲要（2006—2020 年）》进一步强调支持鼓励企业成为技术创新主体，把建设创新型国家作为面向未来的重大战略选择。

战略部署上，从实施宏观的科技计划转变为实施具有针对性的专项计划。实施 863 计划、973 计划和"985 工程"等专项计划，集中解决影响中国未来经济和社会发展的高技术问题和重大科学问题，满足国家高科技战略需求。这一阶段的改革涵盖了运行机制、组织结构和人事制度，并通过科学技术成果广泛应用于生产，激发了科技人员的活力，提高了科技与产业的竞争力，实现了国家主导与市场化双线并进的科技创新新局面。

这一时期我国科技创新体系在战略方向、机制和部署上的转变，不仅创新了科技创新的运行模式，也为国家科技进步和经济社会发展提供了强大动力。

3. 科技创新体系全面自主阶段

自 1999 年起，中国的科技创新体系进入了一个全面自主的发展阶段。这一阶段强调各领域和三大科创主体——科研院所、大型企业和科技型中小企业——的全面动员，以及减少对国外技术依赖，自主探索科技前沿的重要性。

1999 年，《中共中央、国务院关于加强技术创新、发展高科技、实现产业化的决定》的发布，标志着我国政府对科技与经济紧密结合的重视，把科技实力转变成现实的第一生产力，并强调企业成为技术创新的主体。政府通过实施一系列政策，促进了科技成果转化为现实生产力，发展高科技产业，形成了具有中国特色的国家创新系统，其中科技型中小企业逐渐成为科技创新的重要一环。

2006 年，全国科学技术大会明确指出，我国的"关键技术自给率低，自主创新能力不强"，并存在对外技术依赖。大会号召，把增强自主创新能力作为发展科学技术的战略基点，走出中国特色自主创新道路，推动科学技术的跨越式发展。在这一政策引领下，我国的科研院所、大型企业和科技型中小企业在政府引导下，发挥了其在科技创新全面自主中的主体作用，并为实现科技的自立自强做出了显著贡献。

这一时期，通过实施一系列政策和战略，中国致力于激发各类科创主体的活力，推动科技创新与经济发展的紧密结合，形成了自主、开放、协同的科技创新格局。在全面自主的科技创新道路上，中国已逐步展现出强大的科技创新能力和潜力。

4. 科技创新体系生态协同阶段

自2012年党的十八大至2023年，我国科技创新体系步入新的发展阶段。面对新一轮科技革命和产业变革带来的机遇与挑战，党和政府积极策划协同的科技创新体系，激励各创新主体（科研院所、各规模企业、金融机构等）共同推进科技强国建设（赵彬彬和陈凯华，2023）。

2012年提出的"创新驱动发展战略"把科技创新作为提高社会生产力和综合国力的战略支撑，摆在国家发展全局的核心位置，强调要坚持走中国特色自主创新道路，实现创新驱动发展。

在这一过程中，以智能制造、航天航空、大数据、云计算、人工智能等为代表的技术领域成为全球竞争的焦点。中国各创新主体在这些领域实现了由"跟随、学习"到"引领、创造"的转变，各类企业、科研机构、金融和其他组织在国内展开广泛的研发与创新活动，呈现出生态多元、协同合作的科技创新格局。

目前，我国正在形成自上而下的全面创新体系，实现了一系列阶段性的科技成就，如在载人航天、探月工程、量子科学、深海探测、超级计算、卫星导航、高铁、核电、特高压输变电、工业互联网、新能源汽车等多个领域实现了跨越式发展，走在世界前列。

第二节 国内经济环境

一、我国经济发展模式演变

新中国成立以来，我国经济发展模式经历了不同阶段的演变。借鉴以往研究成果，我们梳理了1949年至2023年我国经济发展模式的演变脉络，总结了不同阶段的发展特点。从演化经济学的研究视角，我们认为我国经济发展模式经历了起步发展阶段（1949—1977年）、加速发展阶段（1978—1998年）、高速发展阶段（1999—2011年）和高质量发展阶段（2012—2023年）4个阶段的演变（图2.3）。

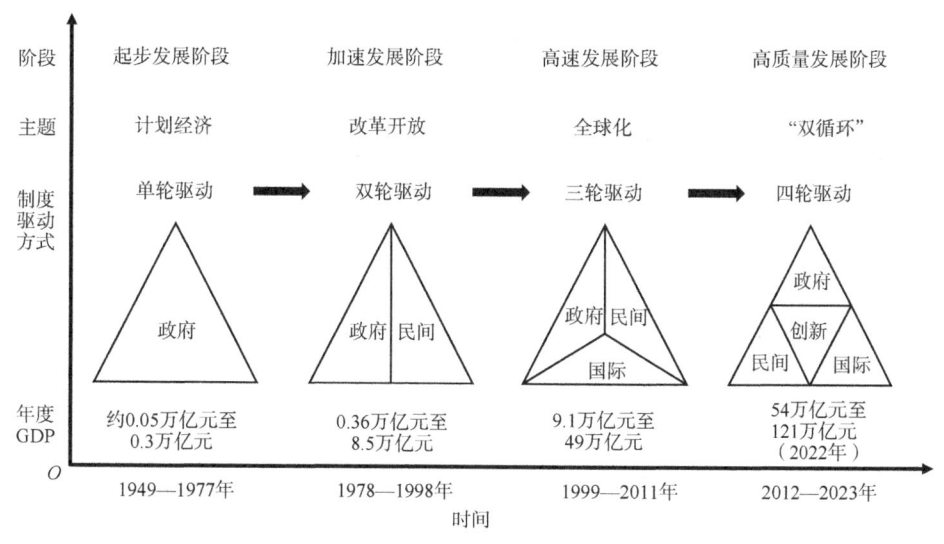

阶段	起步发展阶段	加速发展阶段	高速发展阶段	高质量发展阶段
主题	计划经济	改革开放	全球化	"双循环"
制度驱动方式	单轮驱动 →	双轮驱动 →	三轮驱动 →	四轮驱动
	政府	政府／民间	政府／民间／国际	政府／创新／民间／国际
年度GDP	约0.05万亿元至0.3万亿元	0.36万亿元至8.5万亿元	9.1万亿元至49万亿元	54万亿元至121万亿元（2022年）
时间	1949—1977年	1978—1998年	1999—2011年	2012—2023年

图 2.3　中国经济发展阶段演变——从计划经济到"双循环"

1. 我国经济起步发展阶段

在 1949 年至 1977 年的起步发展阶段，我国实施计划经济，政府主导国民经济发展，重点发展工业（尤其是重工业），农业和服务业相对滞后。在这期间，我国 GDP 年平均增速达 6.6%，人均 GDP 年均增速为 4.6%。工业总产值增长了 38.2 倍，其占经济比重由 30% 提升至 72%，且建立了一个相对完整且独立的军工体系。尽管在国际环境中受到封锁，中国仍努力与外界接触，进出口贸易从 1950 年的 11.3 亿美元增至 1978 年的 206.4 亿美元，增长约 17 倍。然而，这一阶段的经济发展也显现出明显的缺陷，如政治因素干扰工业发展导致的"大起大落"现象；"文化大革命"期间，GDP 年均增长 5%，低于美国的 9.1% 和日本的 6.7%，技术差距扩大；计划经济虽加速工业和某些技术的发展，但导致产业发展畸形。在农业方面，人民公社制度未能全面推行按劳分配，影响生产积极性。

综合来看，该时期我国经济处于起步阶段，尽管面临外部敌对、内部政治动荡和自然灾害等多方面限制，但通过大规模土地改革和工业化建设，为后续改革开放后的经济发展奠定了基础。

2. 我国经济加速发展阶段

在改革开放的加速发展阶段，我国经济由政府与民间双轮驱动，实施一系列市场化改革，包括逐步放宽政府对经济的管控、推进国有企业改革、发展民营经济和吸引外资。在此时期，我国 GDP 年均增长率超过 9%，1998 年 GDP 达到 8.0 万亿元，全球排名第七，居发展中国家首位。大型项目如京九铁路和秦山核电站的建成投产，以及大中型工业项目的实施，极大增强了国民经济的发展后劲。

民营经济在市场化改革下快速崛起，1984年和1992年两轮创业热潮涌现，众多民营企业如联想、华为等成为行业领军者。我国工农业产品生产能力显著提升，如谷物、钢铁等产品产量在1998年均稳居世界首位。在政府和民间推动下，"短缺经济"现象得以消除，布票、油票等逐渐退出，民生物资丰富，居民生活水平明显提升。例如，1998年农民家庭人均纯收入实际增长3.4倍，城镇居民家庭人均生活费收入实际增长2.1倍，城乡居民储蓄存款余额比20年前增长200多倍。

综合看来，1978年至1998年，我国成功走上了一条政府和民间双轮驱动的经济加速发展新路，取得显著的经济成就。在这一路径上，市场的活力得以释放，国民经济实现了快速增长，人民生活水平显著提升，社会整体经济实力大幅度增强。

3. 我国经济高速发展阶段

进入经济高速发展阶段，尤其是自2001年加入世界贸易组织（World Trade Organization，WTO）后，中国经济全面融入全球化。2006年，进出口贸易占GDP的比重达到了64.2%，年均GDP增长率超过10%。具体体现在以下几个方面：1999年至2011年，GDP从8.2万亿元增至47.3万亿元，跃居世界第二；人均GDP从6517元增至35083元，我国成为上中等收入国家；民营企业从151万家增至900万家，强化了民间经济供给；进出口贸易总额从3607亿美元升至36420.6亿美元，国际贸易为经济注入了强大动力。

在政府层面，主要改革措施包括取消多项农业税，清理和修订限制非公有制经济的法规，放宽非公有制经济市场准入，允许非公有制资本进入更多行业和领域。同时，要素市场进一步发展，重要资源价格市场化步伐加快，社会保障体系不断完善。然而，产能过剩、金融风险、环境污染等问题也随之凸显。

综合看来，1999年至2011年，中国经济走上了由"政府-民间-国际"三轮驱动的高速发展新路，实现了显著的经济成就，同时也面临一系列新的发展挑战。在全球经济一体化的背景下，中国成功实现了经济的迅速扩张，但也需在未来发展中不断调整和优化经济结构，解决伴随高速发展而来的种种问题。

4. 我国经济高质量发展阶段

进入高质量发展阶段，我国经济增长在"政府"、"民间"和"国际"之外新增"创新"为核心驱动力。2012年至2022年，国内GDP年均增长8.8%，经济结构得到优化，高技术产业蓬勃发展，新消费模式如线上和绿色消费兴起。

2013年，中央提出经济增长速度换挡期、结构调整阵痛期和前期刺激政策消化期的判断。2014年5月，习近平同志在河南考察工作首次提及新常态[①]，强调"从当前我国经济发展的阶段性特征出发，适应新常态，保持战略上的平常心态"[①]。2015年，习近平进一步提出"供给侧结构性改革"，明确了供给侧结构性改革"三去一降一补"的重点任务[②]。2017年党的十九大报告更强调我国经济已由高速增长阶段转向高质量发展阶段。2022年二十大报告回应了新发展理念，明确了"全面建成社会主义现代化强国"[③]的战略安排。

此期间，政府策略聚焦于创新驱动、绿色发展、开放共赢等，供给侧结构性改革、产业结构优化、全要素生产率提升及生态文明建设等得以推进，旨在满足人民对美好生活的向往。我国也积极参与全球治理体系改革，助力全球经济。然而，我国也面临中美经贸摩擦、技术瓶颈、房地产风险、老龄化问题、收入分配调节、地缘政治动荡以及与欧美经济周期不同步等挑战。

总体而言，2012年至2023年，我国走上了"政府–民间–国际–创新"四轮驱动的经济高质量发展新路，取得了显著进展。

二、我国经济政策不确定性

1. 经济政策不确定指数

既有文献关于中国经济政策不确定性的研究主要使用Baker等（2016）构造的中国经济政策不确定性指数。但该指数构造参考的香港地区《南华早报》倾向于呈现与香港经济和国际经济有关的新闻报道，在刻画内地经济政策不确定性方面具有一定的片面性。相比之下，Baker等（2023）编制的经济政策不确定性指数以《人民日报》和《光明日报》两家主流报纸作为数据源，通过自然语言处理（natural language processing，NLP）的技术从经济、政策和不确定性三个层面选取关键词，通过统计关键词出现的词频，计算得出中国经济政策不确定性指数，能够更为客观、全面、准确地反映中国经济政策不确定性的变化。为此，本节在拓展讨论中使用Baker等（2023）构造的指数衡量我国经济政策不确定性。

图2.4展示了计划经济时期中国经济政策不确定性指数的变化。该时期经济政策不确定性指数波动较大，并且与国内事件紧密关联，如土地改革、"一五"计

[①]《深入学习习近平同志关于经济新常态的重要论述》，http://news.cntv.cn/2016/01/27/ARTI6pRbZvAdXGmrgCQdgl4P160127.shtml[2024-02-21]。

[②]《打赢供给侧结构性改革这场攻坚战》，http://theory.people.com.cn/n1/2017/0706/c40531-29386206.html[2024-02-21]。

[③]《习近平：高举中国特色社会主义伟大旗帜 为全面建设社会主义现代化国家而团结奋斗——在中国共产党第二十次全国代表大会上的报告》，https://www.gov.cn/xinwen/2022-10/25/content_5721685.htm[2021-06-19]。

划、"文化大革命"。特别地，朝鲜战争和越南战争也正好对应了两次经济政策不确定性指数的峰值。

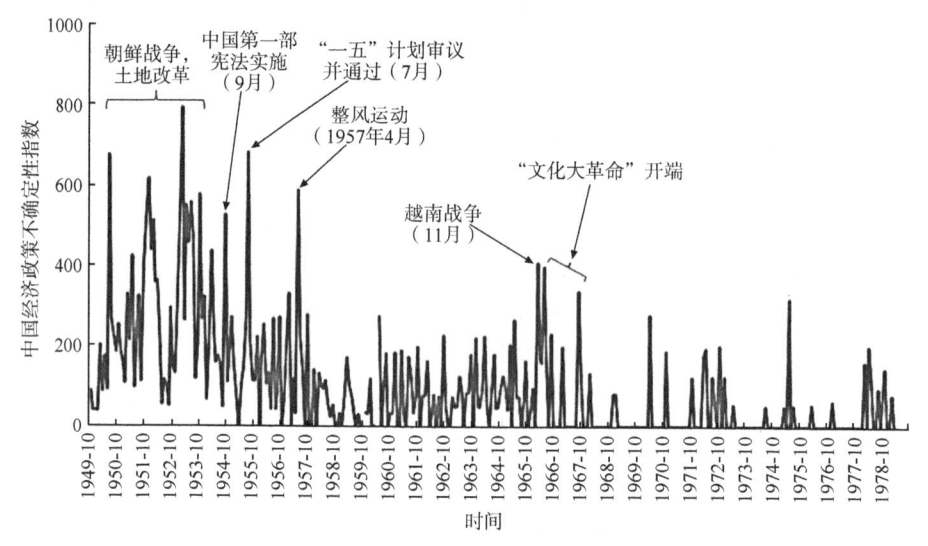

图 2.4　中国经济政策不确定性指数：计划经济时期（1949—1978 年）

图中文字对应的时间非事件的起始时间，是受事件影响指数值达到最高点的时间

图 2.5 展示了改革开放时期中国经济政策不确定性指数的变化。该指数反映了中国国内政策从计划经济向市场经济的重大变化，包括市场与过度集中之间的

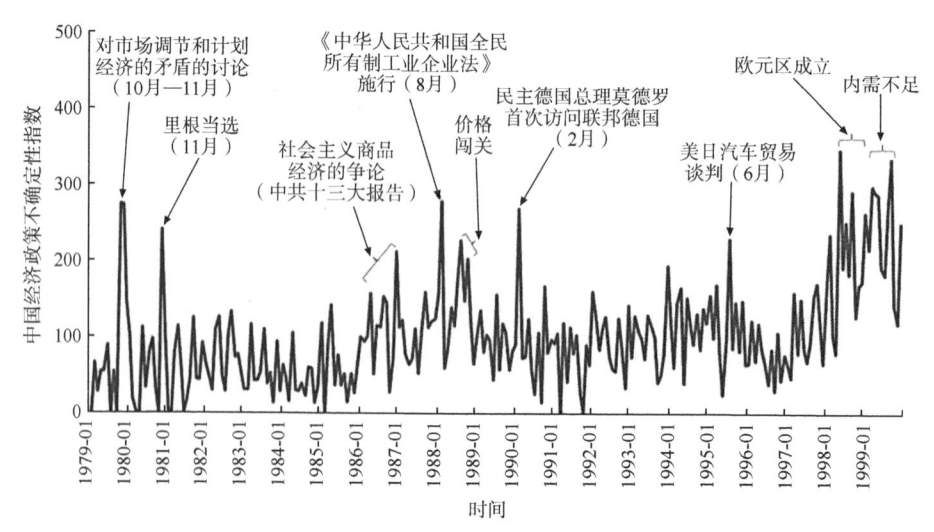

图 2.5　中国经济政策不确定性指数：改革开放时期（1979—1999 年）

图中文字对应的时间非事件的起始时间，是受事件影响指数值达到最高点的时间

矛盾、政治斗争中市场力量的角色、价格闯关以及《中华人民共和国全民所有制工业企业法》的施行。它还显示了与里根当选、民主德国总理莫德罗首次访问联邦德国、欧元区成立和美日汽车贸易谈判等关键国际事件明显相关的峰值。

图 2.6 展示了全球化时代中国经济政策不确定性指数的变化。与前两个时期不同，自 2000 年以来的几乎所有峰值都是由国际事件引起的，如伊拉克战争、拉美国家大选、美国次贷危机和欧洲主权债务危机。值得注意的是，由于英国脱欧、欧洲主要国家民粹主义抬头以及特朗普主义政策（尤其是贸易政策）带来的巨大不确定性，该指数在 2018 年之后达到了历史最高水平。特别地，2019 年底开始的新冠疫情导致大部分国家经济停滞不前，甚至出现了负增长，我国也遭受到了前所未有的挑战和冲击，经济政策不确定性指数水平急剧攀升，逐步达到几十年以来的峰值（经济政策不确定性指数高达 400 以上）。

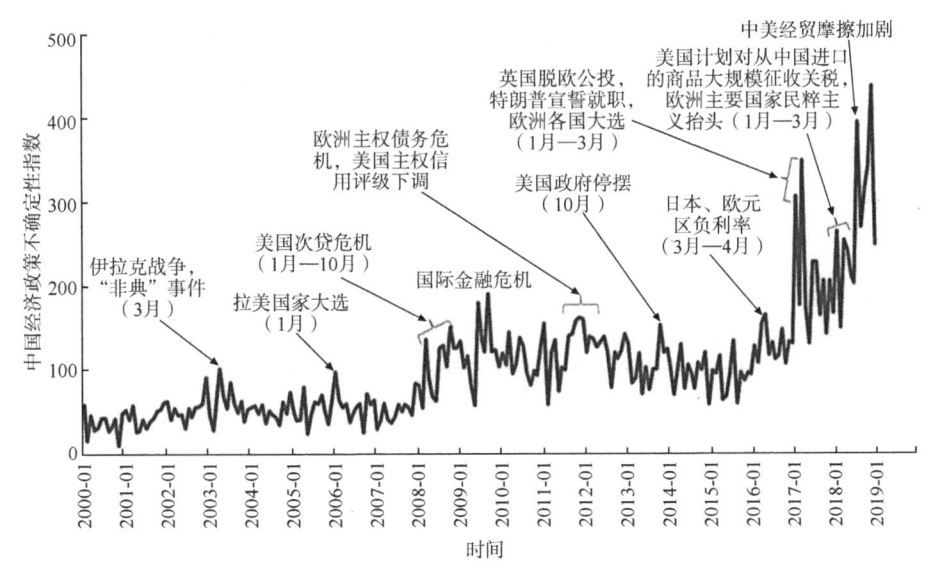

图 2.6　中国经济政策不确定性指数：全球化时代（2000—2019 年）

图中文字对应的时间非事件的起始时间，是受事件影响指数值达到最高点的时间

近年来，中国宏观经济最大的不确定性来自政策。究其原因，从外部看，百年未有之大变局背景下全球经济秩序与政治秩序正在重塑，国际贸易秩序和国际政治关系正面临严重挑战；从内部看，新常态下中国经济正处在转变发展方式、优化经济结构、转换增长动力的攻关期，同时面临着结构性、体制性、周期性问题相互交织的严峻挑战。因此，政府通过一系列宏观调控政策来应对国内外的多重挑战，但频繁的政策干预也会使企业面临更大的不确定性（杨国超等，2023）。

2. 经济政策不确定性对宏观经济的影响

近年来，国内外大多数相关研究发现，经济政策不确定性会在不同程度上对宏观经济的各个领域产生消极影响。

Fernández-Villaverde 等（2015）研究了美国经济活动受财政政策不确定性的具体影响后发现，财政政策不确定性会对经济活动在短期内产生负面冲击，并且当经济处在零利率的下限时，这种负面效果更加显著。刘镜秀和门明（2015）提出经济政策不确定性以实物期权效应为作用途径，压制了经济的投资和生产，从而使得经济体系趋于不稳定。Baker 等（2016）以美国及其他 11 个经济体为研究样本，研究结果发现，近些年来当经济政策的不确定性指数升高时对美国等主要经济体的宏观经济造成了明显的不利影响。Creal 和 Wu（2017）发现，不确定性会对经济活动造成不利的影响，会对实体经济造成反向的冲击，并且在不同的历史时期反映在通货膨胀上也有所不同。金春雨和张德园（2020）以中国四种类型的经济政策的不确定性指数作为研究样本，通过比较研究发现，从长远来看，每种类型的经济政策不确定性都会引发通货膨胀效应。

与上述结论不同，不少研究发现经济政策不确定性对宏观经济并非产生简单的负面影响。Born 和 Pfeifer（2014）从宏观角度考察了经济周期受政策风险影响的强弱，结果表明产出受政策风险的影响很弱，政策风险不足以引发经济增长的波动。张玉鹏和王茜（2016）发现，在经济萧条时期，经济政策不确定性对产出增长起积极作用，而在经济繁荣期间，经济政策不确定性却对产出增长起消极作用。梁权熙和谢宏基（2019）研究发现，经济政策不确定性可以激发企业追求创新，从而推动中国经济的长期增长。

3. 经济政策不确定性对微观企业的影响研究

经济政策不确定性对微观企业影响的已有研究主要集中在对企业投资行为、融资行为、创新行为的讨论，以及少量对并购行为、股票价格波动等方面的研究。

1）经济政策不确定性与企业投资行为

在经济政策不确定性出现时，企业投资行为会受到显著的影响，因此相关文献也较多地涉及这一领域，大致分为促进与抑制投资行为两类观点。

对于经济政策不确定性对投资行为的促进作用，奥伊-哈特曼-阿贝尔（Oi-Hartman-Abel）效应指出，企业可以根据市场变化及时调整投资规模，从而有效地应对经济政策的不确定性，并且可以发现潜在的投资机会和利润，从而提高当期投资的比率（范秋蓉，2023）。邢小强和仝允桓（2009）在中国率先开展了实物期权理论的实证研究，研究的结果表明，不确定性是影响中国企业投资决策的关键因素，这为中国的实物期权理论研究提供了理论参考。Segal 等（2015）则通过成本效益分析指出，当经济政策波动性增加致使不确定性上升时，企业的投资支出也会相应地增加，此时企业的投资呈现为正向的增长期权效应。

与上述观点相反，部分学者认为经济政策不确定性对企业投资行为有抑制作用。Julio 和 Yook（2012）发现由于投资的不可逆性，政策的不确定性增加，这种情况对企业的投资产生了抑制作用，从而导致资本支出与政策不确定性之间呈现出显著的负相关性。尤其是当投资项目的退出成本增加，以及经济政策波动性上升时，将会导致企业持有的看涨期权价值大幅提升，此时企业会选择降低对环境的敏感性，采取谨慎策略延迟当前活动，以规避经济政策不确定性可能为企业带来的损失，以求在将来能够把握住更多的投资机会，从而获取更高的回报，这种情况称为"谨慎效应"。此外，谭小芬和张文婧（2017）认为政策不确定性对企业投资行为的影响主要通过提高资金成本和降低资本边际收益率两条途径发挥作用，其中资金成本是决定企业投资规模的重要因素，而资本边际收益率则是影响企业投资方向的重要因素，而经济政策不确定性弱化了二者对企业投资效率的正向影响。

2）经济政策不确定性与企业融资行为

Pástor 和 Veronesi（2012）指出，由于经济政策的不稳定，企业的融资成本可能会大幅提高，这将对其形成融资约束，并带来较高的风险溢价。才国伟等（2018）研究发现，不确定性的存在会严重抑制债权融资和股权融资的有效性，从而降低它们在企业投资中的促进效果。Han 和 Qiu（2007）基于预防性动机理论认为，当经济政策变得不确定时，贷款人可能会提出更高的利率和更严格的借款要求，进而强化了政策不确定环境下的"实物期权效应"。此外，随着政策不确定性的增加，企业的现金流和经营决策也受到影响。郑立东等（2014）基于凯恩斯（Keynes）的预防性动机假说，发现经济政策不确定性与企业的现金持有水平正相关，且这一特征在非国有企业、股权集中度以及受到的融资约束相对更高的企业中更加显著。换句话讲，随着经济政策的不确定性增加，企业的现金调整速度会加快，这将导致未来现金流的波动性增加。因此，企业应该采取有效措施来应对未来可能出现的融资环境恶化。

3）经济政策不确定性与企业创新行为

经济政策不确定性与企业创新行为的相关研究同样存在两种观点。一是抑制效应。Xu（2020）基于1985—2007年美国企业的数据，指出经济政策不确定性通过抬高资本成本进而抑制了美国企业的创新活动。Cui 等（2021）基于2007—2017年中国A股上市公司数据，使用固定效应模型检验了两者关系，指出经济政策不确定性暴露显著抑制了企业研发投资，同时考察了运营风险和财务困境视角的机制作用，指出经济政策不确定性通过提高运营风险、财务困境抑制了企业研发投资。亚琨等（2018）基于2009—2016年中国A股上市公司数据，使用固定效应模型研究了两者关系，指出前者显著抑制了企业研发投资，同时探讨了金融资产配置、行业属性的调节作用，高金融资产配置偏好、非高新技术行业使得经济政策不确定性对于企业研发投资的抑制作用更为明显。

二是激励效应。孟庆斌和师倩（2017）基于2008—2015年中国上市公司数据，使用最小二乘估计检验了两者的关系，指出前者显著促进了企业研发投资，并探讨了不确定性影响程度、研发投入转化效率、风险偏好的调节作用。越容易受不确定性影响、研发投入转化效率越低、风险偏好越低的企业中经济政策不确定性对企业研发投资的促进作用越明显。顾夏铭等（2018）基于2000—2015年中国上市公司数据，使用固定效应模型检验了两者的关系，指出前者显著促进了企业研发投资，存在"激励效应"与"选择效应"，同时考察了企业性质、行业属性、金融约束、政府补贴的调节作用，国有企业更容易开展长周期研发，经济政策不确定性在高科技行业、低金融约束企业和高政府补贴企业中激励效应更明显。

第三节　"双循环"发展新格局

在当下，随着我国迈向国际与国内"双循环"的新阶段，为了更精准地解析"双循环"的核心机制，我们从"技术"和"市场"两个经济发展的关键元素进行考虑。在技术上，我们将其划分为"自主技术"与"全球技术"两个层面；对于市场，我们将其区分为"国内市场"与"全球市场"。这种分类方法使我们能够清晰地画出国内循环与国际循环的操作框架（图2.7），从而深入理解"双循环"的相互作用和联系。

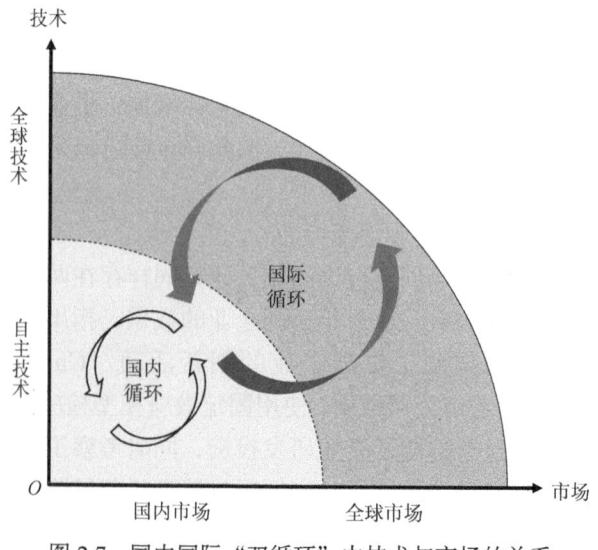

图 2.7　国内国际"双循环"中技术与市场的关系

一、自主技术与全球技术

首先，谈及自主技术，即是指那些在国内独立研发、生产并完全掌握的技术。这些技术展现了我国强大的自主创新能力和知识产权保障。例如，杂交水稻技术确保了我国的粮食安全；高铁技术使我们在铁路领域达到了世界领先水平；而 5G（5th-generation mobile communication technology，第五代移动通信技术）和载人航天技术则分别代表着我国在通信和航天领域的技术进步。

其次，当我们谈到全球技术，指的是那些在全球被广泛共享和应用的技术。这些技术，不论是通过技术引进、合作研发还是其他方式，都被广泛采纳和实践。例如，人工智能技术正在重塑着多个领域，而大数据技术为我们提供了前所未有的数据处理能力。

无论是自主技术还是全球技术，它们在我国的进步中均起到了不可或缺的作用。通过强化自主创新，我们能确保在技术变革的浪潮中持续保持领先。同时，我们也应积极融入全球技术交流，与其他国家共同应对技术挑战，推动共同前进。

二、国内市场与全球市场

在"双循环"的经济背景下，我们对市场进行了国内市场和全球市场的分类。首先，国内市场主要集中于一个国家或地区的交易活动，其中包括商品与服务的生产、销售与消费过程，这些活动为国家经济的持续增长奠定了基础。

在国内交易中，生产是指企业提供各种商品和服务，以迎合消费者的不同需求。这里的企业可以涵盖各个行业，如农业、制造业和服务业等。流通则关注于产品从制造商到终端消费者的过程，由多种物流和销售机构共同完成。消费者在这个环节中起到决策性作用，他们根据自身需要在各种销售渠道中选购商品和服务，并通过反馈为市场提供宝贵意见。

其次，全球市场则关注跨国界的交易活动。这意味着商品和服务不再局限于一个国家，而是在全球范围内生产、销售和消费。这也意味着各国可以充分发挥其资源和优势，在全球市场中获得更大的份额。

在国际交易中，不同国家的生产者、经销商、消费者等均在其中扮演着重要角色。他们可能通过电商平台进行线上交易或通过传统方式进行线下交易。这种跨国交易不仅加快了全球化的脚步，还为各国创造了无数的发展机会。

总的来说，无论是国内还是全球市场，它们都是经济体系的核心组成部分。企业和消费者都可以在这两个市场中寻找到自己的机会，进一步促进经济的发展。

三、"双循环"格局发展过程

将自主技术融入国内市场旨在推进国内的经济蓬勃发展。这代表通过持续的研发与创新，为国内市场注入高品质、高附加值的产品与服务，满足本国消费者日益增长的需求，并加强国内产业链的实力，为经济的长期健康增长打下坚实的基础。

全球技术融入全球市场意在扩大国际经济的版图。这要求我们汲取并运用国外的尖端技术，将其纳入为全球消费者提供的产品和服务中，加强全球市场竞争力，助力国际贸易繁荣，以期共同推动全球经济的繁荣发展。

在"双循环"战略中，我们不仅要着力深化国际合作、共享技术和资源，还要坚守知识产权的防线、倡导技术创新，并确保为国内外企业营造公平的市场竞争环境。这样的战略可确保国内与国际循环有效结合，为全球经济的连续繁荣做出贡献。

随着自主技术的日益进步和广泛应用，我国在多个行业都取得了突破性的成就。在制造业，我国技术如华为的5G，已经走在全球的前列，为我国制造业的繁荣打下了坚实的基石。同样，在农业、医疗、交通等领域，我国的技术同样取得了显著的进展。

当这些自主技术投身于全球市场，它们就起到了推动国际经济循环的作用。这表示，通过与全球的技术交流与合作，我们可以满足全球市场的多样化需求，推进全球经济繁荣。这样的策略不仅强化了我国的技术领先地位，也进一步巩固了我国在全球经济中的地位，为经济持续发展提供了动力。

以小米为例，它展示了如何将全球技术服务于全球市场，进一步助力我国经济在国际循环中的角色。作为国际上知名的科技巨头，小米致力于将尖端手机技术融入其产品中。除了在中国市场取得了巨大的成功，小米还成功地将产品推广至全球各地。从欧洲到美洲，从亚洲到非洲，小米凭借其卓越的产品和服务赢得了全球消费者的青睐。

小米始终以技术革新为导向，融合现有技术，并致力于研发前沿的智能手机和其他电子产品。这些产品不仅在技术规格上领先业界，其用户体验也得到了广大消费者的赞誉。高分辨率的屏幕、强劲的处理器、丰富的应用生态，以及流畅的操作系统，使得小米的产品满足了各类用户的需求。

凭借其国际化的战略和技术实力，小米已经将其产品成功销往全球各地。这不仅彰显了小米的品牌价值，同时也凸显了它在技术竞赛中所占的有利地位。通过与全球伙伴的合作和技术交流，小米加强了自己的市场地位，为全球经济增长做出了积极的贡献。

此外，小米还在国际技术标准和合作项目中发挥着重要角色，为全球通信技术的进步贡献力量。通过与世界各地的伙伴合作，小米吸纳了国际最先进的技术和管理经验，进一步加强了其创新和市场竞争能力。同时，小米还通过多种方式，如公益活动和捐款，支持了教育、环境保护等多个领域的发展。

综上所述，要深入了解国内与国际的"双循环"策略，需要对技术与市场这两个关键要素有深入的认识。技术是推动社会前进的关键因素，涉及各种科学知识和技能，而市场是经济活动的中心，它反映了生产与需求之间的平衡。对这两个要素的深入研究，有助于我们更好地理解国内与国际"双循环"之间的相互作用和联系，为我国的经济发展策略提供有力的支持。

第四节　国际创业发展阶段

从技术和市场两个维度出发，我们可以将技术划分为自主技术和全球技术，将市场划分为国内市场和国际市场。通过对这两个维度进行划分，我们可以得到一个 2×2 的矩阵图（图 2.8）。在这个矩阵图中，我们可以看到技术与市场共同推动我国企业国际创业的四个发展阶段：市场换技术、国内大循环、技术创市场和国际大循环。

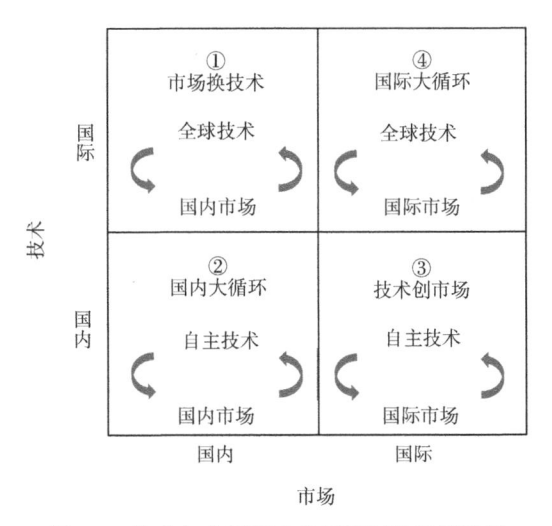

图 2.8　技术与市场驱动的国际创业发展阶段

首先，市场换技术是指在国际市场中，我国企业通过与外国企业合作或竞争，引进先进的技术和管理经验，从而提高自身的技术水平和竞争力。这一阶段对于我国企业的国际创业具有重要意义，因为只有掌握了先进的技术，企业才能在激烈的国际市场竞争中立于不败之地。

其次，国内大循环是指在国内市场中，我国企业通过技术创新、产品创新和服务创新等手段，不断提高自身的市场份额和盈利能力。这一阶段对于我国企业的国际创业同样具有重要意义，因为只有在国内市场中取得优势地位，企业才能在国际市场上获得更多的资源和支持。

再次，技术创市场是指我国企业在掌握先进技术的基础上，通过技术创新和产品创新等手段，开发出具有国际竞争力的新产品和新服务，从而在国际市场上取得更大的市场份额。这一阶段对于我国企业的国际创业至关重要，因为只有具备核心技术和创新能力的企业，才能在国际市场上脱颖而出。

最后，国际大循环是指在国际市场中，我国企业通过与国际市场的合作与竞争，不断扩大自身的市场份额和影响力。这一阶段对于我国企业的国际创业具有决定性意义，因为只有在全球范围内建立起广泛的合作关系和市场份额，企业才能实现真正的国际化发展。

总之，从技术与市场的二维角度来看，我国企业国际创业经历了市场换技术、国内大循环、技术创市场和国际大循环四个发展阶段。在这个过程中，企业需要不断学习和借鉴国内外先进的技术和管理经验，努力提高自身的技术水平和市场竞争力，从而实现可持续发展和国际化发展的目标。

一、市场换技术阶段

自20世纪80年代开始，随着我国深化改革和对外开放，我们采纳了"以市场换技术"的重大方针。该方针旨在利用我国广大的市场优势，吸引外国资本和技术进入，进而加快国内技术进步和经济增长。在这个全球经济一体化的时代，这种"以市场换技术"的方法，对我国来说，是一个促进技术与经济并肩发展的策略选择（李翀，2014；夏梁，2015）。

具体实施上，我国与外国企业建立技术合作关系，允许它们在国内生产并销售商品，但作为回报，我们要求其技术转移。这样的合作使我国企业能够与先进技术接轨，快速提升自身的技术和管理水平。此外，为了吸引更多的外国投资，我国还出台了一系列优惠政策，如税收减免、投资补贴等，进一步加大了外国资本的吸引力。这些策略不仅加速了我国的经济增长，同时也为技术进步注入了新的活力。

借助这一战略，我国在技术和经济领域均取得了长足的进步。外国企业引进的技术和管理模式，使我国企业更具竞争力，更适应市场的变化。这种双方都受益的局面为我国创造了更为广阔的创新空间和更优的发展环境。

然而，我们也必须看到，单纯依赖"以市场换技术"的策略是不够的。在日益激烈的全球竞争中，我国必须进一步加强自主创新能力，确保在国际市场上保持长期的竞争力。因此，未来的关键是加大对技术研发的投入，强化知识产权制度，培育更多的创新人才，确保我国的经济发展更为稳健和持久。

自20世纪80年代开始，我国实施了"以市场换技术"的策略，试图通过市场优势获取外部技术。在某些领域，这一策略取得了显著的成功。例如，我国水电设备制造业在引进外部技术的基础上，经过深化整合和创新，成功地实现了技术的国产化。又如，中国中车股份有限公司成功地引入并改进了高速铁路机车的先进技术，使我国成为高速铁路技术的领先者。

但是，这一策略在某些领域并没有取得预期的效果，汽车行业便是一个典型的例子。虽然一开始设想通过合资方式引入外部技术，然后进行自主创新，但实际上，我国车企在与外资企业的合作中，并没有如期获得核心技术。这种情况下，合资企业虽然占据了市场份额，但长期地依赖外资技术并没有使我国汽车行业实现真正的技术跃升。

这些例子说明，仅仅依赖"以市场换技术"的策略，并不能确保技术的持续进步和自主创新。因此，我们需要更加重视自主研发和技术创新，培养和发展自己的核心技术，才能真正提升我国产业的国际竞争力。

二、国内大循环阶段

随着"自主创新"的深入推进，我国已逐渐从"国内大循环"转向更高层次的技术和市场互动。这种策略的核心是通过自主研发和创新，为国内市场提供具有自主知识产权的高技术产品。

特别是在汽车产业，在以前，很多企业选择从国外引进技术，但往往因为缺乏完整的消化吸收能力，造成了"技术的断层"。这种依赖外部技术的模式导致了我国汽车产业长时间的技术停滞。

但在政府的引导和鼓励下，许多汽车企业开始注重自主创新，加大研发投入，形成了一批具有自主知识产权的核心技术。例如，我国在新能源汽车、电动汽车、自动驾驶等领域的技术研发已取得了显著的进展。这些技术的出现，不仅加速了我国汽车产业的转型升级，也为国内外市场提供了更多的高附加值产品。

同时，政府还采取了一系列措施，如提供财政支持、税收优惠等，进一步推动企业的创新活动。与此同时，我国还鼓励企业与国外先进企业建立长期的合作关系，从而取得先进的技术和管理经验。

总的来说，我国在汽车产业的技术进步方面已取得了明显的成果。但我们也清楚地认识到，未来的挑战依然很大。为了保持这一势头，我们仍需要继续加大创新投入，培养更多的技术人才，并与国际领先的企业和机构建立深入合作，实现技术和产业的跨越式发展。

北京汽车集团有限公司（以下简称北汽集团），作为中国汽车制造业的佼佼者，其发展历程深受国内外行业的关注与瞩目。历经 60 多年的风雨历程，北汽集团成功地从初期的技术引进，到如今的自主创新与技术领先，完成了一个品牌崛起的传奇。

在早期，面对外国品牌的技术壁垒与市场竞争，北汽集团不仅采纳了"引进来"的策略，更重要的是它们成功地将其转化为"走出去"的能量。购买瑞典萨博汽车的技术，正是北汽集团实现技术跃升，从追赶到领先的关键步骤。这一战略选择不仅加快了北汽集团的技术进步速度，更为后续的自主研发与创新打下了坚实的基础（黄江明和赵宁，2014）。

目前，随着全球汽车产业转型升级，新能源、智能网联、自动驾驶等技术成了行业的热点和未来的发展方向。面对这一趋势，北汽集团未有丝毫犹豫，大力投身于新技术研发，积极拓展在新能源汽车领域的市场份额。北汽集团的成功，与其强大的技术研发能力、先进的管理模式和国际化的视野密不可分。

然而，中国汽车产业的整体技术提升之路仍旧任重道远。一方面要摆脱对外部技术的过度依赖，另一方面则要不断增强自主创新的核心竞争力。但可以肯定的是，随着像北汽集团这样的先进企业的不断崛起和努力，我国汽车产业未来定能在全球舞台上发挥更大的作用，为国家的经济和技术发展贡献更大的力量。

三、技术创市场阶段

"自主技术"拥抱"全球市场"表明，我们正处于一个被称为"技术创市场"的新时代。在这样的时代背景下，中国的企业群体，特别是汽车产业，都在积极响应和努力。这些企业不再仅仅满足于国内市场的探索，而是勇敢地迈向国际舞台，用自己的技术故事去感染世界。此种转型，不仅代表着中国企业的发展转变，也成为全球经济的一个亮点。随着经济的全球融合，众多企业都开始谋求国际化发展，试图找到更大的市场和机遇，其中，技术的角色日益凸显（韩剑等，2023）。

以往，我们习惯于看到国产汽车配备着国外技术。但随着新能源汽车的兴起，这一格局正在发生根本性的改变。国外的一些知名汽车品牌现在更愿意选择采纳和使用中国的技术解决方案。与此同时，海外市场中，中国品牌的电动汽车销量也逐年上升。

鉴于当前的市场环境，中国的汽车品牌都在积极地拓展国际版图，特别是在新能源汽车这一细分市场。根据国际能源署（International Energy Agency，IEA）的数据，2023年全球电动汽车的销量接近1400万辆，占全球汽车销量的18%。这一比例较2022年的14%显著提升，显示出电动汽车市场的快速增长趋势。展望2024年，预计电动汽车在全球汽车销量中的占比将进一步上升，这标志着汽车产业的一次历史性变革。在这次变革中，中国有望成为引领者。

此现象的背后，原因繁多。首先，得益于中国政府对新能源汽车产业的扶持和激励政策，中国企业在技术研发和市场推广上都拥有得天独厚的优势。其次，中国的汽车企业在新能源技术上持续创新，使其产品在性能、续航里程等方面能与国际顶尖品牌相媲美，甚至在某些方面取得了领先。最后，随着全球消费者对环保意识的逐渐觉醒，国产电动汽车也因其优良的性价比和出色的性能得到了广大用户的青睐。

如今，中国汽车企业正携技术之力，展翅翱翔于国际舞台。在今后的日子里，随着新能源技术的进一步完善和市场的持续壮大，有理由相信，中国车企将在全球新能源汽车舞台上发挥更为重要的作用。

比亚迪，一个代表着"技术创新与美好生活愿景"的前沿企业。自1995年2月诞生以来，这家公司经历了多年的飞速成长，目前在全球范围内已经拥有超过30个产业园区，业务辐射至六大洲。在电子、汽车、新能源和轨道交通等多个行业，比亚迪在其中都发挥着关键作用。令人注目的是，比亚迪成功在香港和深圳双重上市，其市值和营业收入均突破了千亿元大关。

在汽车领域，借助其在技术研发上的卓越成果，比亚迪完全掌握了电池、电机、电控等核心技术，打破了新能源汽车的技术壁垒。现如今，比亚迪的新能源车系已经涉及乘用车和商用车两大类，其中涵盖了"7+4"战略的多个子领域。"7"代表了七大常规应用领域：私家车、出租车、城市公交、长途客运、城市货物运输、城市建筑物流和环卫车；而"4"则涉及四个特定的应用场景：仓储物流、港口、机场和矿山。这种产品策略使得比亚迪在多个领域都有所布局，凸显其全面的市场覆盖力。

2023年上半年，比亚迪新能源汽车的市场份额增至33.5%，相比2022年有了6.5个百分点的增长，稳坐中国新能源汽车市场的领导位置。更为震撼的是，在2023年上半年，比亚迪在国内汽车整体市场上的份额也达到了10.6%。也就是说，每十辆新车中，就有一辆带有比亚迪的标志。另外，一份由马克莱恩（MarkLines）调查公司发布的报告显示，2023年上半年，比亚迪在全球销量上首次超越了梅赛德斯-奔驰和宝马，稳坐全球十大最畅销车企的宝座。

四、国际大循环阶段

当"全球技术"为"国际市场"提供服务，就标志着经济进入了国际大循环阶段。这意味着技术的发展和创新不再仅限于某一国家或地区，而是在全球范围内流动和应用。国际大循环不仅增强了技术的交流和分享，还加速了国际市场的整合和资源的高效配置。这一阶段鼓励各国开放合作，携手推进技术进步，从而实现共同发展。在此背景下，各大企业也逐渐转变思路，从原先的地域性扩展向全球市场布局转变，积极寻求国际化的机会，以适应这一新的经济大趋势。

吉利控股集团，自1986年诞生起，就以"科技先锋，全球视野"作为其企业理念。作为一家立足于国际市场的先进技术公司，吉利控股集团在"国际大循环"的背景下展现了其全球化战略的实力和远见。专注于为全球客户提供顶尖服务，吉利控股集团涉足了汽车、智能出行、新能源、数字技术等多个行业，展现了其综合实力。此外，值得注意的是，吉利控股集团在香港和纽约上市，财务实力令人瞩目。

在汽车产业，吉利控股集团凭借其持续的研发投入，已在新能源汽车的核心技术方面取得了重大突破。现有的新能源车系列包括了乘用车和商用车，并囊括了"7+4"战略，覆盖了各个市场细分领域，实现了全方位布局。

更为引人注目的是，吉利控股集团在中国汽车市场中所取得的出色表现。数据显示，2023年上半年，吉利新能源汽车的市场份额有了显著提升，证明了其在国内市场的领导地位，而在全球范围内，吉利控股集团的影响力也日益扩大，在与多家国际知名品牌竞争中表现抢眼。

对于吉利控股集团的国际扩张策略，它不止步于设置全球研发中心，更进行了系列有意义的跨国并购行动。收购英国的锰铜集团、澳大利亚的DSI[①]自动变速器公司和瑞典的沃尔沃汽车，都展现了吉利控股集团的国际化策略和雄心壮志。每一次并购都是吉利控股集团在国际市场上的一次重要布局，进一步加强了其在全球的影响力。

总的来说，吉利汽车的成功并非偶然，它依赖于精准的市场策略、品牌塑造、技术创新和国际化布局。在未来，随着技术的进步和市场的变革，吉利控股集团无疑将在全球汽车领域中扮演更为重要的角色。

[①] 英文全称为Drivetrain Systems International，本书涉及的部分英文公司名没有官方译名，故保留了英文名称。

第二篇 创新驱动国际创业的理论和逻辑

第三章 创新驱动国际创业的研究综述

本章综述了创新驱动国际创业学术研究。新兴市场企业通过国际创业获取关键资源，如技术和品牌，以增强竞争力。这些企业也利用国际扩张作为获取战略资源的跳板，减少国内制度和市场限制。社会网络在新兴市场企业的创业过程中起到了重要作用，而创新驱动视角强调创新与国际创业之间的互动效应。数字化全球市场中的用户创新驱动国际创业，强调了用户需求差异和用户运营的重要性。企业需要理解这些需求并制定相应的产品和市场策略以适应不同市场。用户运营管理在数据智能方面临技术、法规、文化差异等挑战。

产品创新在推动企业国际创业中发挥双重作用。技术创新通过提高产品质量和降低成本为企业带来竞争优势。模式创新关注商业模式的调整，以适应全球市场的多样性。组织创新是国际创业成功的关键。企业需要调整组织结构、管理国际人才，并适应多元文化环境。人才创新和组织文化适应能力是成功的重要因素。最后，市场创新是国际创业的核心驱动力，涵盖资源获取、市场适应、竞争和合作策略。成功的国际创业需要企业在全球层面上推进市场创新，同时具备灵活性和敏感度来应对国际市场的不断变化。

第一节 新兴市场国际创业动因的研究

随着全球经济的波动和进步，来自新兴市场的企业在国际商业舞台上开始崭露头角。这个发展方向在 Bruton 等（2008）和 Kiss 等（2012）的研究中被明确指出。这些企业，在遭遇全球化的商业考验时，选择了一个以创新为核心的路径，努力发掘并利用跨国的机遇，致力于为未来打造新的产品和服务，从而积极地参与全球市场竞争（Oviatt and McDougall，2005）。

新兴市场国际创业的动因主要有五个观点（图 3.1）。第一，国际创业资源寻求观认为，新兴市场企业通过国际化策略寻求技术、品牌等关键资源，以增强竞争力和解决自身在国际市场上的劣势。第二，国际创业跳板回流观指出，新兴市场企业可以利用国际扩张作为跳板来获取战略资源并减少国内的制度和市场限制。第三，国际创业制度逃逸观强调新兴市场企业通过国际创业来减少对本国市场的风险和寻找新的增长动力。第四，国际创业社会网络观认为社会和组织网络在新兴市场企业的创业过程中产生了重要影响。第五，国际创业创新驱动观强调创新与国际创业之间的互动效应，创新驱动企业进步，而国际创业促进创新应用。总的来说，新兴市场企业的国际创业是一种必要的战略选择，不仅能获取关键资源，也能降低风险，提高竞争力。

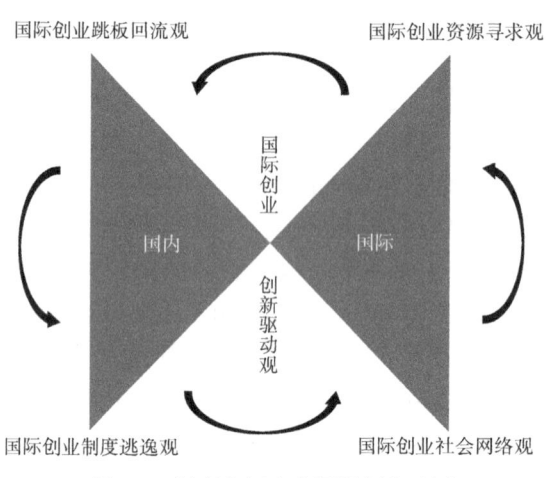

图 3.1　新兴市场企业国际创业动因

一、国际创业资源寻求观

随着全球化浪潮的推进，新兴市场企业在国际化创业领域越来越活跃。据资源基础理论，这些企业通常期望通过国际化步骤来获得技术、品牌和其他关键资源，从而解决自身在国际市场上的技术和品牌劣势。Child 和 Rodrigues（2005）的研究也验证了这一观点，强调了通过国际创业能更好地整合资源来增强竞争力。

在这样的全球经济大背景下，新兴市场企业要应对各种来自国内外的竞争挑战。因此，寻求新的发展机会和战略优势变得至关重要，而国际创业正是这一过程的核心。国际创业可以帮助新兴市场企业获取到关键的先进技术、知识产权和专利等，这些都是促进创新和提高生产效率的基石。在此基础上，与国际上的企业建立合作关系，共享技术和经验，更能够推动其在技术和创新上的发展。

此外，国际创业活动也能帮助这些企业更好地配置和优化资源。在不同的文化、政策和经济环境下，合理地配置资源是关键。与国际品牌结盟或合作，可以进一步扩大其市场份额，得到消费者的认可。

为了应对国内市场的竞争压力，新兴市场企业更需要通过国际化策略来提高自身的竞争力。在这个过程中，国际创业成为一种有力的战略选择，不仅能够拓展市场，还能够降低因受制于国内政策和市场风险而产生的损失。总体来看，对于新兴市场企业而言，国际创业已经不仅仅是一种选择，更是一种需要。

二、国际创业跳板回流观

国际创业作为一种重要的方式，可以帮助企业获取更多的资源和技术，提升自身的竞争力。那么，企业该如何来通过创新战略推进企业更有效地获取国际创业资源呢？Luo 和 Tung（2007）从跳板视角对这一问题进行了详细的阐述。他们认为，新兴市场企业可以利用国际扩张作为跳板来获取战略资源并减少国内的制度和市场限制。在这一过程中，这些企业采取了一系列激进和冒险的措施，如积极收购或购买成熟跨国企业的关键资产。通过这种方式，这些企业成功地克服了在全球舞台上的后发劣势，从而弥补了竞争劣势。

随着全球化进程的加速，新兴市场企业面临着越来越多的机遇和挑战。为了在国际市场中取得竞争优势，这些企业需要不断寻求新的增长点和发展机会。国际创业成为一种重要的方式，可以帮助它们获取更多的资源和技术，提升自身的竞争力。

首先，新兴市场企业通过国际创业可以获取稀缺资源，如先进的技术、专利和知识产权等。这些资源对于提升产品质量、降低生产成本以及推动创新至关重要。通过与发达国家企业的合作或直接投资，新兴市场企业可以快速获取这些资源，并将其应用于自身业务中，从而在市场竞争中获得优势地位。

其次，国际创业还能够帮助新兴市场企业获取知名品牌和声誉。通过与国际知名品牌的合作或并购，新兴市场企业可以借助其品牌影响力扩大市场份额，提升消费者对其产品的认可度和信任度。同时，知名品牌还可以为新兴市场企业带来更多的商业合作机会，拓展其业务领域。

此外，国际创业还可以帮助新兴市场企业降低国内市场的限制和风险。在一些国家，政府对外资企业的管制较为严格，新兴企业在国内市场面临较大的竞争压力和政策不确定性。通过国际创业，它们可以将业务扩展到其他国家或地区，避免单一市场的波动和风险，实现更稳定的盈利和发展。

三、国际创业制度逃逸观

在当今全球化的背景下，新兴市场企业在扩展其业务范围时，越来越多地选择国际创业这一途径。然而，这种国际化努力并不总是一帆风顺。首先，国际市场上的竞争十分激烈，这使新兴企业在技术、品牌和管理等多个领域都必须表现出色才能在全球范围内取得成功。其次，跨国经营常常意味着必须面对各种文化、法律和政治差异，这些差异有时可能会成为企业发展的重大障碍。

Peng等（2008）在其研究中明确指出，新兴市场企业正逐渐意识到，仅依赖国内市场是不足以支撑其持续增长的。因此，它们开始寻求国际创业，以获取更多的市场机会，并减少对本国市场的风险。这种策略旨在帮助这些企业更好地在全球市场上立足，并寻找新的增长动力。

国际创业为新兴市场企业带来了无数的机会。首先，它可以帮助企业获得宝贵的外部资源，包括技术、资金和市场渠道。例如，与其他国家的合作伙伴建立合作关系，可以共享这些资源，促进双方共同发展。其次，国际创业还促进了企业之间的创新合作，共同研发新产品或服务，以满足全球消费者的需求。

此外，国际创业对于提高新兴市场企业的竞争力也至关重要。与国际上的其他企业进行竞争，不仅可以帮助企业改进产品或服务，还可以促使它们持续创新，以适应不断变化的市场环境。国际创业还为新兴市场企业提供了拓展市场的机会，从而实现销售和利润的增长。

同时，国际创业也为新兴市场企业提供了风险分散的机会。在面对国内市场的经济波动或其他不利因素时，企业可以利用其在国际市场上不同区域的合理布局，寻找新的发展机会，从而降低风险。

在国际创业的过程中，社会和组织网络扮演了关键角色。Keupp和Gassmann（2009）的研究表明，无论是从理论还是实证数据来看，网络都在新兴市场企业的创业过程中产生了多种影响，而在新兴市场，这种网络的影响更为明显。与发达经济体相比，新兴市场企业家在国际化过程中更依赖网络，以弥补其在能力和制度方面的不足（Lee et al., 2001），并减少其面临的制度压力（Kiss and Danis, 2008）。

总体上，国际创业为新兴市场企业提供了一条发展之路，但这也伴随着各种挑战。企业需要不断地创新和学习，以应对这些挑战，并充分利用其网络资源，以更好地在国际市场上开展业务。

四、国际创业社会网络观

在新兴市场，企业面临的资源匮乏和信息不对称常常是它们发展的阻碍。在这样的背景下，社会和组织网络成为企业家的重要武器，助力它们跨越各种挑战。通过建立和维护这些网络关系，企业家可以获得所需的资源、资金和技术，从而助推其业务的发展和创新。这种资源共享并不仅仅限于物质资源，更多的是关于市场信息、行业趋势和政策变化等关键信息的共享（Lee et al.，2001）。

再者，新兴市场的特点是不稳定和不确定。这种不稳定性可能源于政治动荡、经济波动或法律监管的不完善。在这种情境下，企业家通过其社会和组织网络能更快速地获得市场的实时信息和政策的变动情况，从而更好地做出策略调整，降低经营风险。这些网络也可以为企业家提供某种程度的保护和支持，助他们平稳解决可能出现的法律纠纷或减轻社会压力（Kiss and Danis，2008）。

在全球化的大背景下，对于那些有志于扩大业务范围、进入国际市场的新兴市场企业，社会和组织网络的作用更为突出。这是因为，进入外部市场不仅要面对外部市场的竞争，还要应对文化、语言和商业习惯上的差异。在这种情况下，有经验的合作伙伴、顾问或是其他在当地市场有影响的网络成员能为企业提供有力的支持，帮助其更快适应新市场、寻找合适的业务策略。这种通过网络合作而对外部市场进行适应和学习的过程，无疑大大增强了企业的国际竞争能力。

综上所述，社会和组织网络在新兴市场中的重要性不容忽视。它不仅能帮助企业家获取关键资源，还能为其提供信息支持、风险管理以及助力其国际化进程。然而，如何有效地建立和维护这些网络关系，使其真正为企业创造价值，是每一位企业家都需要深入思考的问题。

五、国际创业创新驱动观

自21世纪初以来，学界对创新与国际创业的紧密联系表现出了浓厚的兴趣。研究者对这两者间的相互影响进行了深入的探究，认为它们之间存在强烈的互动效应。早期研究集中于探讨创新对企业国际化进程的推动作用，强调创新是企业跻身国际市场的核心因素。但随着时间的推移，研究的焦点转向了创新如何影响企业的国际创业策略与绩效。

Schmitz等（2017）提出，创新与国际创业是一个连续的交互过程。其中，创新驱动着企业在技术、管理及市场方面的进步，从而使其在全球竞争中脱颖而出。反过来，国际创业也促进了创新的应用，使之从纸上的概念变成真实的、具有经济价值的产品或服务。

创新在国际创业中的核心作用不容忽视。首先，技术创新为新兴市场企业带来技术跃升，帮助它们提高效率、降低成本，并更好地满足全球市场的需求。其次，管理创新赋予这些企业灵活性，使其能够迅速适应市场变革，提高整体效益。此外，市场创新也帮助这些企业开辟新的市场和获取新的客户群体，从而确保其在国际市场上的竞争地位。

国际创业在创新上同样具有关键性影响。它提供了一个实践平台，让企业能够把创新想法转化为真实的产品或服务，并在真实的市场环境中得到验证。在跨国业务中，企业家可以通过与其他创业者和合作伙伴的交流和合作，获取宝贵的知识和经验，从而加速创新的实施进程。

这种相互作用强调了创新与国际创业的双向影响。创新是企业走向国际化的关键，它为企业提供了技术、管理和市场的竞争优势，而国际创业作为创新的现实实践平台，帮助企业家把创新的理念转化为真实的经济价值。进一步的研究表明，创新与国际创业之间的关系既复杂又多面，它们相互影响，共同推动企业的成功。

Knight 和 Cavusgil（2004）的研究指出，创新是企业在国际市场上获得成功的关键。在全球化的背景下，企业面临的竞争压力和市场变革都在增加。为了在这种环境下保持竞争力，企业必须不断地进行研发、引入新技术和产品，并开发出新的业务模式。这些创新活动不仅可以帮助企业提高自己的竞争力，还可以为其带来持续的增长和利润。

总的来说，创新与国际创业在企业的国际化进程中扮演了至关重要的角色。它们之间的关系是相互促进的，创新为企业提供了技术和市场上的竞争优势，而国际创业为创新提供了实践和市场验证的机会。为了在全球市场上取得成功，企业必须重视创新和国际创业，把它们作为自己的核心战略。在未来，这两个领域的研究仍将深入发展，为企业提供更多的理论和实践指导。

第二节 用户创新驱动国际创业的研究

全球用户创新驱动国际创业的研究强调了用户需求差异和用户运营的重要性。首先，数字化全球市场中的用户需求差异显著，受文化、社会结构和经济水平影响。企业需深刻理解这些需求并制定相应的产品和市场策略以适应不同市场。用户需求差异对产品创新和市场策略有深远影响，以用户为中心的创新策略能增强市场竞争力。同时，了解这些需求对企业国际化策略至关重要。其次，数智时代的全球用户运营管理面临技术、法规、文化差异等挑战。企业需要通过数据分析来制定市场策略，同时注意数据隐私和安全问题。企业需具备跨文化沟通和管理能力，建立灵活的运营系统，及时调整以满足不断变化的用户需求。加强用户互动和反馈收集也是关键，这有助于企业及时调整策略，与用户共同开发满足个性化需求的新产品。总之，企业要成功国际化，必须充分理解并适应全球用户需求和运营挑战（图3.2）。

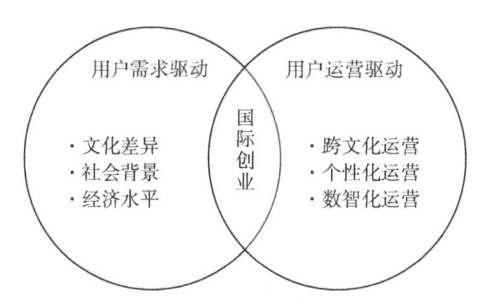

图 3.2 用户创新驱动国际创业的研究

一、用户需求驱动国际创业

在数字化的全球市场中,不同国家和地区的用户需求存在显著的差异。这些差异由多种因素驱动,包括文化差异、社会背景、经济水平等。因此,对于志在国际化的企业来说,深入了解这些需求差异并制定相应的产品和市场策略至关重要。

近年来,学者对于全球用户需求差异日益重视,认为它们对企业的产品创新和市场策略有着深远的影响。不同的地区用户对产品和服务的需求和期望可能会有所不同。例如,亚洲用户可能更加依赖社交媒体进行信息交流和分享,而欧洲用户可能更加重视个人隐私。对这些差异的深入了解可以帮助企业更好地适应不同市场,提供更有针对性的产品和服务。

文化差异是影响全球用户需求的核心因素。每个地区都有其特有的文化传统和价值观,这些都会直接影响到用户的消费选择和行为。例如,西方国家的用户可能更倾向于寻求个性化和定制化的产品,因为他们更加重视个人主义和自由选择,而在一些亚洲国家,用户可能更加注重产品的实用性和家庭共享价值。

社会背景也对用户需求产生了显著的影响。例如,发达国家的用户可能更加关注高质量和高品质的产品,因为他们的经济条件允许他们支付更高的价格,而在一些发展中国家,由于经济条件限制,用户可能更加注重产品的价格和性价比。

经济水平也是一个关键因素。在经济较为发达的国家,用户可能愿意为高品质的产品支付更高的价格,而在经济较为落后的地区,价格敏感性可能更高,用户可能更加关注产品的基本功能和性价比。

为了在国际市场中取得成功,企业需要深入了解各个市场的用户需求,并据此制定策略。von Hippel(1994)和 Lüthje 等(2005)的研究表明,以用户为中心的创新策略可以增强企业的市场竞争力。企业可以通过收集和分析用户的反馈来不断优化产品,从而更好地满足市场需求。

Johansson（1996）也指出，了解全球用户的需求差异对于企业的国际化策略具有关键意义。只有通过对这些需求的深入了解和研究，企业才能制定出有针对性的产品策略，满足不同市场的用户需求。全球用户需求差异对于企业的国际化具有关键意义。只有深入了解并适应这些差异，企业才能在全球市场中取得成功。对于企业来说，不断地进行市场研究，了解不同地区用户的真实需求，是保持市场竞争力的关键。

二、用户运营驱动国际创业

在数智时代中，企业的全球用户运营管理面临众多挑战。这些挑战并不仅限于技术问题，还包括法规、文化和用户需求的差异。为了在国际市场中取得成功，企业必须对这些挑战有深入的了解并制定相应的策略。

随着数字技术的进步，企业可以获得大量关于用户的数据，这为制定有针对性的市场策略提供了前所未有的机会。然而，如何准确地分析这些数据，如何与用户进行有效的沟通和如何提供个性化的服务成为企业面临的主要挑战（Chen，2019）。

此外，随着业务的全球化，企业还需考虑跨文化的差异。例如，亚洲和欧洲的消费者在购买习惯、价值观和文化背景上可能存在显著的差异，这对企业的市场营销策略提出了新的要求（Barkema et al.，1996）。因此，企业需要具备跨文化的沟通和管理能力，以确保其产品和服务能够满足不同地区用户的需求。

数智时代也带来了新的数据隐私和安全问题。不同国家和地区对数据隐私的法规和标准可能会有所不同，企业必须确保其在收集、存储和使用用户数据时遵循当地的法律和法规。这不仅是法律要求，更是企业对用户的承诺和责任。

为了应对这些挑战，企业需要具备高度的灵活性和适应能力。在市场策略上，企业需要及时调整其产品和服务，确保其能够满足全球用户的变化需求。在运营管理上，企业需要建立一套高效、灵活的系统，以确保其能够迅速应对各种运营挑战。

此外，企业还需要加强与用户的沟通和互动。通过定期收集用户的反馈，企业可以及时了解用户的需求和意见，并据此调整其产品和服务。同时，企业还可以通过与用户建立长期的合作关系，共同开发新的产品和服务，以满足用户的个性化需求。数智时代为企业的国际创业提供了巨大的机会，但也带来了前所未有的挑战。只有充分了解并应对这些挑战，企业才能在激烈的国际市场竞争中取得成功。

第三节 产品创新驱动国际创业的研究

产品创新在推动企业国际创业中发挥着双重作用，技术创新和模式创新是其两个关键方面。技术创新为企业打开国际市场的大门，通过提高产品质量和降低成本，为企业带来竞争优势。全球科技巨头的成功彰显了技术创新对国际化的重要性。然而，企业必须应对技术发展的不确定性、法规政策的限制和资源管理的挑战，需要灵活性和应变能力。有效的技术策略调整和与研发机构的合作至关重要。

模式创新关注的是商业模式的调整以适应全球市场的多样性。它包括对销售渠道、市场定位、客户关系和社会关系的创新思考，要求企业了解和适应不同文化和消费者需求，通过独特的产品特性和营销策略来迎合目标市场。企业还需要管理良好的客户服务以建立信任和忠诚度。模式创新面临的挑战在于各市场的法规、政策和消费行为差异，需要企业不断地学习、创新和调整策略。总的来说，技术创新和模式创新共同构成了企业国际化成功的关键（图3.3）。

图 3.3 产品创新驱动国际创业的研究

一、国际创业中的技术创新

技术创新，无疑是驱动企业国际创业成功的关键要素之一，其影响和意义得到了许多研究的证实，如 Ferreira 等（2021）表明，技术创新能够有效地提升企业产品的质量，降低生产成本，从而在全球市场上获取竞争优势。

全球科技巨头，如谷歌、苹果和亚马逊等，已经证明了技术创新的力量。它们凭借创新的产品和服务，在国际市场上取得了显著的成功。它们的成功经验也进一步印证了技术创新在企业国际化过程中的决定性作用。

但是，技术创新的道路并不总是一帆风顺的。企业在追求国际创业的过程中，会遭遇各种技术创新的卡点和堵点，如法规政策限制、技术更新迅速等，以及一些国家的技术出口管制或技术合作要求可能会制约企业技术创新的步伐。这种局面强调了在国际市场中技术创新策略的灵活性和应变能力的重要性。

管理技术创新也是一个挑战。随着技术的不断进步，企业需要及时调整其技术策略以保持其领先地位。这需要企业与研究机构、高校等进行深度合作，以促进技术研发和创新。同时，也需要对市场需求有深入的了解，以确保技术创新和市场需求保持一致。

此外，资源管理在技术创新中也起到了关键作用。对于技术创新来说，人力、财力和物力资源都是不可或缺的。拥有高素质的研发团队、充足的资金和先进的研发设备是确保技术创新成功的前提。

技术创新在企业国际创业中起到了至关重要的作用。然而，如何有效地进行技术创新，如何解决技术创新中的各种挑战，以及如何管理技术创新，都是企业需要深入考虑的问题。未来，随着技术的进一步进步和国际市场的不断变化，企业技术创新的策略和管理将会更加复杂和多样化，但它们将始终是企业在国际创业中取得成功的关键要素。

二、国际创业中的模式创新

在全球化背景下，国际创业已成为众多企业寻求成长和拓展的策略。由于全球市场的多样性，企业在国际市场中的成功往往需要高度的适应性和创新力。于是，企业模式创新应运而生，成为企业适应各种市场需求的有效工具。

模式创新在国际创业中起到了核心作用。通过重新审视和优化企业的商业模式，企业能够更有效地应对各种市场挑战，更好地满足不同市场的需求。如Osterwalder 和 Pigneur（2010）所述，模式创新不仅仅关注产品的创新，更深入到销售渠道、市场定位、客户关系和社会关系的层面。

对于任何希望在国际市场上获得成功的企业，了解和适应当地文化和消费者需求都是非常重要的。每一个市场都有其独特性，企业需要重新考虑其产品特性，以更好地迎合不同市场的需求。例如，一个设计考虑到亚洲消费者偏好的产品可能会与欧洲或美洲市场的主流偏好有所不同。

除了产品创新，销售渠道和市场定位也是模式创新的重要组成部分。不同的市场可能需要不同的销售和营销策略。企业需要考虑是否与当地的分销商合作，或者调整其定价策略来吸引更多的客户。

客户关系管理也是模式创新中的一个关键环节。良好的客户服务和支持可以帮助企业在国际市场中建立起坚固的客户群体。通过提供优质的客户体验和后续服务，企业可以赢得消费者的信任和忠诚。

然而，模式创新也并非没有挑战。不同的市场可能有不同的法规、政策和消费者行为，这些都可能给企业带来困难。为了有效地实施模式创新，企业需要密切关注外部环境的变化，并灵活调整其策略。

企业模式创新在国际创业中扮演了关键的角色。它提供了一种有效的方法，帮助企业更好地适应各种市场环境和需求。但同时，企业也需要注意模式创新中的挑战，确保自身策略的适应性和效果（Teece，2007）。企业在国际创业中的成功往往需要不断地学习、创新和适应，而模式创新为此提供了一个重要的工具。

第四节 组织创新驱动国际创业的研究

组织创新是驱动国际创业成功的关键。在全球市场激烈的竞争中，企业必须调整其组织结构、管理国际人才，并适应多元文化环境。组织结构的灵活性和跨国子公司的战略整合，为创新提供了流动的土壤。同时，团队内部及跨部门合作促进了知识的交流和技术的创新。组织人才创新也是国际创业的一个核心要素。国际人才，尤其是具有多元文化经验的专家，为企业提供了宝贵的市场洞察力，帮助企业适应不同市场。文化多样性能够激发创新思维，而国际视野丰富的高级管理人员对企业国际化策略是不可或缺的。组织文化创新方面，企业的组织文化必须具备适应性，以确保在不同文化背景下的成功。适应当地文化非常重要，这种文化敏感性不仅影响了内部创新，也决定了企业如何在国际市场定位自己。一个明确的国际化策略，包括市场选择和产品定位，是企业成功的一个决定因素。综合来看，国际创业的成功依赖于组织创新，这涵盖了结构、人才和文化三个方面。有效的组织调整、人才利用以及文化适应能力，是企业在全球市场中赢得优势的基石（图 3.4）。

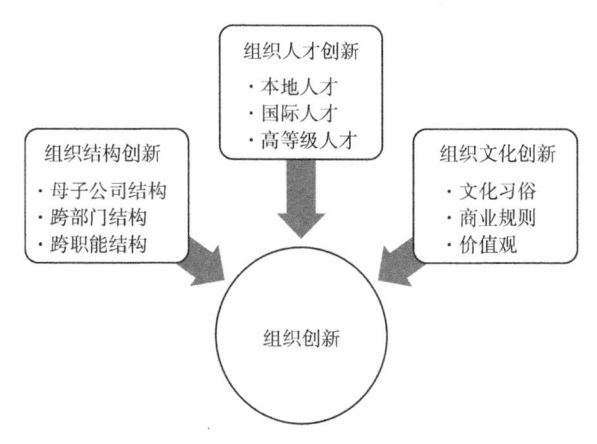

图 3.4 组织创新驱动国际创业的研究

一、国际创业中的组织结构创新

在全球市场的竞争日趋激烈的背景下,组织创新在国际创业中扮演着至关重要的角色。企业的结构、人才管理和文化适应性都直接影响其在国际市场上的表现。组织创新不仅关注结构的调整,还包括如何有效利用国际人才和如何适应不同文化的挑战。

组织结构在企业国际化过程中的调整是推动创新的关键。研究显示,随着企业越来越多地涉足国际市场,其组织结构需要进行调整以满足新的挑战。例如,Birkinshaw 和 Hood(2001)指出,跨国公司需视其子公司为战略的延伸,增强与其之间的沟通,确保创新知识的流动。这种结构的灵活性可以确保企业在各个市场都保持竞争力。

与此同时,国际人才的有效管理和利用也是关键。Prange 和 Pinho(2017)的研究进一步强调了组织内部创新团队和跨部门合作的重要性。这种合作可以加速知识交流,促进技术创新,从而帮助企业在国际市场上取得优势。

但是,这种创新并不仅仅是组织结构的调整。企业还需要关注其组织文化如何适应不同的国际市场。这包括了解目标市场的文化、价值观和消费者行为,以确保其产品和服务能够满足当地消费者的需求。

综上所述,组织创新是企业在国际创业中取得成功的关键要素。它包括组织结构的调整、优化人才管理和文化适应。在面对全球化挑战时,只有持续地进行组织创新,企业才能确保其在国际市场上的竞争优势。

二、国际创业中的组织人才创新

在全球化时代,国际人才的重要性日益凸显,他们成为推动企业创新与国际创业的关键因素。这些具备跨文化背景的专家不仅为企业带来独特的知识和技能,还能为组织注入多元文化的思维方式。

国际人才的特点在于他们具有独特的文化视角和丰富的全球经验,这使他们在创新过程中发挥了不可替代的作用。他们能够为企业提供宝贵的市场洞察,帮助企业更好地理解和适应不同的市场需求。Hajro 等(2017)发现,多元文化团队能够激发更多的创新思维,这种文化多样性为创新提供了更丰富的土壤。

此外,具有国际化背景的高级管理人员,如外籍高管,也为企业的国际创业策略提供了关键的指导。Li 和 Scullion(2010)认为,这些高管因其独特的国际视野和经验,能够为企业提供战略指导,建立更广泛的国际合作伙伴关系,从而提升企业的国际竞争力。

国际人才的跨文化经验与创新思维为企业提供了宝贵的资源,助力企业在国际市场中取得成功。他们不仅提供了对新市场的深入了解,还通过其多元文化背景推动了组织内部的创新文化。

综上所述,国际人才对企业的国际创业进程有着决定性的影响。他们的多元背景、全球视野和丰富经验是企业在国际市场上获得竞争优势的关键。为了在全球市场上获得持久的成功,企业需要重视并充分利用这些国际人才的特长和优势。

三、国际创业中的组织文化创新

组织文化适应能力在国际创业成功中起到了至关重要的作用。当企业迈向国际市场,其组织文化的灵活性和调整能力成为核心竞争力。文献中已有证据,如 Gnizy 等(2014)的研究,表明为了在国际市场上获得成功,企业必须调整和适应当地的文化和商业环境。

Hofstede(1984)的文化维度理论进一步突出了文化价值观对创新的重要性。这意味着企业需要对其组织文化进行微调,以适应不同的文化背景和价值观,从而推动创新活动。只有深入理解和尊重当地的文化和价值观,企业才能真正融入当地市场,与消费者和合作伙伴建立牢固的关系。

另外,组织文化不仅与内部操作和创新活动相关,还与企业如何在国际市场中确立自己的地位息息相关。在国际环境中,了解和适应当地的文化习俗、商业规则和价值观是至关重要的。企业需要建立和当地市场的深度联系,与当地社区建立良好的关系,通过有效的组织文化适应来实现这一目标。

除此之外,国际创业策略也是成功的关键。进入国际市场时,企业需要有明确的策略和方向,包括市场选择、产品定位、渠道策略等。考虑到国际市场的复杂性和多变性,企业需要持续观察市场变化,灵活调整策略,以保持在竞争中的领先地位。

总的来说,组织文化适应能力在国际创业中是不可或缺的。为了在全球市场中获得成功,企业需要不断地审视和调整其组织文化,确保其与当地的文化和商业环境相一致,同时制定并执行有效的国际创业策略。

第五节 市场创新驱动国际创业的研究

市场创新是国际创业的核心驱动力,涵盖资源获取、市场寻求、竞争战略和合作战略四个关键方面。在全球化的浪潮中,企业不仅需要超越传统边界,积极整合全球资源,而且要对全球趋势保持敏感,以确保战略和资源配置的时效性。资源多样性及跨境整合成为维持竞争力的关键,而对全球资源的有效运用进一步加强了企业在国际市场的地位。在资源获取方面，深入理解并满足全球多样化的消费需求，通过定制化的产品和服务提供持续的竞争优势，并通过数字化和大数据分析来精细化市场策略。

在竞争战略上，企业通过差异化或低成本来构建优势，或是寻找和创造蓝海市场以避免直接竞争，寻求新的市场机会。同时，企业需不断探索，满足消费者未被满足或未察觉的需求，以在市场中占据独特位置。至于合作战略，建立伙伴关系以共同创新、整合资源和知识，更有效地扩展国际市场显得至关重要。合作可以帮助企业深入了解目标市场和文化，加强市场创新。

因此，企业要成功实施国际创业，需要在全球层面上推进市场创新，这不仅需要策略和操作上的调整，还需要文化和思维上的转变，实现全球思维和操作的融合。同时，必须具备灵活性和敏感度来应对不断变化的国际市场，以确保在竞争中保持优势，并通过与其他组织的合作，实现互利共赢（图 3.5）。

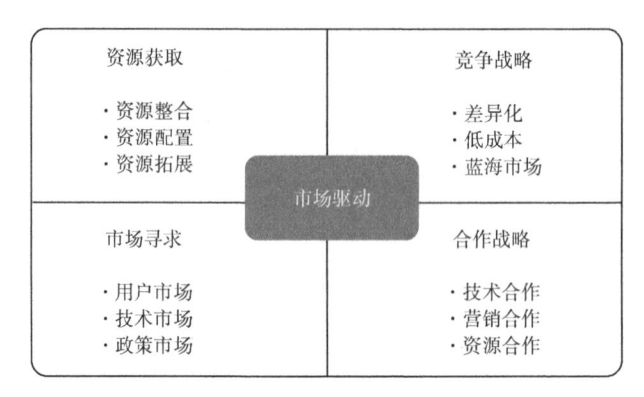

图 3.5　市场创新驱动国际创业的研究

一、国际创业中的资源获取和市场寻求

1. 国际创业中的资源获取

在国际创业活动中，资源获取成为一个决定性的因素。在全球化日益增强的今天，企业若要保持竞争优势并拓宽市场份额，就必须采取积极措施，不仅在本土寻求资源，更要能够在全球范围内发掘、获得并整合资源。资源获取的战略至关重要，它要求企业超越国界，以跨国整合资源作为核心策略。

资源整合的多样性和跨境性是企业成功的关键。企业必须具备跨地域获取和整合资源的能力，以确保全球资源能有效支撑其业务目标。正如 Zheng 等（2016）所强调的，通过跨国并购和建立合资企业等策略，企业能够接触到新的资源渠道，获取技术、知识和其他战略性资产，从而加强其在国际市场中的竞争力。

Teece（2014）也提出了资源整合的核心观点，强调企业的竞争优势不仅来自内部的创新，更在于如何将内部研发与全球资源结合起来，共同促进创新。这种整合超越了技术和资本，还包括了文化、管理和市场策略的深度融合。

此外，敏锐洞察全球趋势并迅速响应变化，对企业而言也是至关重要的。在快速演变的市场环境中，仅凭现有资源和技能是不够的，企业必须不断地适应全球市场的新变化，确保其战略和资源配置能够跟上时代的步伐。

综上所述，随着全球化的深入发展和市场竞争的加剧，企业必须打破传统界限，采取更加开放和协作的策略，利用全球化资源来促进其国际创业活动。这不仅要求企业在策略和执行层面上做出调整，也需要在文化和思维方式上进行转变，以实现真正的全球思维和操作融合。

2. 国际创业中的市场寻求

在国际创业领域，针对全球市场的市场寻求策略已经证明是至关重要的。成功的跨国企业必须发展出一套满足全球消费者个性化需求的机制。正如 de Brentani 等（2010）所指出的，为不同地区市场定制产品和服务是企业获得持久竞争力的关键。

举例来说，跨国公司如麦当劳和可口可乐之所以能够成功，部分归因于它们对不同国家消费者偏好的深入了解，并据此调整产品线。麦当劳在印度推出的无牛肉汉堡和可口可乐在日本市场推出的多样化茶饮料都是满足特定市场需求的成功案例。

然而，企业不应仅依赖于调整产品和服务来满足消费者需求。与本地企业、政府和非政府组织的合作也是至关重要的。这样的合作关系可以为企业提供关键的市场洞察，并有助于企业在当地市场建立信誉和认可。

此外，市场驱动的创新策略要求企业具有高度的适应性和敏锐的市场洞察力。随着技术的进步，特别是数字化和大数据的发展，企业现在可以通过数据分析来细致地理解消费者行为和需求，进而更准确地预测市场趋势并制定相应的产品策略。

综上所述，企业要在国际创业中获得成功，必须不断地在全球市场上创新产品和服务，以满足各地消费者的独特需求。同时，通过与本地合作伙伴的合作和数字化技术的应用，企业可以在市场寻求的过程中建立坚实的基础。

二、国际创业中的竞争和合作战略

1. 国际创业中的竞争战略

在当前全球经济环境中，企业的国际化进程和竞争战略日益成为理论与实践的热点议题。根据 Porter（1985）的竞争战略理念，企业应通过实施差异化或成本领先策略来在国际舞台上获得竞争优势。以苹果公司为例，其通过坚持独特设计和建立强大品牌形象，确立了市场领导地位。

尽管如此，依靠传统竞争战略可能在复杂的市场环境中不足以立于不败之地，因此 Kim 和 Mauborgne（2004）提出了蓝海战略的概念，鼓励企业在竞争激烈的"红海"之外寻找或创造蓝海市场。这要求企业跳出传统思维，通过提供无法轻易被模仿的独特价值来占据市场。

要执行蓝海战略，企业需要进行深入研究，探索消费者尚未满足或尚未察觉的需求，以此找到市场上的新领域。这样的市场定位不仅能够避免直接竞争，还能开拓巨大的市场潜力和盈利空间。

总之，企业在追求国际化成功的过程中，无论是采取波特（Porter）的经典竞争策略还是应用 Kim 和 Mauborgne（2004）的创新性蓝海战略，关键在于根据企业自身条件和市场环境的变化，灵活地调整和结合这些策略，以确保在全球市场中的竞争优势。

2. 国际创业中的合作战略

在全球化浪潮中，合作战略已变得至关重要，是国际创业成功的核心。Westerlund 和 Rajala（2010）的研究凸显了合作伙伴共同促进市场创新的重要性。通过与供应商、业务伙伴，甚至是竞争对手协作创新，企业能够整合更广泛的资源和知识，有效开拓国际市场。Johanson 和 Vahlne（2009）也认同合作的价值，他们认为与当地合作伙伴建立紧密联系，能够促使企业深入理解目标市场和文化，从而推动市场创新。

市场创新是推动国际创业前进的核心动力，这不仅关乎资源整合和市场适应性，更关乎如何在激烈的竞争中维持优势，并与其他组织建立互惠合作关系。例如，企业可能需要重新定位其产品以迎合特定市场的需求，或者与他方合作研发新产品或服务。

面对国际市场的独特性和多变性，企业面临的挑战在于如何制定和实施各种策略和方法。企业必须具备高度的灵活性和适应力，以迅速调整商业策略以适应各种变化，这可能包括对产品或服务的重新定位，或是调整市场营销策略。

总结来说，国际创业的成功依托于精心策划的合作战略和持续的市场创新。在这个不断演变的全球经济大环境下，企业需要不断地灵活调整，与合作伙伴携手创新，以确保其在国际市场的持续竞争力。

第四章 创新驱动创业的实践逻辑

本章探讨了创业成功的关键要素：商业机会、创业团队和创业资源。创业始于寻找和把握商业机会，要求创业者洞悉市场并评估潜在机会。创业资源是实施计划的基石，涉及资金、人才和技术，而一个多元化的创业团队，具备不同的专业背景和技能，对实现目标至关重要。创业者必须在这三个核心要素之间找到平衡，并在不断变化的市场环境中做出调整。

创新驱动创业的过程被描述为一个不断迭代互动的过程，涉及不同阶段内部要素的相互作用。创新不仅仅涉及技术和商业模式，还包括组织管理、人力资源等方面。企业在其发展过程中需要采取不同的创新策略，以应对不同阶段的挑战。本章还强调创新驱动创业的四个核心机制：产品创新、用户创新、组织创新和环境创新，每个维度都对企业在国际市场的成功和可持续发展发挥着至关重要的作用。这些维度的相互协作和融合，构成了驱动企业成功的复杂且动态的系统。

第一节 创新驱动创业的要素

一、创新驱动创业三要素

在创业领域，成功的关键要素已被 Timmons（1999）详细描述。他的理论聚焦于商业机会、创业团队和创业资源这三大要素，指出它们之间的紧密关联性以及如何在变化中保持其重要性和平衡［图 4.1（a）］。

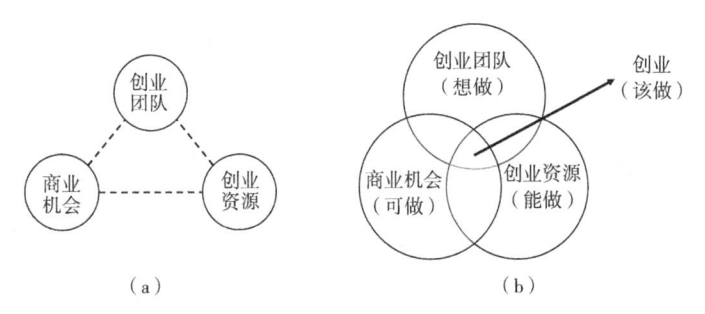

图 4.1 蒂蒙斯（Timmons）三要素模型中的创业动力机制

首先，创业始于寻找和把握一个值得投资的商业机会。这要求创业者洞悉市场潜在的机会，并进行深入的评估。这一过程涉及对市场需求、趋势和存在的问题进行深入研究，确保自身的创业想法或解决方案能够满足市场的真实需求。

其次，创业资源是创业计划得以实施的基石。为了确保创业计划的成功执行，创业者需要获取必要的资金、人才和技术支持。这可能涉及寻找合适的投资者、贷款或其他筹资方式，招募拥有关键技能的团队成员，以及获取技术和知识以支持产品或服务的开发。

最后，强大的创业团队是实现创业目标的关键。这样的团队由拥有不同专业背景和技能的成员组成，能够为企业带来多元化的视角。为了确保团队的有效协作，创业者需要确立明确的沟通流程，提供持续的培训机会，并鼓励团队成员之间的相互支持。

蒂蒙斯的这一观点为我们提供了一个全面的框架，帮助我们理解如何在创业过程中找到、整合并动态调整这三个要素。在现实创业场景中，这三个要素需要不断地进行权衡和调整，以确保企业的持续发展和成功。为了取得成功，创业者不仅要能够识别和评估商业机会，还要确保有足够的资源来支持其创业计划，并组建一个能够共同努力实现目标的团队。

在当前的全球创新驱动的创业时代，商业机会、创业资源和创业团队的特质均受到了彻底的重塑。Timmons（1999）的观点已经不再足够描述现今创业的全貌，因为创新已经成了其核心。按照彭秀青等（2016）的研究，我们已经转向了一个机会被创造而非被发现的时代。换句话说，当代的创业者不再是发现者，而是创造者。

这种转变是由多种因素驱动的。随着科技和数字化的快速发展，商业模式和市场需求也在持续变化。Alvarez 和 Barney（2007）指出，创业者需要从被动地发现机会转变为主动地创造机会。这意味着创业者需要具有更加开放和创新的思维模式，能够预见并适应市场的变化。

在这个背景下，资源的角色也发生了变化。传统的物理资源，如资金和人力，虽然仍然重要，但数字资源，如数据和技术，已经成为创业成功的关键。这使创业者不仅需要关注如何获取和利用这些资源，还需要关注如何进行资源创新。这种创新意味着创业者需要对现有资源进行重新组合、优化和升级，从而创造出新的价值和竞争优势。

与此同时，团队的作用也变得更加重要。在数字创业的背景下，团队不仅需要具备传统的商业技能，还需要具备数字技能和创新能力。郭润萍等（2022）的研究进一步强调了团队在资源创新中的关键作用，他们认为团队的多样性和协作能力是实现资源创新的关键。

综上所述，当今的创业环境要求创业者具备更加开放和创新的思维模式，能够主动地创造机会、进行资源创新并建立高效的团队。只有这样，他们才能在激烈的市场竞争中取得成功。

二、创新驱动的创业四做

在创业的道路上，每一个阶段都至关重要，而"想做、可做、能做和该做"的框架为创业者提供了一个清晰的路线图［图 4.1（b）］。曾鸣（2004）对此进行了深入的探讨，强调了每个阶段的重要性和相互之间的关联。

对于创业者来说，"想做"是起点。这意味着，先要有一个明确的愿景和目标。这不仅为后续的行动提供了方向，而且也为团队成员提供了动力。在这个阶段，重要的是能够明确自己的价值观和理念，并确信这是一个值得追求的方向。

接下来的"可做"阶段，创业者需要对外部环境进行分析。这包括市场趋势、竞争对手、技术进步等各种因素。这一阶段的核心是确定是否有合适的机会可以被利用，以及如何有效地利用这些机会。这要求创业者具备敏锐的洞察力和判断力。

"能做"阶段是对自己的内部资源和能力的评估。这不仅涉及财务和技术资源，还包括团队的知识、经验和技能。在这个阶段，创业者需要确保自己有足够的能力来实现设定的目标，这可能涉及进一步的培训、招聘或外部合作。

最后的"该做"阶段，是将前面三个阶段的成果结合起来，形成一个完整的创业计划。这一阶段的核心是执行力，创业者需要确保他们有足够的资源和策略来实现他们的计划。

这三条主线为创业者提供了一个系统的方法来思考和执行他们的创业计划。但需要注意的是，虽然这三条主线为创业提供了指导，但创业的过程仍然是充满不确定性和风险的。因此，创业者需要不断地学习和调整，以适应不断变化的环境。

创业的主要逻辑可以被概括成三个主要线索或主线，这三个线索在创业过程中相互交织，有时并行进行。这三个主线是：从"想做"开始，从"可做"开始，以及从"能做"开始。

首先，从"想做"开始。创业者需要拥有明确而具体的目标或愿景，他们知道自己想要做什么。这可能包括解决一个现存问题，或者创造一项新的产品或服务。在这个阶段，创业者进行环境分析，以便识别潜在的创业机会。这些机会可能源于市场的变化或者技术的进步。一旦找到了机会，创业者就会寻找一个切入点，也就是进入市场的特定方式或方法。之后，创业者必须聚集所需的资源，包括资金、人才、技术等，以形成能够实现他们的愿景的能力。

其次，从"可做"开始。这个主线从创业机会的辨识和利用出发。创业者先必须进行机会分析，找到他们认为可以实施的事情。这可能涉及进入一个新市场，或者利用尚未充分开发的技术。一旦找到了机会，创业者就会寻找一个切入点，也就是进入市场的特定方式或方法。接着，他们会建立一支志同道合的团队，这些团队成员共享相同的目标和愿景，并且具备实现这个愿景的能力。然后，他们会集结所需的资源，包括资金、人力、技术等，以支持他们的创业计划。

最后，从"能做"开始。这个主线侧重于创业者自身的资源和能力。创业者首先需要分析自己拥有的资源和能力，看看有什么可以用来实现他们的愿景。这可能包括技能、知识、经验等。其次，他们会分析和识别可能的创业机会，确保这些机会与他们的能力和资源相契合。如果吻合，他们就会组建一个创业团队，团队成员共享相同的目标和愿景，并且具备实现这个愿景的能力。

创业的过程通常不是严格按照这三个主线的线性顺序进行的。相反，它们可能同时进行，相互交织。例如，创业者可能在识别和利用创业机会的同时，也在聚集所需的资源和组建团队。这被称为"并联逻辑"。总的来说，这三个主线构成了驱动创业过程的主要逻辑，但具体的实施方式可能会根据不同的情况有所不同。

第二节 创新驱动创业的过程

一、不确定性和不连续性

创业者在创立企业的过程中，通常需要依靠自己的判断和直觉来做出关键决策。然而，许多创业学者一致认为，创业者的决策通常伴随着不确定性。这种不确定性源于多个因素，包括市场环境的不确定性、竞争压力的不确定性以及资源供应的不确定性等（Alvarez and Barney, 2007）。因此，创业者的决策往往在不确定的背景下进行。

不确定性的根源可以从客观角度分为两个方面，即环境信息的缺乏和决策者知识储备的局限（Dosi and Egidi, 1991）。首先，创业者可能会面临信息不足的问题，这导致他们对市场环境和竞争情况了解不够充分，无法准确预测事件的结果。这种情况下的不确定性被称为"方向的不确定性"。其次，创业者的知识储备可能存在局限，即使他们拥有一定的信息，也可能无法获得理想的结果。这种情况下的不确定性被称为"路径的不连续性"。

为了更全面地理解创业者面临的不确定性，我们可以将创业发展过程分为四个阶段：企业新创阶段、企业成长阶段、企业成熟阶段和企业转型阶段。

首先是企业新创阶段，这个阶段的特点是商业机会、创业资源和创业团队都处于不断变化的状态，创业者往往难以确定创业成功所需的具体要素。同时，新创企业在获取所需商业机会、创业资源和创业团队方面也存在较大的不连续性。这意味着新创企业在追求成功的过程中，很难确保能够顺利获得所需的各种要素，从而导致整体上的不确定性和不连续性较高。

然而，随着企业的成长和发展，情况逐渐发生了变化。在成长阶段，企业所需的商业机会、创业资源和创业团队已经相对明确，创业者对创业成功所需的要素有了更清晰的认识。尽管成长阶段的企业仍然面临着一定程度的不连续性，但与新创阶段相比，这种不连续性已经大大降低。因此，成长阶段企业整体上的不确定性较低，但仍然存在一定程度的不连续性。

其次是当企业进入成熟阶段时，所需的商业机会、创业资源和创业团队已经变得更加明确和稳定。在这个阶段，企业的不确定性进一步降低，因为企业已经具备了应对各种挑战和变化的能力。与此同时，成熟阶段的企业在获取所需商业机会、创业资源和创业团队方面的能力也在不断提高，使得企业发展的连续性得到提升。因此，成熟阶段企业整体上的不确定性较低，且不连续性也相对较低。

最后是在企业转型阶段，企业所需的商业机会、创业资源和创业团队等要素将随着外部环境的变化而发生变化。这意味着企业将面临更高的不确定性。然而，与新创阶段和成长阶段相比，成熟阶段的企业在前期发展中已经积累了一定的经验和能力，具备获取转型所需商业机会、创业资源和创业团队的能力。因此，在转型过程中，企业发展的连续性较高，整体上的不确定性虽然上升，但不连续性却相对较低。

综上所述，企业在不同发展阶段面临的不确定性和不连续性呈现出不同的变化趋势（表4.1）。了解这些趋势对于企业管理者和创业者来说至关重要，可以帮助他们更好地应对挑战，制定合适的战略和决策。

表 4.1 创业发展不同阶段的不确定性和不连续性

创业阶段	商业机会不确定性	创业资源不确定性	创业团队不确定性	整体要素不确定性	商业机会不连续性	创业资源不连续性	创业团队不连续性	整体要素不连续性
①企业新创阶段	高	高	高	高	高	高	高	高
②企业成长阶段	低	低	低	低	高	高	高	高
③企业成熟阶段	低	低	低	低	低	低	低	低
④企业转型阶段	高	高	高	高	低	低	低	低

二、创新驱动创业的阶段

蔡莉等（2021）强调，在创新驱动的创业过程中，创新扮演着至关重要的角色。创新通过引发要素的变化，促进新要素的组合和出现，从而不断释放新的机遇，推动着价值创造的进程。这一观点凸显了创新在创业领域的关键作用。

创新驱动创业并非一个简单的线性过程，而是一个不断迭代互动的过程。不同阶段内部要素之间的互动结果会对后续阶段的发展产生影响，同时也会对前一个或多个阶段形成反馈，触发新一轮的驱动效应。通过这种不断的迭代互动，创业者能够逐步实现价值创造的目标，塑造成功的创业企业。

在创新驱动创业的过程中，不同阶段的要素改变和组合相互关联。第一阶段的创新可能会引发第二阶段的变化，而第二阶段的变化又可能进一步推动第三阶段的发展。这种相互作用构建了一个复杂的网络，各个阶段在不断地交互和相互影响，构建出一个有机的整体。

此外，创新驱动创业过程中的迭代互动也包括了不同要素之间的协同作用。创新不仅仅涉及技术和商业模式的创新，还包括组织管理、人力资源等方面的创新。这些不同要素之间的协同作用可以促进整个创业过程的顺利进行，从而推动价值的创造和实现。

总结而言，在创业过程中，通过不断迭代的互动和要素的改变，创业者能够不断释放新的机遇，推动实现价值创造的目标。这一复杂而有机的过程要求创业者具备灵活性和适应性，以应对不断变化的市场环境和竞争压力。

图 4.2 以方向不确定性和路径不连续性为分析维度，展示了四种组合情景，并分析了创新在每种情景下对创业驱动的作用。

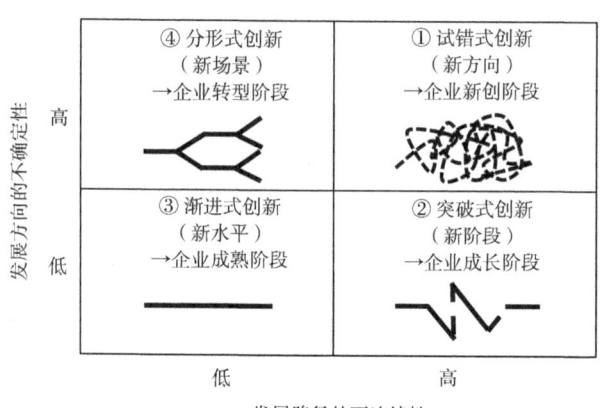

图 4.2 创新驱动创业过程中的不确定性与不连续性

1. 企业新创阶段

首先，我们考虑企业在新创阶段面临的挑战，即发展方向的不确定性高且发展路径的不连续性高的情况如图 4.2 的右上角象限所示。这种情况被 Packard 等（2017）称为"绝对不确定性"（absolute uncertainty）。在这个情境下，企业面对的不确定性符合 Knight（1921）对不确定性的定义，即可能的结果和每种结果的可能性都是未知的。创业者难以验证所有可能的方案，只能基于自身对主要方案可能性的判断，进行试错式创新，以验证和排除多种方案的可行性。

在这种"绝对不确定性"的环境下，创业者面临着极大的挑战，因为他们无法事先确定最佳的发展方向。他们的创新逻辑是基于效果推理，通过不断尝试不同的发展方向，希望在资源消耗过多之前找到相对确定的路径，从而进入图 4.2 右下角象限。在这个象限中，企业已经找到了较为明确的发展方向，但仍然需要不断进行创新，以应对可能出现的路径不连续性的挑战。

这种创新驱动的创业过程是复杂而充满挑战的。创业者需要具备灵活性，同时对不确定性有清醒的认识，以便在前进过程中适应变化。他们可能需要不断地调整战略，根据新的信息和反馈进行决策，以确保企业能够在竞争激烈的市场中生存并蓬勃发展。

因此，在创新驱动的创业过程中，特别是在面临"绝对不确定性"的情境下，创业者需要具备创造性的思维，勇于尝试新的方向，并持续学习和改进。这样的创新逻辑可以帮助他们在不断变化的环境中找到适合自己的道路，并为企业的成功铺平道路。

2. 企业成长阶段

一旦企业通过试错式创新实现了发展方向的聚焦，他们便迈入了创业成长阶段，这是企业发展的关键时期，同时也是最富挑战性的阶段。在创业成长阶段，企业主要面临的挑战是发展路径的不连续性，这种不连续性可以被学者 Packard 等（2017）称为"环境不确定性"（environmental uncertainty）。

面对环境不确定性，企业需要制定明确的战略和方向。他们必须将精力聚焦在早期探索中选定的方向上，尝试新的发展方法，创新资源和能力，以便在这个充满变数的环境中找到自己的立足之地。在这个过程中，企业通常会运用压强原则来实现突破式创新。压强原则指的是在压力的作用下，物质的性质和结构会发生显著变化，从而产生新的物质。

在企业成长阶段，企业的创新动力通常是资源的创新。通过资源创新，企业可以突破内部和外部的发展障碍，减少发展路径的不连续性。这种创新不仅包括技术创新，还包括组织结构、管理模式、市场策略等多个方面的创新。通过这些创新，企业可以更好地应对环境不确定性，推动企业的持续成长。

总之，企业成长阶段的主要任务是通过资源创新来应对环境不确定性，实现突破式创新，推动企业的成长。尽管这个过程充满挑战，但只要企业能够有效地运用资源和能力，就有可能在这个充满变数的环境中找到自己的发展之路，最终进入图4.2左下角象限，即企业成熟阶段。

3. 企业成熟阶段

当企业成功利用突破式创新解决了发展过程中的挑战，并成功跨越这些难题时，他们将进入一个风险较低的领域。在这个领域中，企业的发展方向不确定性降低，同时发展路径的不连续性也减少，类似于Packard等（2017）所定义的"风险"区域。

根据Knight（1921）对风险的定义，风险是指所有可能的结果和每个结果发生的可能性都已经明确的情况。在这种情况下，企业可以根据他们对风险的判断和偏好来制定战略决策。由于发展方向的不确定性已大幅降低，发展路径的不连续性也减少，企业可以采取渐进式创新的方式来维持竞争力。

在渐进式创新的战略下，企业会持续投入资源，以加强他们所拥有的资源的独特性和能力的持续性。在这种情况下，资源基础观的逻辑与企业的实际情况较为一致。企业可以根据自身的资源优势，努力维持可持续的竞争力。

总的来说，一旦企业成功跨越了发展过程中的挑战，降低了发展方向的不确定性和发展路径的不连续性，他们便进入了风险较低的领域。在这个领域中，企业可以更自信地采取渐进式创新策略，以确保他们的竞争力持续存在。这种演进过程凸显了创业者在面对不确定性时如何根据不同阶段的情境灵活调整创新策略，以实现企业的可持续发展。

4. 企业转型阶段

然而，随着企业的发展，外部环境也会不断发生变化，导致发展方向的不确定性不断上升。在这种情况下，企业不得不进入图4.2左上角象限，需要重新评估他们的战略，以适应新的外部环境。这可能包括改变他们的发展方向，或者寻找新的发展机会。

当企业再次面临发展方向不确定性增加的情况时，需要采取创新措施来寻找新的发展方向，并进入二次创业阶段。这种情况与Packard等（2017）所提到的"创新不确定性"（creative uncertainty）相类似。这意味着企业在转型阶段面临着创新能力不足的困境。

在经历了新创、成长和成熟等阶段后，企业内部可能存在组织僵化、效率低下等大企业病。同时，外部也面临着原有发展方向不可持续的挑战，以及新的发展方向不确定性高的问题。为了推动企业的进一步发展，创新成为必不可少的驱动力。

在这种情况下，企业的创新往往需要基于以往发展形成的基础，将积累的资源和能力应用在新的场景和新的方向上。这种创新可以被称为分形式创新。它不仅包括对现有产品或服务的改进和优化，还涉及全新的业务模式和市场定位的创新。通过分形式创新，企业可以在原有基础上进行扩展和延伸，以适应不断变化的市场环境。

分形式创新的实施需要企业具备灵活性和适应性。它要求企业能够快速响应市场变化，灵活调整战略和运营方式。同时，企业还需要培养创新思维和文化，鼓励员工提出新的想法和解决方案。通过建立创新机制和激励机制，企业可以激发员工的创造力和积极性，推动创新活动的开展。

此外，分形式创新也需要企业与其他组织进行合作和共享资源。通过与供应商、合作伙伴和客户建立紧密的合作关系，企业可以共同开发新产品、服务或解决方案，实现资源共享和优势互补。这种合作可以帮助企业降低创新成本，提高创新效率，加快产品和服务的推出速度。

总之，当企业面临发展方向不确定性升高的情况时，分形式创新成为关键的应对策略。通过基于以往发展形成的基础进行创新，企业可以不断适应变化的市场环境，寻找新的发展机遇，实现可持续发展。

5. 二次创业阶段

当企业决定开启二次创业时，这意味着他们将进入一个全新的发展阶段。在这个过程中，企业可能会面临重新找到上升发展路径的挑战，因为这种发展路径可能不再连续。这就像是在攀登一座山峰，当你到达山顶后，你需要找到新的路径继续前进，而这个新路径可能并不如你之前所熟悉的路径那样直接和顺畅。

在这种情况下，企业需要重新审视他们的发展方向，并尝试找到一条新的发展路径。这个过程可能会充满不确定性，因为你不知道新的发展路径是否会带来预期的结果。同时，由于新的发展路径可能不再连续，这也意味着企业需要在未知的领域中进行探索和尝试。

为了降低这种不确定性和发展路径的不连续性，企业将需要利用试错式创新的方法。试错式创新是一种通过不断尝试和失败，从而找到最佳解决方案的创新方式。通过这种方式，企业可以在做出创业决定之前，通过创新试错来降低所面临的不确定性和不连续性。

图 4.2 中所描绘的创新驱动创业的过程，实质上就是利用创新的确定性来应对创业的不确定性，以及通过创新的连续性来应对创业的不连续性。这种创新驱动的创业方式，可以帮助企业在面对不确定性和不连续性时，更加灵活和有效地进行调整和适应。

虽然创新和创业都面临着不确定性和不连续性的挑战，但是以创新为驱动力的创业方式，往往可以在做出创业决定之前，通过创新试错来降低所面临的不确定性和不连续性。这样不仅可以提高创业的效率，也可以提高创业的效果。因此，创新驱动的创业方式，对于企业来说，是一种非常有效地应对不确定性和不连续性的策略。

三、创新驱动创业的逻辑

图 4.2 中的四个象限，当连接起来时，形成了图 4.3，这一图示展示了企业在其发展过程中所经历的不同阶段以及面临的挑战。这个模型反映了创新驱动创业的复杂性和不断迭代的特性，揭示了在不同发展阶段需要采取的创新策略。

创新驱动创业的				
阶段	企业新创阶段	企业成长阶段	企业成熟阶段	企业转型阶段
方式	试错式创新	突破式创新	渐进式创新	分形式创新
逻辑	"减法"	"除法"	"加法"	"乘法"

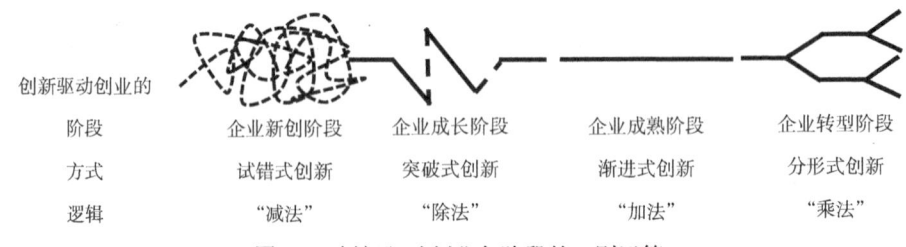

图 4.3　创新驱动创业各阶段的四则运算

企业通常会经历新创、成长、成熟和转型四个阶段，每个阶段都伴随着不同的挑战。初创阶段是企业的起点，也是最具挑战性的阶段之一。在这个阶段，企业面临着高度的发展方向不确定性和发展路径不连续性。这阶段可视为图 4.3 最左端的"线团"。这意味着企业必须持续寻找新的商业模式和市场机会，以适应快速变化的外部环境。

随着企业逐渐成长，发展方向变得更加明确，但发展路径仍然具有不连续性，这可比拟为图 4.3 左侧接下来的一段"折线"。在这个阶段，企业需要不断调整战略和资源分配，以维持竞争优势。他们需要关注市场变化和竞争对手的动态，以确保在激烈的市场环境中保持竞争力。

当企业进入成熟阶段时，发展方向更为稳定，发展路径也变得更加顺畅，这可比拟为图 4.3 中接下来的一段"直线"。在这个阶段，企业已经建立了稳定的客户群体和市场份额，盈利能力逐渐增强。然而，成熟期并非永久，企业必然会面临新的发展方向选择问题，进入了图4.3最右端的"树杈"阶段。

在这个阶段，企业需要重新评估其核心竞争力和市场定位，以确定未来的发展方向。他们可能会选择产品创新、市场拓展或业务整合等战略调整，以应对激烈的市场竞争和不断变化的客户需求。同时，他们还需要关注新兴技术和行业趋势，以抓住新的发展机遇。

在企业发展的不同阶段，创新策略可以分为四种主要类型：试错式创新、突破式创新、渐进式创新和分形式创新。首先，当企业面临高度不确定性和不连续性时，他们需要采取试错式创新的策略。这种类型的创新包括在创新方向和创新方法两个方面同时进行试错。关键是要找到一个确定的创新方向，这个方向应该是经过深思熟虑和科学分析后确定下来的。一旦找到了这个方向，企业就可以开始在这个方向上进行持续的尝试和改进，以实现创新的突破。这种突破性的创新可以帮助企业在竞争激烈的市场环境中获得瞬间的竞争优势。

其次，企业会享受到一段被称为"美好时光"的阶段。在这个阶段，企业的创新成果会带来显著的收益和增长。然而，企业不能因此而满足，他们应该充分利用这段时间进行渐进式创新。渐进式创新的目标是巩固和扩大已经取得的创新优势，防止竞争对手迎头赶上。这种类型的创新可能涉及产品、服务、技术或者商业模式的改进和优化。

最后，随着市场环境和技术的发展，企业可能会发现他们的创新成果可以在多个领域运用，进而可以在多个细分方向分形演化。这就是分形式创新的特点，它可以让企业在多个不同的领域和方向上都保持领先地位。这种类型的创新需要企业具有强大的创新能力和灵活的战略思维。

在创新和创业的过程中，我们经常会遇到高度的不确定性和不连续性。这种状况可能会对创业者的创新精神和创业计划产生重大影响。为了应对这种情况，我们需要使用一种称为"减法"的策略。通过快速试错和迭代的方式，我们可以减少所面临的不确定性和不连续性。这意味着我们需要大胆尝试，不怕失败，因为每一次失败都会让我们更接近成功。

仅仅减少不确定性和不连续性并不足以保证创新创业的成功。接下来，创业者需要采用一种称为"除法"的策略。这意味着我们需要快刀斩乱麻地去除方向的不确定性，选择一个确定的方向，然后将主要的精力放在应对路径的不连续性上。这种方法可以帮助我们避免在不确定的方向上浪费时间和精力。

在解决了方向不确定性和路径不连续性之后，创业者应该采用一种称为"加法"的策略。这意味着我们需要在既定的方向和方法的基础上，日积月累地进行渐进式创新，取得持续性的发展。这可能需要我们不断地学习新的知识和技能，以适应不断变化的市场环境。

然而，创新创业者将再次面临发展方向不确定性上升的情况。此时，较为稳妥的方法是采用一种称为"乘法"的策略。这意味着我们需要利用企业积累的经验和优势，在保证路径连续性的前提下进行分形式创新，探索新的发展方向。这种方法可以帮助我们在保持稳定的同时，寻找新的发展机遇。

第三节 创新驱动创业的逻辑

一、创新驱动创业的关系

创新与创业是一对相辅相成、相互促进的概念，它们在当今快速变化的商业环境中已经成为经济发展和社会进步的重要推动力。这两者之间的紧密联系可以从多个维度进行探讨，如图4.4所示。

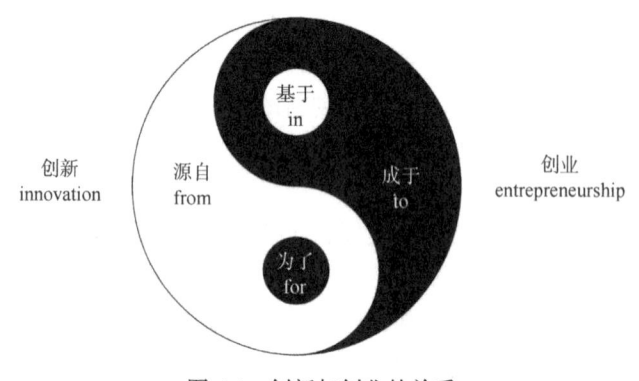

图 4.4 创新与创业的关系

1. 创新为了创业

随着全球化的深入融合和技术革命的急速前进，创新与创业已经确立为当代商业的关键组成部分。在这复杂多变的时代背景下，创新与创业之间的交融关系为企业家提供了独特的视角和行动路径，帮助他们在竞争日趋激烈的市场中确立领先地位。

创新为创业铺设了思维的道路和行动的方案。正如 Drucker（1985）所强调的，创新不仅仅是一种手段，更是一种策略。在面对市场多变的需求和竞争压力加剧的背景下，企业家的核心优势在于坚持不懈的创新。近年来，学术研究也进一步证实了创新在增强企业竞争力中的决定性作用（Liu et al., 2009; Chen et al., 2018）。比如，比亚迪借助自主研发的新能源汽车技术，成功应对了国内外环保政策的挑战，展现了创新所带来的巨大竞争优势。

而创业，它为创新提供了落地生根的土壤。如 Bhave（1994）所言，创业是实现创新观念的舞台。字节跳动便是一个典型的例证。它的短视频平台 TikTok（抖音国际版），凭借独特的创新理念，在国际市场上迅速取得了广泛的用户基础，这充分展现了创业活动如何帮助创新理念得到实际应用。

创新与创业之间的互动关系，还体现在创新的驱动力上。如 Shane（2000）所指出，创业者往往是创新的火种。阿里巴巴集团就是一个生动的例子，其支付宝平台，彻底颠覆了人们的支付模式，这不仅仅是技术的创新，更是创业精神激发下的市场革命。

此外，创新和创业也为企业家指明了未来的发展方向。Covin 等（2006）明确指出，成功的企业家不仅要洞察现有市场，更要有预见未来的能力。华为公司便是这样的成功案例。通过不断地技术创新，它已从一个小型通信器材供应商，逐渐崛起为全球通信技术的领导者。

综上所述，创新与创业之间的紧密结合，在当今商业世界中发挥着至关重要的作用。对于中国企业，这种深度的互动关系更是其在全球市场中取得领先地位的关键。

2. 创业基于创新

在全球经济的快速发展浪潮中，创业和创新已然成为推动经济繁荣和社会进步的两大引擎。它们相互补充、相互激励，共同塑造了一个充满机会和挑战的商业环境。近期的研究进一步证实了创业与创新之间的密切联系，它们之间的互动为企业创造了无限的潜力，使得企业家在竞争中屹立不倒（Zahra and Wright，2016）。

首先，技术创新为创业领域带来了翻天覆地的变革。Bower 和 Christensen（1995）明确指出，新技术和科学研究为企业家开辟了新的商业领域，赋予他们研发竞争力十足的产品或服务的能力。这些技术进步不仅优化了生产流程、减少了成本，还引领了新的市场趋势。以华为为例，其在 5G 技术上的持续创新使其在全球市场上处于不可撼动的地位，彻底改变了通信行业的传统秩序。

其次，管理创新也在创业活动中扮演了不可或缺的角色。如 Birkinshaw 等（2008）所述，高效的管理策略和组织结构让企业能够迅速、灵活地应对市场的变革。字节跳动便是这样的成功典范，其独树一帜的组织文化和管理策略不仅推动了内部的创新活动，更使其迅速崭露头角，成为科技界的翘楚。

最后，商业模式创新也为创业活动注入了新的活力。Gassmann 等（2018）强调，商业模式创新关乎如何重新思考和整合企业资源，从而更有效地创造、传递和获取价值。美团点评的成功便是这种创新思维的体现，它通过其 O2O（online to offline，线上线下商务）商业模式，成功地融合了线上线下资源，为消费者提供了全新的服务体验，短时间内便在市场中占据了一席之地。

总的来说，无论是技术、管理还是商业模式，创新在其中都起到了至关重要的作用，为创业活动提供了无限的机遇和资源。只有将创新与创业紧密结合，企业家才能在市场中稳健前行，实现长久的成功。创新不仅是创业的成果，更是其背后的核心动力。

3. 创新成于创业

在现代社会中，创业不仅是将创新思维付诸实践的关键过程，还扮演着为创新提供实践舞台和关键资源的双重角色（Blank and Dorf，2012）。这种紧密的互动关系不仅为创业者带来成功的机会，也为社会创新和经济增长注入了活力。

首先，创业为创新提供了实践的舞台。正如 Brettel 等（2011）所强调的，创业者通常是那些不满足于现有解决方案并积极探索新途径的人。这使他们有机会将创新理念转化为实际行动，为社会带来真正的价值。以滴滴出行为例，它通过技术创新和独特的商业模式，为用户提供了一种全新的打车方式，颠覆了传统的出租车行业，进一步证明了创业是创新的有力推动者。

其次，创业为创新提供了关键的资源支持。Foss 和 Saebi（2017）提到，创业活动通常需要大量的资源，包括资金、团队和技术等。这些资源对于创新的成功至关重要。例如，华为通过不断地研发投资和创业活动，成功地开发出了一系列创新产品，如 5G 技术和芯片技术，进一步加强了其在全球市场的竞争力。这显示出创业是创新所需资源的重要来源。

此外，创业也是创新成果得以验证和推广的途径。正如 Maurya（2022）所指出，创新需要在实际市场环境中得到验证，这样才能确保其真实的价值和影响。通过创业，创新者可以在实际商业环境中测试和验证他们的创新想法，并根据市场反馈进行相应的调整，如今日头条和抖音，就是通过创业的方式将其独特的内容推荐算法应用到实际产品中，并在市场中取得了巨大的成功。这凸显出创业是创新成果得以落地和发展的重要媒介。

总之，创业不仅是创新的一个重要途径，还为创新提供了关键的支持和资源。创业者通过将创新理念应用于实际商业环境中，为社会创造了真实的价值，并推动了经济的发展。创业和创新之间的这种互动关系为现代社会的持续进步和繁荣提供了坚实的基础。

4. 创业源自创新

在当今的商业环境中，创业活动与创新思维和创新行为之间的关系备受学术界和实践者的关注。Shane 和 Venkataraman（2019）指出，创业是一个包括机会发现、评估和利用的过程，而这个过程在很大程度上依赖于创新思维。创新思维的核心在于它能够唤起人们对新事物的好奇心和追求，这种好奇心和追求动力使人们愿意走出舒适区，大胆地探索新的可能性。

首先，创新思维鼓励人们挑战常规。创业者通常具备对现状的批判性思考能力。正如 Blank（2013）所指出的，创业者不能满足于现有的解决方案，而是要不断寻找和创造更优越的方法。这种思维方式不仅促使他们思考和提出新的想法，还鼓励他们不断追求卓越。以比亚迪为例，该公司决定进军电动汽车市场，挑战了传统燃油汽车的主导地位，并成功地创新和推广了电动汽车技术，改变了整个行业格局。

其次，创新思维鼓励人们勇于冒险。正如 Ries（2011）所强调的，创新往往伴随着不确定性和风险，但具备创新思维的创业者更愿意接受这种挑战。他们愿意跨越传统的界限，尝试新的方法和理念，甚至涉足完全未知的领域。例如，蚂蚁金服通过其支付宝平台挑战了传统的金融服务模式，为数亿用户提供了便捷的支付和金融服务。

最后，创新行为是将创新思维转化为实际行动的关键过程。正如 Osterwalder 和 Pigneur（2010）所述，这包括了从构思到执行的整个创新过程，如将一个想法转化为可行的业务模型，筹集资金，建立团队，开发产品或服务等。例如，大疆创新作为全球消费级无人机市场的领导者，成功地将其创新思维转化为具体的产品，并在全球范围内取得了巨大的成功。

综上所述，创业活动的成功在很大程度上依赖于创新思维和创新行为的结合。这两者相辅相成，为创业活动的成功提供了坚实的基础，同时也为社会的进步和发展做出了巨大的贡献。

二、创新驱动创业的维度

企业创新是在竞争激烈的国际市场中取得成功和可持续发展的关键。创新活动不仅包括产品创新，还涵盖用户创新、组织创新和环境创新这几个关键维度（图 4.5）。

产品创新一直被认为是企业创新的核心策略之一。它旨在不断满足国际市场多样化的需求，包括新产品的开发和现有产品的优化。Falahat 等（2020）的研究表明，持续的产品创新能够赋予企业竞争优势，有助于塑造良好的市场声誉。举例来说，电动汽车制造商特斯拉通过不断推出新的电动车型，并引入创新的电池技术，成功地改变了整个汽车行业的格局。这种产品创新不仅满足了环保和能源效率的需求，还提高了特斯拉的国际声誉，吸引了全球范围内的消费者。

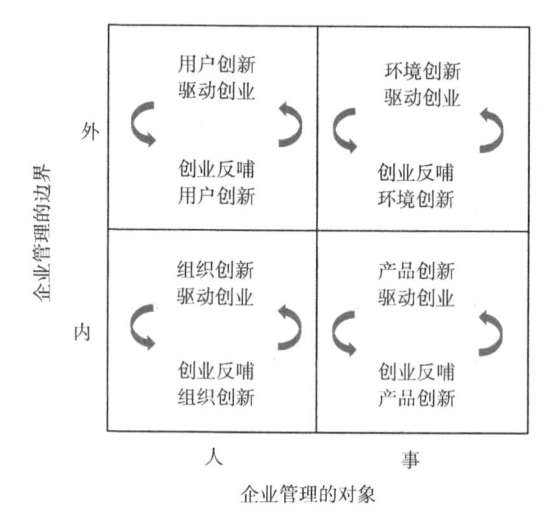

图 4.5 驱动创业的四个核心机制

用户创新关注的是满足用户需求的能力。企业需要深入了解不同用户群体的需求、喜好和痛点，以便将这些反馈用于产品改进和创新。von Hippel（1994）的研究强调了用户参与创新的重要性。通过与用户互动，企业可以获得关键的市场洞察，提高创新的成功率。一个例子是亚马逊的消费者评论系统，它允许用户分享他们对购买产品的体验和反馈。这些评论不仅帮助其他消费者做出购买决策，还为亚马逊提供了宝贵的市场反馈，有助于他们改进产品和服务。

组织创新涉及企业内部管理、生产和组织结构的创新。它有助于企业适应国际市场的变化，提高灵活性和适应性。Dodgson 等（2008）的研究指出，组织创新是实现组织适应能力和国际创业成功的关键手段。举例来说，谷歌以其开放和创新的企业文化而闻名，鼓励员工花费 20% 的工作时间来追求自己的创新项目。这种组织创新文化帮助谷歌保持了在搜索引擎和云计算领域的竞争优势。

环境创新强调企业对市场和外部环境的适应和变革。在不断变化的国际市场中，企业需要灵活地调整策略，以适应市场、法规和文化的演变。环境创新使企业能够主动适应甚至引领市场变革，从而保持竞争优势。最近的例子是电动汽车市场的崛起，许多汽车制造商积极投资电动汽车技术以满足环保法规和市场需求。

综合而言，这四个创新维度共同构成了企业创新的整体框架，推动了企业在国际市场中取得成功和可持续发展。在不断发展和竞争的商业环境中，企业应该结合这四个维度，制定明智的创新策略，以实现产品共创、用户共享、组织共建和环境共演的逻辑框架。这四个维度的相互协作和融合，将帮助企业在激烈的市场竞争中脱颖而出。

三、创新驱动创业的协同

企业创新和创业动力之间的联系在当今商业环境中变得越发重要，这种联系跨越了产品创新、用户创新、组织创新和环境创新这四个关键维度。每个维度都不是孤立存在的，它们相互影响，形成了一个相互关联且动态的系统。在近年的研究和实践中，这种联系得到了广泛的关注和探讨（图4.6）。

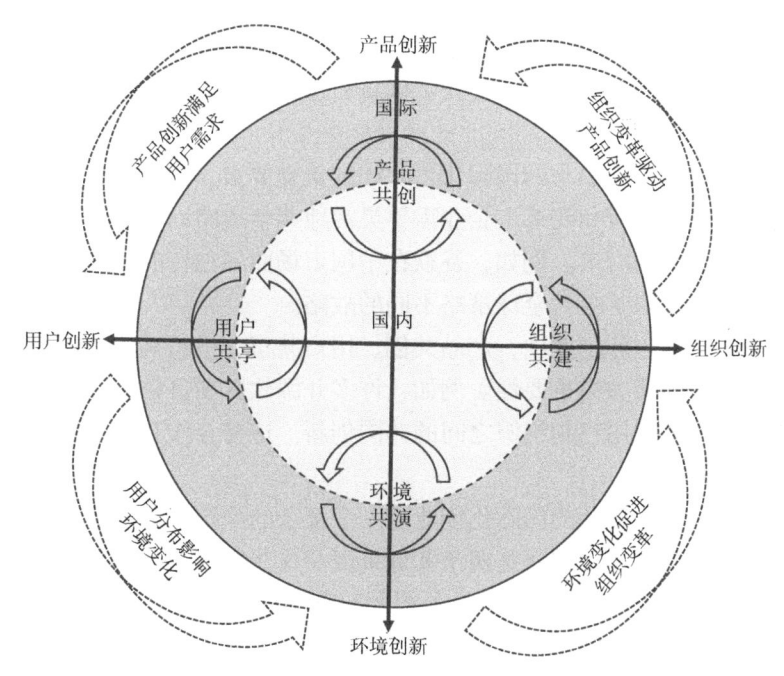

图 4.6 创新驱动国际创业的逻辑体系

产品创新作为创新驱动的国际化创业的核心，旨在不断满足不断变化的用户需求。研究指出，持续的产品创新不仅能满足用户的基本需求，还能帮助企业更好地适应市场，并在市场中占据领先地位（Falahat et al., 2020）。这一点在苹果公司的案例中得以体现。苹果公司通过不断推出新的 iPhone 型号和操作系统更新，不仅满足了用户对新功能和性能的需求，还创造了一种期待，促使用户升级他们的设备。

然而，用户需求不仅影响产品创新，还在很大程度上塑造了市场环境。用户对于便捷性、个性化和高品质体验的需求不断推动着市场的演进。以 Uber（优步）为例，它应运而生，满足了用户对更灵活的出行方式的需求，进而改变了传统的出租车行业。这种市场变革反过来又引发了传统出租车公司和政府监管机构的应对和调整。

组织创新在创新生态系统中发挥着关键作用,帮助企业适应外部环境的变化。研究表明,组织创新包括管理创新、流程优化和资源重新配置,有助于提高企业的市场适应能力(Dodgson et al., 2008)。例如,Netflix(奈飞)通过引入流媒体技术、推出原创内容以及采取基于数据的决策,实现了从 DVD 租赁公司到全球在线媒体巨头的战略转变。这种组织创新推动了其在国际市场上的成功。

组织的创新和变革也为产品创新提供了有力支持。企业可能会通过开拓新的商业模式、建立战略合作伙伴关系以及优化创新流程来推动产品的不断进化。这确保了产品创新不仅仅是技术上的创新,还包括了商业和运营方面的创新。例如,特斯拉不仅在电动汽车技术方面进行了创新,还提出了直销模式,绕过传统汽车经销商,直接销售给消费者。

环境创新成为创新驱动的国际化创业中的关键要素,因为它涉及企业对各种市场和外部环境的适应和变革。企业需要灵活地调整战略以适应不同国家或地区的法规、文化和市场需求。例如,谷歌在中国市场面临独特的政府监管和文化挑战,导致该公司采取了与其全球策略不同的战略。

在创新驱动的国际创业中,产品共创、用户共享、组织共建和环境共演强调了多方合作和共同努力的重要性。例如,许多开源软件项目依赖于来自全球社区的贡献者,这体现了用户和组织之间的共同创新。这种合作有助于推动技术和创新的发展。

综上所述,创新驱动的国际化创业是一个复杂的系统,牵涉到产品创新、用户创新、组织创新和环境创新这四个关键维度。这些维度相互关联,相互影响,构成了一个相互作用的生态系统。企业需要充分利用这四个维度,不断推进创新,以在竞争激烈的国际市场中取得成功。

第五章 创新驱动国际创业的战略过程

本章探讨了创新在国际创业中的核心作用，强调创新、创业和国际化三者之间的紧密关联。创新被视为企业发展的基石，不仅局限于技术和产品的革新，还涵盖商业模式、市场策略、组织结构的整体调整。创业则作为创新与国际化的桥梁，关键在于将创新转化为现实，捕捉市场机会。国际化作为企业发展的新方向，面临文化、法律、市场环境等挑战，同时也提供新机会。

本章进一步探讨了创新驱动国际创业的价值传递，突出了全球化用户、组织、业务和环境的核心要素。分析了文化距离、制度距离、地理距离和经济距离四个距离的挑战，并提出国际企业需找到适合自己的策略，平衡各种因素。本章还讨论了创新驱动国际创业的四个维度：技术、文化、产品和制度的创新，以及国际创业反哺创新的四个机制。强调了企业研发国际化、组织国际化、用户国际化和企业身份国际化对于推动制度创新的重要性，展示了国际化如何成为企业在全球化时代中获得持续竞争力的关键。

第一节 创新驱动国际创业的价值过程

一、价值的创造、传递和获取过程

创新驱动的国际创业整合了创新、创业和国际化这三个核心概念，共同构筑了企业价值创造、获取和传递的整体逻辑框架，形成了一个连续的、闭合的循环（图 5.1）。

首先，创新作为价值创造的核心驱动力，是企业发展的基石。随着技术的不断进步和市场需求的变化，创新已经成为企业生存和发展的必要条件。企业通过技术创新、产品创新和文化创新，

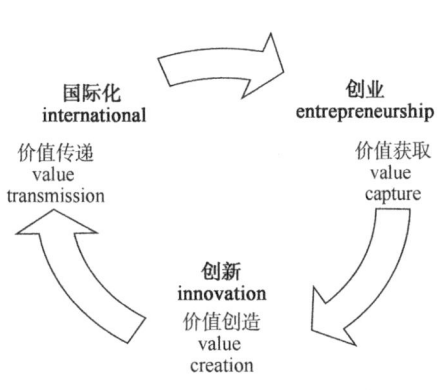

图 5.1 创新、国际化、创业的价值循环

可以更好地满足市场需求,提高其竞争力,进而实现盈利增长。

其次,创业是连接创新和国际的桥梁。创业不仅仅是创建新企业,更是关于如何将创新的理念转化为现实,如何将新的技术、产品或服务推向市场,实现价值的获取。此外,创业者的敏锐的市场洞察力和创新思维,使他们能够看到并捕捉到市场中的商业机会,实现其财富和社会地位的快速增长。

最后,国际化是企业发展的新方向。随着全球化的加速和跨国企业的兴起,如何在全球范围内传递和获取价值成为企业的核心挑战。企业需要面对各种挑战,如文化差异、法律法规差异、市场环境的不同等,但这也为企业提供了更多的机会和可能性。国际化使企业能够进入新的市场,扩大其市场份额,提高其竞争力。

需要强调的是,创新、创业和国际化这三个概念并不是孤立的,而是相互影响、相互促进的。例如,创新可以推动创业,创业可以促进国际化,而国际化又可以为创新和创业提供更广阔的舞台。

创新、创业与国际化是企业发展的三个关键因素,它们之间存在着密切的相互作用与影响。在国际化背景下,创新成为创业的基石,为企业赋予了独特的价值和竞争力。国际化则进一步放大了创新和创业的效应,使企业能够在更大的市场空间中实现价值的扩大与获取。

总结来说,创新驱动的国际创业不仅是一个跨领域、多层面的综合性过程,更是企业在全球化时代中获得持续竞争力的关键。因此,企业应在追求国际化的道路上,始终坚持创新,不断地完善自己,以应对日益激烈的市场竞争。

二、创新驱动国际创业的价值创造

在当今的经济结构中,创新已被普遍认为是企业赖以生存和发展的关键动力。此类创新不仅仅局限于技术和产品的革新,它更广泛地涉及商业模式、市场策略,以及组织结构的整体调整与优化。在这个过程中,企业必须拥抱那种持续追求新颖与优越的思维方式,这对于在动荡不定的市场环境中寻求竞争优势至关重要。

现有研究指出,创新的重要性已经超越了技术层面,深入到商业思维的核心(Christensen, 1997)。在多变的市场环境和激烈的竞争中,传统的商业模式或许已经不能满足企业的发展需求,这就要求企业必须探索新的商业模式和创新经营策略,重塑产品与服务的价值。

为了达到创新,仅仅依靠技术进步是不够的,更需要一种敢于创新、勇于探索的企业文化和思维方式。这种企业文化和思维方式鼓励企业不断地自我挑战,尝试新事物，并致力于持续改进，从而在市场中赢得竞争优势。创新现已成为企业经营活动的核心战略，这不仅仅代表着技术上的突破，也是对市场动态、消费者需求以及企业自身长远发展的深刻洞察。

总体而言，创新不只是企业发展的核心策略，更是推动现代经济社会向前发展的关键驱动力。成功的企业必须深刻领会创新的真正价值，并将之融入其日常运营，以促进持续进步。

在企业的运营过程中，创新与价值创造是两个至关重要的方面。根据创新的边界和对象，可以将企业创新活动划分为产品与服务创新、组织结构创新、商业模式创新以及对环境的贡献等四个领域（图5.2）。

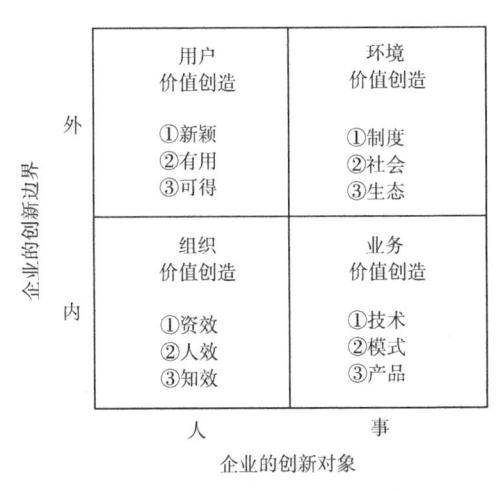

	用户价值创造	环境价值创造
外	①新颖 ②有用 ③可得	①制度 ②社会 ③生态
内	组织价值创造 ①资效 ②人效 ③知效	业务价值创造 ①技术 ②模式 ③产品
	人	事

企业的创新边界（纵轴）　企业的创新对象（横轴）

图 5.2　价值创造的维度

资效指资源的使用效率，人效指人力资源效能，知效指知识的使用效率

用户价值创造专注于满足消费者实际需要，体现在产品或服务的创新上，如引入新功能、定制化服务和提升客户服务效率等。这种创新加强了用户黏性，培养了忠实的消费者群体，并增强了企业的市场影响力。组织价值创造关注于提升企业内部运作的效率和效果，包括引进现代化管理方式、采纳创新的技术工具和优化生产流程等，从而提升企业资源的有效利用和企业竞争力，保障长期稳定发展。

业务价值创造涉及商业模式的变革和战略的重新定位，可能表现为开拓新产品线或拓展新市场。与其他企业建立战略合作同样是业务价值创造的一个方面，有助于企业扩大市场份额，开辟增长机会。环境价值创造反映了企业对外界的责任感和贡献，体现在关注环境保护、推动绿色生产和参与社会公益等方面，显示了企业不仅追求经济效益，同时承担社会责任。综上所述，全面和多维度的创新是企业在激烈的市场竞争中保持领先和实现可持续发展的关键。企业必须全方位地投入到创新活动中，这样才能在未来的发展中占据有利地位。

1. 用户价值创造

企业致力于为用户创造价值，这是其根本宗旨。Drucker（1954）的研究强调了吸引及保留顾客对企业至关重要的意义。用户价值的构建需依托于产品新颖性、有用性与可得性三大支柱。

产品创新是企业持续进步的核心。不仅要回应用户当前的需求，更要预见并满足潜在需求，以此保持市场优势。真正的创新涉及提供无与伦比的用户体验，突出企业的独特价值。产品的有用性是创新成果能为用户带来持久价值的决定因素。深刻理解用户需求，保证创新能够实实在在地解决问题，这一点至关重要。产品的可得性也不容忽视。无论产品多么新颖实用，如果无法普及至广大用户，则其价值有限。企业必须确保创新的价值能够被用户广泛认知和接受。

企业的成功秘诀在于坚持用户为中心，不懈创造具有价值的用户体验。通过不断强调新颖性、有用性和可得性，企业不仅满足短期需求，也为长期市场领导地位的确立提供保障。

2. 组织价值创造

企业长期繁荣的基石在于价值创造的持续性，这一点在 Zott 等（2011）的研究中得到了强调。组织不仅代表企业的核心理念与愿景，更是推动增长的关键。企业价值系统的构成要素包括资金、人才与知识。

资金管理的重要性不容置疑，合理的资金配置和管理直接影响企业的盈利能力。有效利用资金并结合战略决策，可以优化投资回报。人力资源是企业价值创造中的决定性因素。在当前的知识经济时代，人才的作用更加凸显。企业应建立有效的人才培养和激励机制，以充分发挥团队的创造潜力。知识管理是企业维持竞争优势的核心。知识的集成和利用对于推动创新至关重要。建立一个有效的知识管理体系，促进员工学习和知识共享，对企业创新能力的提升有着直接的推动作用。企业的价值创造体系依赖于资金、人才和知识的协同作用。这些资源的有效管理和优化是确保企业创新和可持续发展的关键。

3. 业务价值创造

市场竞争中，持续创新是企业保持领先地位的必要条件。创新的类型主要包括技术革新、模式更新和产品改进。技术革新通过采用新技术来提高产品性能和降低成本，增强企业的市场份额和利润（Chesbrough，2003）。模式更新则旨在通过营销和服务方法的创新来提高客户满意度和市场占有率。产品改进则注重优化产品功能、设计和特性，以更好地满足消费者需求。

数字化时代，技术与策略的结合对企业成功至关重要。平台经济模式是技术革新与策略创新结合的典型案例，它创建了高效的供需匹配系统（Choudary et al., 2016）。亚马逊和阿里巴巴等公司就是通过这种模式创新在全球商业环境中取得了成功，并推动了电子商务行业的发展。对于追求市场领先的企业来说，产品和服务的持续创新是关键。技术支持和模式创新都是必需的。苹果公司就是一个例子，它通过独特的设计和技术创新，如 iPhone 和 iPad，成为市场的领导者。企业还需构建与客户的稳固关系，并提供高质量服务以保持成功。企业为了保持竞争力，必须持续在技术、产品和策略上进行创新，以保证与市场和消费者需求的对接。

4. 环境价值创造

在现代商业生态中，环境价值创造是获得竞争优势的重要因素。该概念涉及制度创新、社会创新与生态创新三个维度，共同推动企业可持续发展与价值创造（Schaltegger et al., 2016）。制度创新涉及企业在法律和政策框架下的新商业战略和模式探索，要求企业积极与政府和监管机构互动以确保合规。跨国公司进入新市场的策略，如与当地政府协商，便是此类创新的例证。

社会创新关注企业与社会环境的互动，涉及与公众、社区、非政府组织和媒体的积极关系建立。ESG（environment、society、governance，环境、社会和治理）因素的融入对增强企业社会责任和公众形象至关重要。生态创新则指向组织和业务模式的创新，目标是构建开放、灵活、以客户为中心的组织结构，加快市场响应速度，提升与竞争者的竞争能力。综上，环境价值创造为企业在激烈的商业竞争中确保优势和长期成功提供支撑，制度创新、社会创新和生态创新相互作用，构成企业价值创造的核心。

三、创新驱动国际创业的价值传递

全球化的用户、组织、业务和环境构成了创新驱动的国际企业发展的四大核心要素。当企业走向国际化时，必须对这四大要素进行深入探讨和整合。首先，全球化的用户代表来自各个国家和地区的消费者。为了满足这些用户的需求，企业必须深入了解他们的文化、消费习惯，进而推出符合他们需求的产品和服务。其次，全球化的组织涉及企业在跨国运营中形成的组织架构和管理方式，必须具备跨文化的沟通能力和适应性，以面对不同市场的挑战。再次，全球化的业务包括商业策略、价值链以及市场战略的调整和革新。最后，全球化的环境涉及政治、经济和文化等背景因素，这些都可能影响到企业的国际化策略和运营。

在全球化背景下，企业除了创造价值，还要确保这些价值能够成功传达给国际用户。这个过程依赖于全球化的产品，并通过全球化的组织结构进行，其中涉及的挑战有很多。例如，如何在不同的文化和语境中进行市场营销，如何在多元的法律体系中保持合规性，以及如何在变化的经济景气中保持竞争力。为了在国际市场中取得成功，企业需要确保这些要素之间的协作，从而实现价值的最大化和有效传递（Smith and Doe，2022）。

在国际商务领域，四个核心的距离经常受到研究者的关注，它们是：文化距离、制度距离、地理距离和经济距离。这些距离代表了跨国公司在全球化进程中所面对的主要挑战（图5.3）。

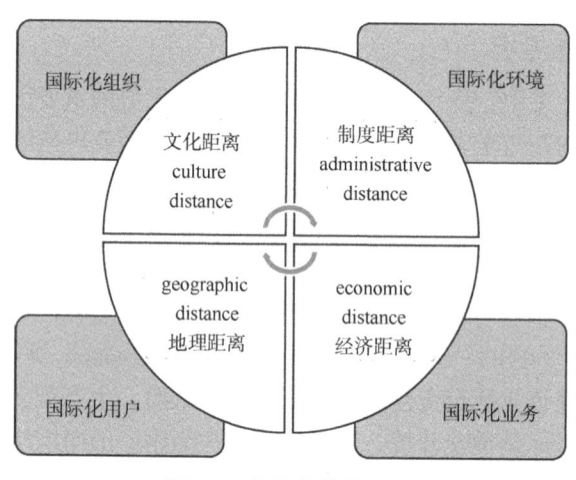

图 5.3 价值传递的距离

文化上的距离描述了不同国家文化背景下的差异。这些差异体现在人们的语言、价值观、信仰和生活方式上。以美国公司进军中国市场为例，为了获得成功，它们需要深入理解和适应当地文化，包括消费习惯和商业实践。显然，文化间的差异越大，跨国运营的挑战和风险也越大（Hofstede，1984）。

制度上的距离涉及各国的政治、法律和制度框架。这些制度的差异会对企业的运作方式、合规性和与政府的关系产生影响。举例来说，欧洲的公司可能会受到严格的数据保护法规的约束，而在中东地区的公司则需要在多变的政治和法规环境中谨慎行事。

地理上的距离关注的是物理距离和与之相关的运输问题。显然，距离越远，物流和交流的成本越高。例如，一家美国零售商想在阿根廷销售产品，需要考虑运输成本和时间延迟。

经济上的距离代表了国家之间的经济发展程度差异，如市场规模、经济体系和行业竞争状况。巨大的经济差异会带来市场风险和竞争压力。以印度电商为例，它们可能会面对猛烈的价格战和不同消费能力的问题。

总结而言，创新驱动的国际企业在全球化过程中需要综合考虑这四大"距离"。这些"距离"不仅影响企业的产品和服务，还涉及组织结构、商业模式和技术决策等多个层面。国际企业需找到适合自己的策略，平衡各种因素，以实现成功的全球扩张。

四、创新驱动国际创业的价值获取

创新为核心的国际化初创企业通过提供创新产品或服务来构建价值，并在国际市场中寻求价值的传递与实现。该过程涉及用户、组织、产品和市场价值的连续创新（Johanson and Vahlne，1977）。用户价值源于对消费者需求的精准洞察与满足，组织价值体现于内部运营效率和外部战略联盟的形成，产品价值则显现在产品的独特性和满足不同市场需求的能力上，而市场价值则通过品牌影响力和市场份额的扩大而体现。

跨国初创企业在价值传递过程中必须克服文化、地理、制度和经济的距离所带来的障碍。文化距离要求企业对不同的价值观和消费行为有深刻理解，地理距离则关联到供应链的管理和物流成本，制度距离涉及法律和监管的适应，而经济距离挑战企业在不同的经济环境中保持竞争力（Xu and Shenkar，2002）。

面对新来者挑战，初创企业在国际市场中通常缺乏品牌知名度和市场份额，这要求它们通过自身差异化创新，迅速建立品牌认同（Zahra and George，2002）。弱小者挑战指的是那些资源有限、在国际舞台上竞争力较弱的企业，它们需通过提升产品质量和客户服务来巩固市场地位。

对于国外者挑战，企业面临的是如何在不同文化和法律体系下运营，解决方法在于加强跨文化能力和灵活适应新市场的规则（Kogut and Singh，1988）。局外者挑战则要求企业深入研究特定市场，洞察本土消费者行为，调整产品和市场策略以实现本地化。

综上所述，国际化初创企业的成功取决于如何在创新的道路上突破文化、地理、制度和经济的多重障碍，实现价值的创造和有效传递。这要求企业不仅要有敏锐的市场洞察力，还要具备强大的适应和变革能力（图5.4）。

在国际市场上，创新驱动的初创企业在价值传递中常常面临潜在的、不易预见的风险挑战。这些主要包括：适应性挑战、关系型风险和不平等待遇三个层面（图5.5）。

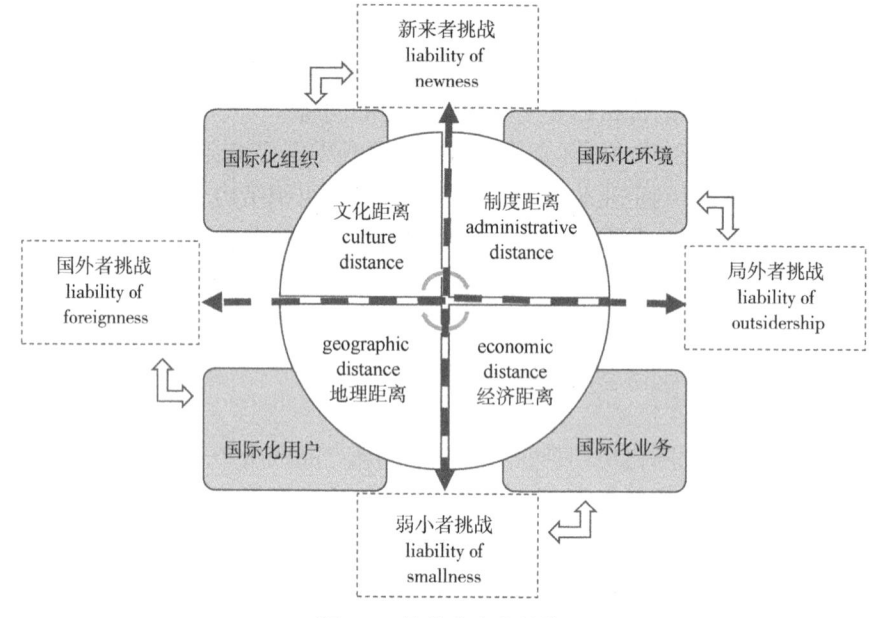

图 5.4 价值获取的挑战

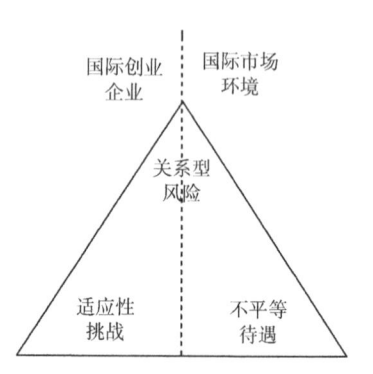

图 5.5 国际创业企业的三种风险

适应性挑战在于跨国公司进入外部市场时可能缺乏对当地政治、经济、文化和商业常规的理解，从而导致决策失误。对此，Gooderham 等（2013）指出，企业在全球扩张时必须克服信息不对称和限制性制度环境的挑战。此外，对跨国公司及其产品的陌生性可能导致利益相关者的"国籍偏见"，Zhang 等（2016）认为这种偏见可能削弱品牌信任度和顾客忠诚度。

关系型风险的内部表现是来自不同国家员工在文化和价值观上的差异，可能导致管理冲突，而策略的区域性和情境性可能使母公司与子公司间的配合出现问题。据 Deng 等（2020）调查，跨文化团队中的沟通不畅和价值观冲突会显著影响团队绩效。在企业外部，跨国公司在当地社交网络中缺乏有效联系，可能导致与当地利益相关者的关系断裂。

不平等待遇表现为当地政府和公众对跨国公司的偏见和歧视。这可能源于对某些国家的刻板印象或基于经济保护主义的考量。对此，Ramamurti（2012）讨论了国家形象和保护主义对外资企业经营的影响。跨国公司要应对这些挑战，需深入理解当地环境，建立强大社区联系，尊重并适应当地文化，推进本土化策略。

对国际创业企业而言，挑战源自不同"距离"，其中文化差异是新入市企业的主要障碍。理解、适应、融入新环境成为关键。地理挑战，如交通和通信，可能影响效率。资源有限的小企业面临的经济压力可能阻碍与大型企业竞争。对外国企业而言，制度差异构成关键障碍，要求熟知并遵循当地法律和商业规则。

第二节　创新驱动国际创业的四个维度

本节讨论企业在全球化过程中如何通过技术、文化、产品和制度的创新来推动国际化。首先，从技术角度，企业应该加强技术创新能力，建立全球研发网络，保护知识产权和加强国际研发合作。例如，华为通过强化技术创新能力，成功地推进了其研发国际化。其次，从文化角度，企业应该推动开放包容文化、组织学习文化和合作导向文化，以吸引全球人才、推动知识交流和建立良好的合作关系。再次，从产品角度，企业需要对产品进行本地化或定制化，以适应不同市场的需求，收集和分析全球用户的反馈以持续改进产品和服务，以及优化全球供应链。最后，从制度角度，企业在国际化过程中需要遵守各国的法律法规和国际标准，主动参与国际法规和标准的制定，以及建立全球合规体系。这四个方面的创新并不是孤立的，而是相互影响，共同推动企业的全球化进程（图5.6）。

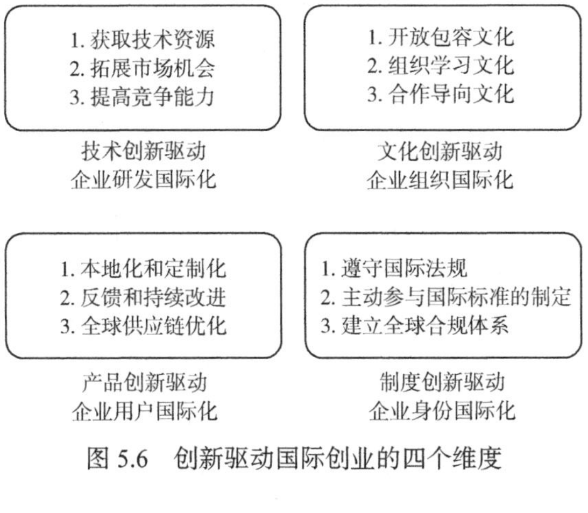

```
┌─────────────────┐  ┌─────────────────────┐
│ 1. 获取技术资源 │  │ 1. 开放包容文化     │
│ 2. 拓展市场机会 │  │ 2. 组织学习文化     │
│ 3. 提高竞争能力 │  │ 3. 合作导向文化     │
└─────────────────┘  └─────────────────────┘
    技术创新驱动            文化创新驱动
    企业研发国际化          企业组织国际化

┌─────────────────┐  ┌───────────────────────────┐
│ 1. 本地化和定制化│  │ 1. 遵守国际法规           │
│ 2. 反馈和持续改进│  │ 2. 主动参与国际标准的制定 │
│ 3. 全球供应链优化│  │ 3. 建立全球合规体系       │
└─────────────────┘  └───────────────────────────┘
    产品创新驱动            制度创新驱动
    企业用户国际化          企业身份国际化
```

图 5.6　创新驱动国际创业的四个维度

一、技术创新驱动企业研发国际化

1. 获取技术资源

企业的技术创新能力是其研发国际化的重要动力。国际化的研发可以使企业获得全球范围内的技术资源，从而保持全球市场上的竞争优势。以华为为例，该企业通过强化技术创新能力，成功地推进了其研发国际化。技术创新能力为华为的国际研发提供了重要的技术基础。华为投入大量资源于研发活动中，以确保其产品和服务的技术领先性（Chesbrough，2003）。这种技术领先性为华为的国际研发活动提供了坚实的基础，使得其能够在全球范围内与其他技术领先的企业和研发机构建立合作关系。

华为通过建立全球研发网络来寻找和利用全球范围内的技术资源。华为在全球多个国家和地区设立研发中心，利用当地的技术知识、专利和专业人才，以推动其产品和服务的创新（von Zedtwitz and Gassmann，2002）。这种全球研发网络的建立，使华为能够不断地在其产品和服务中整合全球范围内的先进技术。技术创新能力有助于华为提高知识产权保护水平。通过强化知识产权保护，华为保护了其技术创新成果不被侵犯，从而在全球市场上获得了竞争优势。华为通过技术创新能力，促进了与全球研发合作伙伴的合作和交流。华为与全球多个研发机构和企业建立了合作关系，通过开放创新，共享技术和知识，加速了新产品和服务的开发。

2. 拓展市场机会

企业的技术创新能力是研发国际化的重要驱动力之一，它能帮助企业进入新的市场并开拓更广泛的商机。以特斯拉为例，该企业通过技术创新和研发国际化成功进入了多个国家的市场，提升了市场渗透率和销售额。特斯拉的技术创新能力为其研发国际化提供了强有力的支持。特斯拉通过持续的技术创新，开发了电动汽车和能源存储系统等领先产品，以满足不同市场的需求。这种技术创新能力使特斯拉能够在全球范围内与各国的研发机构和企业合作，推动其产品国际化。

特斯拉通过研发国际化进入了多个新市场。例如，特斯拉在中国设立了研发中心和制造工厂，以更好地适应中国市场的需求并抓住中国市场的商机。这种国际化的研发策略使特斯拉能够开发出更符合当地市场需求的产品，从而提高市场渗透率和销售额。特斯拉的技术创新能力和研发国际化相辅相成。通过研发国际化，特斯拉能够获取全球范围内的技术资源和市场洞察，以进一步推动其技术创新。同时，技术创新又为其研发国际化提供了新的可能性和方向，使特斯拉能够在全球范围内推广其电动汽车和能源存储解决方案。

3. 提高竞争能力

企业的技术创新能力在推动研发国际化方面发挥着重要作用。通过技术创新，企业能够提高产品质量、降低成本、提高生产效率，并创造差异化竞争优势。这些因素对于在国际市场上增强企业的竞争力、吸引更多的客户和合作伙伴至关重要。以丹麦的风力发电系统制造商维斯塔斯（Vestas）为例，维斯塔斯通过技术创新提高了其风力涡轮机的质量和效率。通过不断研发，维斯塔斯成功开发出具有高效能、低噪声和长寿命特点的风力涡轮机，从而在全球风能市场上获得了领先地位。

技术创新使维斯塔斯能够降低生产成本并提高生产效率。例如，维斯塔斯采用了先进的制造技术和自动化生产线，大大降低了生产成本，提高了生产效率。技术创新为维斯塔斯创造了差异化的竞争优势。通过技术创新，维斯塔斯能够为客户提供定制化的风力涡轮机解决方案，满足不同地区和客户的需求，从而在国际市场上取得了竞争优势。技术创新和国际化研发相辅相成，推动了维斯塔斯的国际化进程。维斯塔斯通过在全球范围内的研发中心，与多个国家和地区的研发机构和企业合作，进一步推动了其技术创新和国际化研发。

二、文化创新驱动企业组织国际化

1. 开放包容文化

企业需要积极推动开放包容的文化。在全球化的背景下，企业需要吸纳和尊重来自不同文化背景的员工和合作伙伴，倡导多元化和包容性，以适应不同文化环境。通过开放和包容的文化，企业可以吸引和留住全球的人才，促进知识和经验的交流，从而提升企业的创新能力和竞争优势。食品和饮料等日用消费品制造商联合利华（Unilever）积极倡导开放和包容的企业文化。该公司认识到，在全球化的背景下，需要吸纳和尊重来自不同文化背景的员工和合作伙伴。为此，Unilever在全球范围内推广多元化和包容性的价值观，鼓励员工尊重和理解不同文化的价值，以适应不同的文化环境（Schein，2010）。

开放和包容的文化为Unilever吸引和留住了全球的人才。通过提供多元化和包容的工作环境，Unilever能够吸引来自不同文化背景的优秀人才，这不仅丰富了公司的人力资源，也为公司的国际化战略提供了重要的人才支持（Taras et al.，2016）。Unilever通过开放和包容的文化，促进了知识和经验的交流。该公司鼓励员工之间的交流和合作，通过组织内部的知识共享和经验交流，推动了公司的创新和学习。这不仅提升了Unilever的创新能力，也为公司的国际化战略提供了重要的知识和经验支持。通过文化创新，Unilever 提高了在全球市场上的竞争优势。开放和包容的文化使 Unilever 能够更好地理解和适应不同市场的需求，从而在全球市场上取得了较好的业绩。

2. 组织学习文化

企业需要推动学习型的文化。在不断变化的全球市场环境中，企业需要不断学习和适应，以应对不断出现的新挑战。通过建立学习型的文化，企业可以鼓励员工持续学习和创新，提高其适应性和灵活性。瑞典的家具制造商宜家（IKEA）致力于建立和推广学习型的文化。在宜家，不断地学习和适应被视为公司文化的核心部分。通过培养和鼓励员工持续学习和创新，宜家能够保持其在全球家具市场上的竞争优势。宜家的这一文化特点使企业能够快速适应不同市场的变化，也为其全球扩张提供了坚实的基础。

学习型的文化促进了知识的交流和共享。在宜家，员工被鼓励分享他们的知识和经验，这种开放的交流文化不仅促进了企业内部的知识传递，也加速了宜家在不同市场的学习和适应过程。宜家通过不断学习和适应，成功应对了进入不同国家和地区市场时所面临的文化与市场挑战。学习型的文化提高了企业的创新能力。宜家鼓励员工提出创新的想法和解决方案，通过不断学习和创新，宜家能够在全球市场上持续推出符合消费者需求的新产品和服务。这种对学习和创新的重视，使宜家能够在全球家具市场上保持领先地位。宜家的学习型文化也吸引了大量有志于学习和成长的人才加入。这为宜家的国际化战略提供了重要的人力资源支持，也进一步推动了宜家的全球扩张和市场适应能力的提升。

3. 合作导向文化

企业需要推动以合作为基础的文化。在全球化的背景下，企业需要与各种不同的合作伙伴进行合作，以获取资源和市场。通过建立以合作为基础的文化，企业可以建立和保持良好的合作关系，从而实现共赢。丹麦的风力发电系统制造商维斯塔斯通过倡导合作文化，成功建立了多方面的国际合作关系。在全球化的背景下，企业需要与不同的国家和地区的合作伙伴建立良好的合作关系，以获取必要的资源和市场支持。维斯塔斯就通过与全球的供应商、客户和研发机构的合作，为其在全球风力发电市场的拓展提供了有力的支持（Inkpen and Tsang，2005）。

以合作为基础的文化促进了知识和技术的共享。在国际合作中，共享知识和技术是获取竞争优势的重要方式。维斯塔斯通过与合作伙伴的紧密协作，获取了大量先进技术和市场信息。这种协作不仅加速了公司的技术创新，还为其在全球市场上的竞争提供了强有力的支持（Tsai，2002）。以合作为核心的文化帮助维斯塔斯在国际市场上建立并维护了稳固的关系。通过这些合作，维斯塔斯能够更深入地了解和满足不同市场的需求，为其全球扩展创造了有利条件。此外，这种合作文化还吸引了大量志同道合、寻求共赢的合作伙伴和客户，为维斯塔斯的国际化战略奠定了坚实的社会和市场基础。

三、产品创新驱动企业用户国际化

1. 本地化和定制化

国际化企业通常需要对产品进行本地化或定制化，以适应不同市场的需求。这可能包括修改产品设计、功能或者包装，以符合不同国家或地区的法规、标准和消费者喜好。例如，索尼针对不同市场的消费者喜好和需求，对其音响产品的设计和功能进行了本地化。它可能会根据不同地区的音乐喜好和听音乐的场合，调整音响设备的音质和功率。同时，也会根据不同国家的法规和标准，对产品的电源、插头和信号接收等进行定制。这种基于市场的本地化策略，使得索尼的产品能够更好地满足不同地区消费者的需求，从而提高了国际市场的竞争力。

包装也是产品本地化的重要组成部分。索尼针对不同市场的文化和语言，设计了相应的包装和说明书。例如，在中东市场，它提供了阿拉伯语的用户指南和包装，以便消费者能够更好地理解产品的功能和使用方法。通过这种方式，索尼不仅为不同地区的消费者提供了方便，也显示了其对本地市场的尊重和理解（Doz，2017）。索尼也通过收集和分析不同地区用户的反馈，不断优化其产品的设计和功能。这种以用户为中心的创新策略，使索尼能够及时发现并解决产品在不同市场中可能遇到的问题，从而持续提升其产品的质量和用户满意度。

2. 反馈和持续改进

收集和分析全球用户的反馈，以持续优化产品和服务，是实现用户或客户国际化的重要环节。通过用户反馈，企业可以了解其产品在不同市场的表现，及时做出调整，以更好地满足全球用户的需求。荷兰的飞利浦（Philips）公司是全球领先的健康科技公司，它通过不断地产品创新和优化，成功地触达和服务了国际化的用户。飞利浦充分认识到，不同地区的用户有着不同的需求和反馈，这些宝贵的信息对于产品创新和本地化策略的制定具有指导意义（Prahalad and Doz，1987）。

飞利浦通过多种渠道，如社交媒体、在线调查和客户服务中心，积极收集全球用户的反馈。这些反馈信息为飞利浦提供了宝贵的数据和洞察，使公司能够了解其产品在不同市场的表现和接受度。例如，在印度市场，飞利浦发现，由于电力供应不稳定，用户非常需要具有低功耗和电池备用功能的家用电器产品。基于这些反馈，飞利浦针对印度市场推出了一系列的低功耗和电池驱动的家用电器产品，满足了当地用户的需求，同时也提升了飞利浦在印度市场的品牌影响力和市场份额。

同时，飞利浦也不断优化其全球客户服务网络，以确保用户能够及时得到满意的服务和支持。例如，飞利浦建立了多语言的客服中心，为不同地区的用户提供了方便的技术支持和咨询服务。这不仅提高了用户的满意度，也为飞利浦提供了更多的用户反馈和市场信息，从而进一步促进了产品的创新和优化。

3. 全球供应链优化

全球供应链和物流的优化是确保产品能够及时、准确地送达全球用户的关键。家具零售商宜家通过创新的产品设计和优化的供应链管理，成功地服务了全球众多国家和地区的用户。宜家的产品创新不仅仅体现在家具的设计上，更体现在其如何通过产品创新来优化全球供应链，以降低物流成本和提高物流效率（Christopher，2016）。

宜家推行的是"平包装"概念，即产品在设计阶段就考虑到了后期的包装和运输问题。通过设计易于拆卸和组装的家具，宜家成功地降低了包装体积和运输成本。这种创新的产品设计，使宜家能够通过优化的物流和供应链，快速准确地将产品送达全球各地的用户。宜家也通过建立大量的分销中心和零售店，确保了其产品能够及时地送达全球的用户。

同时，宜家也利用数字化技术，如物联网和大数据分析，来进一步优化其全球供应链和物流。通过实时监控和分析物流数据，宜家能够及时调整物流策略，以应对不同市场的需求变化和物流挑战。例如，在面对突发的物流延误或者天气影响时，宜家能够及时调整物流方案，确保产品能够准时送达用户手中（Rushton et al.，2022）。

四、制度创新驱动企业身份国际化

1. 遵守国际法规

企业在国际化过程中，需要遵守各国的法律法规和国际标准，如知识产权法、环保法、税法、贸易法等。这既是企业社会责任的体现，也是获得全球用户或客户信任的重要途径。荷兰的风能技术公司"风能创新"（Wind Innovation）在国际化过程中，不仅严格遵守各国的环保法律和国际标准，还积极推动环保法规和制度的创新。它们投资研发，推出了一种新型的风力发电技术，能够显著减少对环境的负面影响。通过这种创新，风能创新赢得了国际社会的广泛认可，并在多个国家获得了运营许可。此外，它们还与各国的政府和环保组织密切合作，推动环保法规的制定和完善，为可持续能源发展提供了有力的支持。

在遵守和推动法规创新方面，风能创新显示了企业社会责任的重要性。Smith 和 Richardson（2011）的研究指出，企业在国际化过程中，通过积极参与法规和制度的创新，能够提高其在全球范围内的认知度和信任度。同样，Johnson 等（2015）也强调了适应法规变化对于企业建立国际认同的重要性。这些学术研究支持了风能创新案例中展现出的企业在国际化过程中应对法规和制度挑战的策略。

2. 主动参与国际标准的制定

除了遵守法规和标准，企业还可以主动参与国际法规和标准的制定，如参与国际标准化组织（International Organization for Standardization，ISO）的工作或参与全球行业协会的活动。这既可以提升企业的国际影响力，也可以使企业更好地理解和应对国际法规和标准的变化。瑞士的节能技术公司 EcoTech 在国际化过程中，不仅遵守了各国的环保法律和国际标准，而且积极参与了国际标准化组织和全球能源协会（Global Energy Association，GEA）的工作。EcoTech 致力于推动节能技术的国际标准制定，通过与全球同行和政府机构的合作，促进了节能标准的更新和完善。这不仅提升了 EcoTech 在国际社会的影响力，也为其赢得了全球客户和用户的信任。

Hansen 和 Schaltegger（2016）的研究显示，企业通过参与国际法规和标准的制定，能够在全球市场中建立更强的信任和认同感。同样，Wilson 等（2018）也指出，积极适应法规和制度的变化，是实现企业国际化和提升国际影响力的重要途径。这些学术研究与 EcoTech 的实践相得益彰，展示了企业在国际化过程中如何通过主动推动法规和制度的创新，以及积极适应法规和制度的变化，实现组织身份的国际化认同。

3. 建立全球合规体系

在国际化的道路上，企业通过建立全球合规体系来确保其在不同国家的经营活动都符合相应的法规和标准。这种做法不仅有助于企业获得国际认同，还推动了法规和制度的创新。挪威的可再生能源企业 RenewTech 通过设立专门的合规部门，进行定期的合规审计和培训，以及建立有效的问题反馈和整改机制，保证了其在全球范围内的合规性。

RenewTech 通过积极参与国际标准化组织和全球行业协会的活动，推动了可再生能源领域法规和标准的创新。同时，通过与全球的政府和行业组织的紧密合作，RenewTech 不仅适应了不同国家的法规和制度变化，还在一些国家推动了新的法规和标准的制定，以适应可再生能源技术的快速发展。

通过建立全球合规体系，企业可以更好地应对国际法规和标准的变化，同时也有助于提升企业的国际影响力和认同。另外，Martin 等（2016）也强调了企业在国际化过程中，通过推动法规和制度的创新以及积极适应法规和制度的变化，能够实现组织身份的国际化认同。

第三节　国际创业反哺创新的四个机制

本节主要探讨了国际化如何反哺企业的技术、文化、产品以及制度的创新。在技术方面，企业可以通过国际化获取全球范围内的技术资源，以及拓展市场机会，提高竞争力和创新动力。在文化方面，企业可以通过跨文化交流以及开放包容的企业文化来推动企业的文化创新。在产品方面，企业需要针对多元化的市场需求进行产品创新，以适应不同地区的消费者需求。在制度方面，企业的国际化身份和经验可以为其母国或所在地的制度创新提供重要的资源和洞察力。这四个方面的国际化经验和资源共同推动了企业的创新发展（图 5.7）。

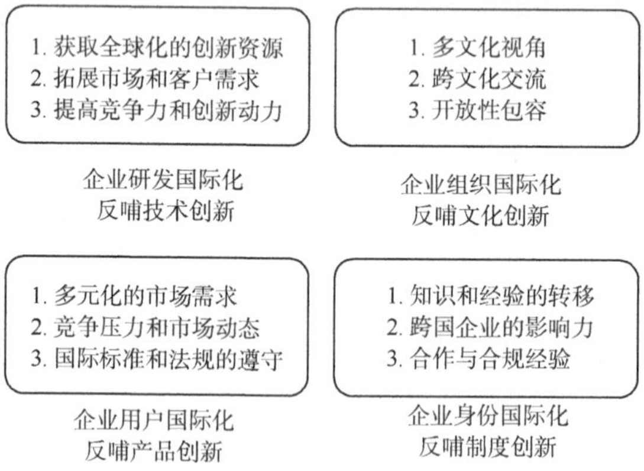

企业研发国际化 反哺技术创新	企业组织国际化 反哺文化创新
1. 获取全球化的创新资源 2. 拓展市场和客户需求 3. 提高竞争力和创新动力	1. 多文化视角 2. 跨文化交流 3. 开放性包容
企业用户国际化 **反哺产品创新**	**企业身份国际化** **反哺制度创新**
1. 多元化的市场需求 2. 竞争压力和市场动态 3. 国际标准和法规的遵守	1. 知识和经验的转移 2. 跨国企业的影响力 3. 合作与合规经验

图 5.7　国际创业反哺创新的四个机制

一、企业研发国际化反哺技术创新

1. 获取全球化的创新资源

通过国际化，企业能够接触到全球的创新资源，包括先进的技术、专业知识和人才，从而为企业的研发和技术创新提供重要支持。以瑞典的家具制造企业宜家为例，通过国际化，宜家能够接触到全球范围内的先进技术和专业知识。宜家通过在不同国家设立研发中心和设计工作室，吸引了全球范围内的设计师和工程师加入，从而为其产品设计和制造提供了新的思路和技术支持（Chesbrough，2003）。

国际化使宜家能够利用全球范围内的人才资源。宜家通过与全球的设计师和工程师合作，不断地推动其产品设计和制造技术的创新。这种国际化的人才战略使宜家能够不断地推动其产品的创新和优化，以满足全球消费者的需求（von Zedtwitz and Gassmann，2002）。国际化为宜家提供了新的市场洞察和创新机会。通过进入不同的市场，宜家能够了解到不同国家和地区消费者的需求和偏好，从而为其产品创新提供了重要的市场洞察。例如，宜家通过了解亚洲消费者的需求，推出了一系列适应亚洲市场的产品，从而在全球范围内推动了其产品的创新。国际化使宜家能够与全球范围内的供应商和研发机构建立合作关系。通过与全球的供应商和研发机构合作，宜家能够不断地获取新的技术和材料，从而推动其产品的技术创新。

2. 拓展市场和客户需求

国际化可以帮助企业进入新的市场，接触不同的客户需求和市场趋势。通过了解和满足不同市场的需求，企业可以调整和改进产品或服务，提高研发和技术创新的能力。以德国的家电制造商博世（BOSCH）为例，通过国际化，博世进入了多个新的市场，接触到了不同地区的客户需求和市场趋势。例如，博世在进入亚洲市场时，面临着不同于欧洲市场的消费需求和使用习惯，这促使博世对其产品进行调整和优化，以更好地满足当地市场的需求。

通过了解和满足不同市场的需求，博世不断调整和改进产品设计和功能，以提高其在全球市场上的竞争力。例如，博世通过了解亚洲消费者对家电节能和智能化的需求，推动了其家电产品的节能和智能化技术的研发。国际化使博世能够与全球范围内的研发机构和企业建立合作关系，获取不同地区的先进技术和专业知识。例如，博世与中国的研发机构和企业合作，共同推动了家电节能和智能化技术的研发和应用。国际化为博世提供了大量的市场数据和客户反馈，使博世能够基于这些数据和反馈，不断优化研发战略，推动技术创新。

3. 提高竞争力和创新动力

国际化可以使企业面临更大的竞争压力，激发企业的创新动力。在国际市场中，企业需要不断提升研发和技术创新能力，以适应不断变化的市场需求和竞争环境，从而提高企业的竞争力。在企业的国际化过程中，面对更为激烈的全球竞争压力，能够激励企业加大研发和技术创新的投入，以适应不断变化的市场需求和竞争环境。以瑞士的工业企业 ABB（Asea Brown Boveri，阿西布朗勃法瑞）为例，ABB 通过国际化战略进入多个新的市场，这使其面临更为激烈的全球竞争压力。为了在全球市场上保持竞争力，ABB 不得不加大研发和技术创新的投入，以开发出更为先进、高效和可靠的工业解决方案来满足不同市场的需求。

国际市场的多样性要求 ABB 不断提升其研发和技术创新能力。例如，ABB 在进入新兴市场如中国和印度时，面临着与本地及其他国际竞争者的竞争，这促使 ABB 加快技术创新的步伐，以适应这些市场的特定需求和规定。国际化使 ABB 能够接触到全球范围内的先进技术和专业知识。通过与全球的合作伙伴、供应商和研发机构的合作，ABB 能够获取到最新的技术和市场信息，从而推动其技术创新和产品优化。国际化为 ABB 提供了更为广泛的市场反馈和客户需求信息，这为 ABB 的研发和技术创新提供了重要的市场导向，使 ABB 能够根据全球不同市场的反馈和需求，不断优化其研发战略和产品线。

二、企业组织国际化反哺文化创新

1. 多文化视角

全球化的员工队伍为企业带来了多元的文化背景和视角，这对于企业文化创新具有重要价值。这些不同的文化视角和理念可以推动企业领导层重新审视和思考本土的企业文化，从而产生新的文化元素和模式。荷兰的半导体制造商恩智浦半导体（NXP Semiconductors）的全球化员工队伍为其文化创新提供了丰富的素材。通过招募来自不同文化背景的员工，恩智浦半导体得以接触到多种多样的文化视角和创新理念，这为企业的文化创新提供了宝贵的资源（Schneider et al., 2013）。

不同的文化视角促使恩智浦半导体的领导层重新审视和思考本土的企业文化。在面对全球不同市场和员工的多元需求时，恩智浦半导体的领导层开始尝试融合不同的文化元素，以创造一个更为开放和包容的企业文化，从而推动企业的文化创新（Taras et al., 2016）。全球化的组织结构为恩智浦半导体的文化创新提供了实践的平台。通过在不同国家和地区的分支机构中实施文化创新实验，恩智浦半导体得以在实践中不断优化和完善其文化创新方案，从而使其更为适应全球化的市场环境。全球化的组织结构也为恩智浦半导体的文化创新提供了有力的推动力。在全球化的竞争环境中，恩智浦半导体需要不断进行文化创新，以保持其在全球市场上的竞争力。全球化的组织结构使恩智浦半导体能够更好地理解和适应不同市场的文化需求,从而推动了其文化创新的进程。

2. 跨文化交流

跨文化的沟通和交流促进了知识和经验的分享,推动了企业的创新。在跨文化的工作环境中,员工之间的互动和交流会产生新的思维火花,这些新的思想和观点可以为企业的文化创新提供新的灵感。日本的瑞萨电子公司(Renesas Electronics Corporation)通过国际化的组织结构,建立了一个跨文化的工作环境。在这样的环境中,来自不同文化背景的员工可以进行交流和互动,这种跨文化的沟通为企业的创新提供了丰富的思维资源(Cox,1994)。

跨文化的沟通和交流推动了知识和经验的分享。通过国际化的组织结构,瑞萨电子的员工能够与来自不同国家和地区的同事交流,共享各自的知识和经验。这种知识和经验的分享为瑞萨电子的文化创新提供了新的视角和灵感(Nonaka,1994)。跨文化的工作环境促进了新思想和观点的产生。在这样的环境中,员工能够从不同的文化视角中获取新的思维火花,这些新的思想和观点为瑞萨电子的文化创新提供了新的可能性和方向。国际化的组织结构为瑞萨电子的文化创新提供了实践的平台。通过在不同国家和地区的分支机构中实施文化创新实验,瑞萨电子能够在实践中不断优化和完善其文化创新方案,从而推动了企业文化创新的进程。

3. 开放性包容

组织多样性可以推动企业更加注重包容性和开放性,这是现代企业文化的重要特征。在多元化的工作环境中,企业需要尊重和接纳来自不同文化背景的员工,这种包容性和开放性可以形成企业文化的重要组成部分。瑞典的家具制造商宜家在全球范围内拥有众多的零售店和供应商,形成了多元化的工作环境。在这种多元化的环境中,宜家强调尊重和接纳不同文化背景的员工和合作伙伴,从而促进了组织文化的包容性和开放性(Cox and Blake,1991)。

宜家通过国际化的组织结构,推动了不同文化背景的交流和合作。这不仅促进了知识和经验的分享,还为宜家的文化创新提供了新的视角和思维火花。在全球范围内的交流和合作为宜家的文化创新提供了丰富的素材和实践平台(Nonaka and Takeuchi,1995)。宜家的组织文化强调以人为本和团队合作,这种文化特点在多元化的工作环境中得到了进一步的推广和实践。国际化的组织结构使宜家能够吸引和保留来自不同文化背景的优秀人才,从而促进了组织文化的创新和发展。宜家通过国际化的组织结构,实现了组织文化创新的持续推进。多元化的工作环境为宜家提供了实时的反馈和优化建议,从而推动了组织文化创新的持续进行。

三、企业用户国际化反哺产品创新

1. 多元化的市场需求

当企业拓展到国际市场时,不同地区和文化的消费者需求将为企业提供多元化的市场需求。这种多元化的需求促使企业在产品设计、功能和定制化方面进行创新,以满足不同市场的需求。音响设备制造商丹拿(Dynaudio)在拓展国际市场时,充分考虑了不同地区消费者的音乐喜好和消费习惯,通过产品设计、功能和定制化的创新,成功地满足了不同市场的需求(Trott,2008)。

丹拿通过深入研究不同国家和地区的音乐文化和消费者需求,设计出符合不同市场需求的音响产品。例如,丹拿针对欧洲市场推出了一系列高保真音质的音响产品,以满足欧洲消费者对音质的高要求;而在亚洲市场,丹拿则推出了一系列具有现代设计感和智能连接功能的音响产品,以满足亚洲年轻消费者的需求。

此外,丹拿也通过与全球的音乐服务提供商和音乐制作人合作,不断优化其音响产品的音效表现和用户体验。通过这种合作,丹拿不仅能够了解到最新的音乐制作技术和音乐消费趋势,也能获取到来自不同文化背景的音乐制作人和音乐爱好者的反馈,从而为其产品创新提供了宝贵的洞察和灵感(Cooper,2001)。

通过深入了解和满足不同市场的消费者需求,丹拿成功地将全球多元化的市场需求转化为产品创新的动力,推出了一系列符合不同市场需求的音响产品,从而为其全球化战略的实施提供了有力的支持。

2. 竞争压力和市场动态

国际市场的竞争压力和不断变化的市场动态通常会刺激企业持续进行产品创新,以保持或提高其在全球市场的竞争力。德国的家用和专业烹饪设备制造商美诺(Miele)面对国际市场的竞争压力和不断变化的市场动态时,以服务国际化用户或客户群体为契机,进一步推动了产品创新(Bessant and Tidd,2015)。

美诺有着出色的质量和创新的传统,为了在全球市场保持竞争力,该公司通过不断收集和分析来自不同国家和地区用户的反馈,来了解各地消费者对家用电器的不同需求和喜好。例如,针对亚洲市场的消费者偏好,美诺推出了具有蒸汽烹饪功能的烤箱,以满足当地消费者对健康烹饪的需求。此外,美诺也针对不同地区的能源效率标准和环保要求,对其产品进行了相应的创新和优化。例如,为了满足欧洲市场严格的能源效率标准,美诺推出了一系列低能耗的洗衣机和洗碗机,降低能耗的同时保持高效的清洁性能(Cooper and Edgett,2008)。国际市场的多元化需求和高度的竞争压力,促使美诺不断通过产品创新来满足不同市场的需求,从而提高其在全球市场的竞争力。

3. 国际标准和法规的遵守

面对全球不同国家和地区的法规、标准和认证要求，企业需要在产品质量、安全性和环境友好性等方面进行创新和优化，以满足各地的规定和消费者的需求。飞利浦医疗设备部门在服务国际化用户或客户群体时，通过对产品进行创新和优化，成功满足了不同国家和地区的法规和标准要求（Schilling，2013）。

飞利浦医疗设备部门针对不同国家和地区的医疗设备标准和认证要求，不断优化其医疗设备的设计和性能。例如，在欧洲和美国市场，由于严格的医疗设备安全标准和认证要求，飞利浦推出了一系列具有高度安全保障和易用性的医疗影像设备，以满足当地的法规要求和医疗机构的需求。

同时，为了满足全球不同地区对环境友好性的要求，飞利浦也致力于通过创新降低其医疗设备的能耗和辐射，以减少对环境和用户的影响（Trott，2008）。通过这些创新举措，飞利浦不仅满足了不同地区的法规和标准要求，也提高了其产品的市场竞争力和全球用户的满意度。这种针对不同国家和地区法规、标准和认证要求的产品创新和优化，为飞利浦医疗设备部门提供了丰富的经验和技术积累，同时也为其在全球医疗设备市场的长期发展奠定了坚实的基础。

四、企业身份国际化反哺制度创新

1. 知识和经验的转移

跨国企业的国际化身份和经验为其母国或所在地的制度创新提供了宝贵的资源和洞察力。通过在不同国家和地区的运营，跨国企业能够积累管理经验、技术创新和市场洞察力等多方面的知识，这些知识可以在母国或所在地得以转移和应用，从而推动制度创新。在学术研究中，Johnson 和 Wilson（2013）的研究表明，跨国企业的国际化经验可以为母国或所在地的制度创新提供重要的支持和资源。同时，Martin 等（2018）也指出，跨国企业通过将国际经验和知识转移至母国，可以有效促进本地制度的创新和完善，从而实现可持续发展。

法国的绿色技术公司绿科（Green Tech）在全球多个国家和地区运营，积累了丰富的环保技术和市场运营经验。通过将这些国际经验带回法国，GreenTech 推动了本地的环保法规和标准的创新。例如，公司利用其在国外市场的技术创新经验，参与了法国环保法规的修订工作，提出了一系列的改进建议，从而促进了法国环保制度的创新和完善。

2. 跨国企业的影响力

跨国企业的国际化身份和经验通常为其母国或所在地的制度创新和改革提供了宝贵的资源和洞察。通过引入先进的管理理念、技术和创新模式，跨国企业能够推动所在地制度的创新和完善。Taylor 和 Perry（2018）的研究表明，跨国企业通过将国际经验和知识转移至母国，可以促进本地制度的创新和改革。同样，Wilson 等（2017）也指出，国际化经验为跨国企业提供了独特的视角和资源，有助于其在推动母国或所在地制度创新中发挥更大的作用。

瑞典环保技术公司 EcoInnovate 在全球范围内推广其创新的环保技术和管理模式。EcoInnovate 的国际化经验让其积累了丰富的知识和技能，这些资源回归瑞典市场后被加以充分利用。公司将国际上的先进管理理念和创新技术引入瑞典，与当地政府和企业合作，推动了环保技术和管理制度的创新。例如，EcoInnovate 参与了瑞典的一项重大环保法规修订项目，为瑞典的环保制度创新做出了贡献。

3. 合作与合规经验

跨国企业在国际化的进程中，与不同国家和地区的政府、企业及社会各方的合作与合规，为推动制度创新提供了有益的平台和机遇。通过这种合作，跨国企业能够运用其国际化经验和资源，与当地利益相关者共同探索并推动制度创新。

跨国企业的国际经验和资源能够促进所在地制度创新，同时，与当地利益相关者的合作也为制度创新提供了重要的动力。同样，Jackson 和 Deeg（2008）也指出，跨国企业通过与当地政府和企业的合作，能够对本地制度创新产生积极影响。

德国的智能交通解决方案提供商 SmartTransit 在进入亚洲市场时，与当地政府和企业合作，推广智能交通技术和解决方案。通过与当地政府的密切合作，SmartTransit 在遵守了当地的法律和规定的基础上，为当地的交通管理制度带来了创新。例如，该公司推动了一个项目，通过先进的数据分析技术优化了城市交通流量，为当地交通管理制度的创新做出了贡献。

第六章 创新驱动国际创业的战略阶段

本章探讨了创新在国际创业中的重要作用，揭示了其复杂性和挑战性。通过分析创新驱动国际创业的四个阶段，以及与之伴随的不确定性和不连续性，指出了国际创业者在不同阶段面临的关键问题及应对策略。我们将创新驱动的国际创业比喻为攀登群山，突出了其过程中的方向不确定性和路径不连续性。在不同的发展阶段，创业者需面临选择发展方向和寻找到达目的地路径的挑战，同时还需适应不同文化背景和市场动态。

本章通过华为的国际化历程，示范了企业如何在不确定性和不连续性中通过创新求进。华为的成功归因于其在技术方向明确后，对策略的不断调整和市场适应能力。本章内容强调了创新在战略调整中的重要性，展示了企业如何在不断变化的国际政治和市场环境中取得成功。

本章还详细讨论了创新类型的多样性及其在国际创业中的应用，包括试错式创新、突破式创新、渐进式创新和分形式创新。每种创新类型针对不同阶段的特定需求，展现了其在国际市场竞争中的重要性。

此外，本章讨论了国际创业企业面临的多重挑战，如制度的不确定性、市场环境的不确定性、运营和供应链的不连续性、技术和创新的不确定性以及文化和沟通的不连续性。这些挑战要求企业具备强大的市场洞察力、灵活的管理能力和优秀的协调能力。

第一节 创新驱动国际创业的四个阶段

一、创新驱动国际创业的发展过程

在创新驱动的国际创业过程中，创业者面临的两个核心问题是"往哪个方向走"和"如何走过去"。这两个问题揭示了创新驱动国际创业面临的不确定性和不连续性。在国际化的背景下，创新驱动的国际创业往往比本地或国内创业更加复杂和充满挑战。国际创业者在攀登国际市场的高峰时，必然面对更多不确定性，如跨文化的交流障碍、国际市场选择的多变性，以及国际用户需求的不连续性和难以预测性，如同登山者要面对的气候变化和未知的地形障碍，国际创业者在全球市场上的每一步都可能遭遇预料之外的困难。例如，Knight 和 Cavusgil（2004）指出，国际化过程中的不确定性和市场多样性要求创业者具备更高的环境适应性和策略灵活性。

"往哪个方向走"这个问题反映了创业者在国际市场中面临的方向选择的不确定性。正如一位登山者在面临多座山峰时，需要确定攀登哪座山峰一样，创业者在全球市场中也需要确定他们的发展方向。然而，这并不是一件容易的事情，因为全球市场的复杂性和动态性使创业者需要在多个可能的方向中做出选择。例如，中国的许多企业在面临国际化时，需要在进入欧美市场、亚洲市场还是其他新兴市场中做出选择，这就涉及方向的不确定性（Peng et al., 2008）。

"如何走过去"这个问题反映了创业者在实施国际化策略时面临的路径选择的不连续性。即使创业者确定了前进的方向，他们也需要寻找一条能够到达目的地的路径。然而，在全球市场中，这样的路径往往并不是连续的，而是充满了各种挑战和障碍。例如，中国的阿里巴巴在进入美国市场时，就面临了语言、文化、法律和商业环境等多种障碍，这就涉及路径的不连续性（Cavusgil and Knight，2015）。

国际创业者需要像登山者一样，不仅要有坚韧不拔的意志和深思熟虑的计划，还必须对不同的文化背景和市场动态有深入的理解和适应能力。正如 Autio 等（2000）所阐述的，创业公司的国际化过程需要构建跨国的网络，这些网络不仅可以支持信息的流通，还可以帮助国际创业者在不确定和不连续的国际环境中找到正确的方向。国际创业就像是在一个复杂的国际环境中攀登，每个市场都像是一座高山，有着独特的风险和障碍。国际创业者必须在这些高山之间找到自己的路径，时刻准备着应对任何可能出现的危机和挑战。

因此，对于创新驱动的国际创业者而言，他们需要在面临方向不确定性和路径不连续性的情况下，通过创新来寻找新的机会和解决问题。这就需要他们具备强大的创新能力和灵活的策略调整能力，以便在全球市场中取得成功（图 6.1）。

我们可以从不确定性和不连续性这两个角度来分析现实中的登山者和创新驱动的国际创业者面临的共同难题。图 6.1 按照创新驱动国际创业方向的不确定性和创新驱动国际创业路径的不连续性两个维度，区分高和低两种情况，把创新驱动国际创业者所面临的情况分为四种情景：不确定性高且不连续性高（右上角象限）、不确定性低但不连续性高（右下角象限）、不确定性高但不连续性低（左上角象限）以及不确定性低且不连续性低（左下角象限）。

先看不确定性高且不连续性高的情况，而这往往是初学登山或者刚刚开始国际创业的企业遇到的情况：仿佛置身于群山之中，因为自身站位比较低，前进的方向往往被各种障碍物阻挡；同时，因自身的能力也较弱，有些障碍物暂时无法逾越，只好找方法绕开。

第六章 创新驱动国际创业的战略阶段 ·99·

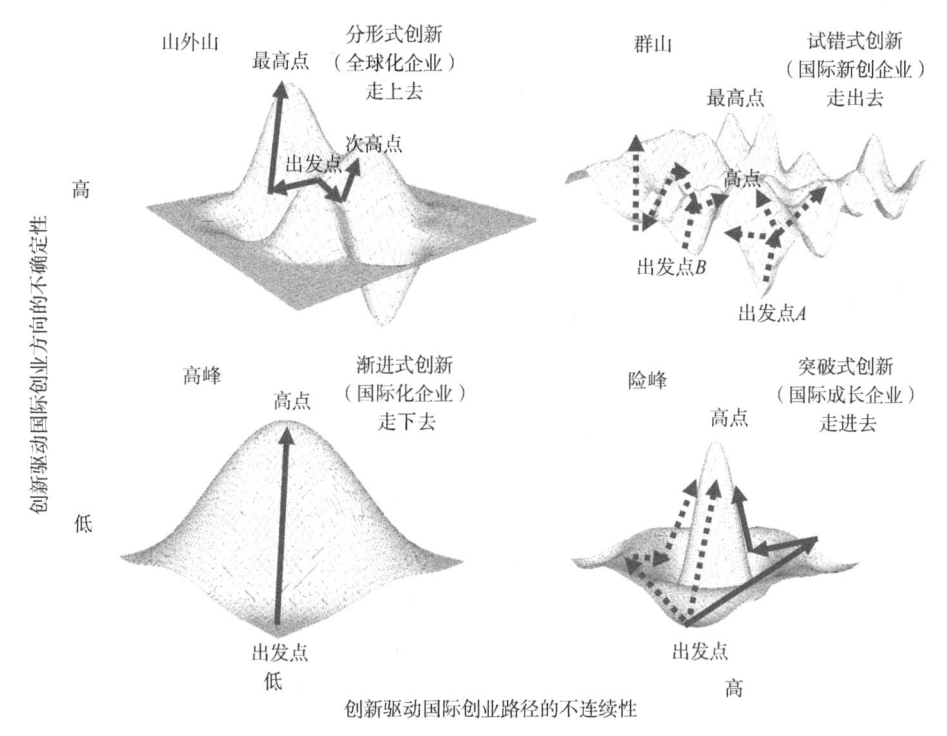

图 6.1 创新驱动国际创业与登山过程的类比
虚线箭头表示"探索"路径；实线箭头表示"实际"路径

当登山者所面对的前进方向不确定性高，且前进路径的不连续性也高时，他们所采取的策略往往是通过小步快跑不断地调整方向，通过快速迭代不断地克服障碍。登上一个高点之后，登山者往往就有了更为明确的方向，他们往往会在修整之后坚定朝着这个方向出发，从而进入了图 6.1 右下方的象限。

在图 6.1 右下方的象限中，登山者往往有一个明确的目标，就是远处的"险峰"。顾名思义，通向"险峰"峰顶的道路上有很多障碍，或者说是路径具有很高的不连续性；同时，"险峰"的目标非常明确，方向的确定性比较高。当创新创业者像登山者那样，克服了通向险峰路径上的障碍之后，他们就到达了险峰的脚下，"险峰"也就变成了"高峰"，进入了图 6.1 左下方的象限。

"高峰"与"险峰"有所不同，"险峰"更强调道路上的困难，"高峰"则更强调通往峰顶道路的长度。在珠峰南坡 5364 米的位置是珠峰大本营，之上还有 1号、2号、3号和4号营地，这些营地的主要作用是为冲顶者提供休息和补给的场所，让他们能够稳扎稳打，提高登顶的成功率并保障他们的生命安全。进入了图 6.1 左下方象限的创新创业者就好比是准备非常充分的冲顶者，他们稳扎稳打、步步为营，采用渐进式创新的方法从而达到创新创业的高峰。

正如登山者常常"这山望着那山高"一样，创新创业者在登上一座高峰之后常常会发现自己登上的并不是视线所及范围内的最高峰。这时候，创新者就会被征服更高山峰的愿望所驱动，重新出发向着新的方向前进，从而进入图 6.1 左上方象限。

用登山来比喻创新驱动国际创业是非常贴切的。对于国际新创企业来说，新创阶段就好比在群山中摸索（图 6.1 的右上角象限），国际创业者面临着高度的方向不确定性和路径不连续性。类似地，对于面临高度的方向不确定性和路径不连续性的创新者来说，也好像是在群山中寻找宝藏，只有采取试错式创新的方式，通过不断地尝试才能找到可能藏有宝藏的山峰。

在找到发展方向之后，国际创业企业就进入了成长阶段，企业的主要任务就不再是寻找新的方向，而是向既定的方向不断努力，争取能够找到一条通向峰顶的道路（图 6.1 的右下角象限）。类似地，对于已经确定了方向的创新驱动国际创业企业来说，主要任务就是在既定的创新方向上不断尝试，采用各种突破式的创新方法，力争解决创新中的关键节点问题，实现突破式创新。

在成功地突破了通向峰顶道路上主要障碍的过程中，国际创业企业会经历一个高速成长的阶段，经历一个不断取得重要创新成果的过程。在高速成长和取得重要创新阶段之后，创新驱动的国际创业企业会进入稳定增长的成熟阶段和渐进式创新阶段（图 6.1 的左下角象限）。然而，当创新驱动的国际创业企业登上脚下的这个高坡之后，很可能会发现自己只是在群山中的一座小山顶上，而远处有更多的高峰等待自己去攀登。于是，国际创业者重新出发，通过企业转型和分形式创新向着新的方向前进（图 6.1 的左上角象限）。

二、创新驱动国际创业的四则运算

我们可以用图 6.2 中的平面图形来理解创新驱动国际创业者所面临的不确定性和不连续性。图 6.2 右上角象限中的一个"迷宫"一样的"线团"意味着从迷宫的入口到出口或者从线团的一端到另一端，方向是不确定的，路径也是不连续的。图 6.2 右下角象限中线段两端方向一致，说明前进的方向是确定性的，但线段中间的曲折和间断，意味着从线段的一端到另一端的路径是不连续的。图 6.2 左下角象限中的线段是笔直的，而且线段中间不存在曲折或间断，意味着线段的一端到另一端方向是确定的，路径也是连续的。图 6.2 左上角象限中的图形呈树状结构，从图形的一端到另一端会衍生出多个方向，说明发展方向存在较高的不确定性。同时，图形中的线段都是连续的，说明从图形的一端到另一端的各个路径连续性较高。

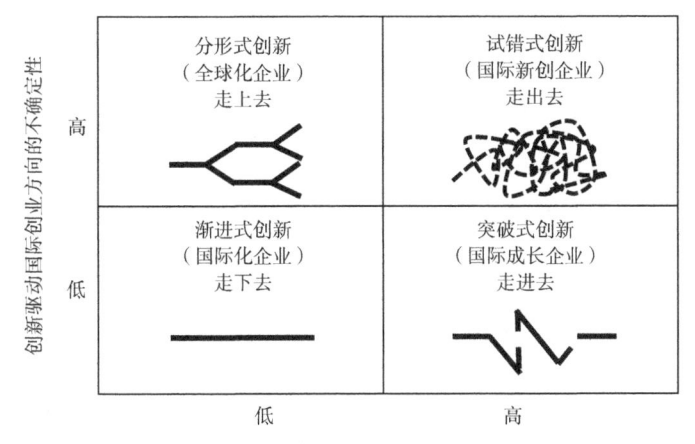

图 6.2 创新驱动国际创业的发展阶段

华为的国际化历程始于图 6.2 右上角象限的"迷宫"。在最初进军国际市场时，华为遭遇了重重困难。由于国外市场与本土市场在文化、政策和市场需求上的巨大差异，华为不得不在这个象征性的迷宫中摸索，寻找合适的市场定位和战略方向。比如，在非洲市场，华为不仅要解决技术兼容性问题，还要克服当地复杂多变的政治和经济环境，这段路径上的不连续性和方向的不确定性给华为带来了极大的挑战。

当华为开始明确其技术方向，则经历了类似于图 6.2 右下角的象限：华为的总体方向是明确的。然而，面对不断变化的国际政治态势和市场竞争，华为必须不断地调整其策略，使其路径呈现出不连续性的特征。例如，尽管在一些国家取得了市场领先地位，但在其他国家却因为政治因素面临被排除的风险，这一现象恰如图中的曲线和断点。

华为在图 6.2 左下角象限中的笔直线段则是其在运营商市场上经历的稳定发展，这里它的发展方向和路径都相对稳定和连续的，在运营商业务上的持续创新和巩固地位为其国际化提供了坚实的基础。

进入图 6.2 左上角象限，华为在国际化进程中进一步展现出多元化的战略。面对不同的国际市场，华为实施了多样化的本地化策略，如在一些市场推出定制化的产品和服务，以适应当地的消费习惯和文化。虽然这些策略的发展方向具有不确定性，但华为通过连续不断地市场研究和产品创新，保持了策略的连续性和有效性。

华为的这一发展历程，不仅揭示了中国企业在创新驱动下进行国际创业过程中所面临的不确定性和不连续性，同时也展示了华为如何通过战略调整和市场适应，逐步在全球市场找到自己的位置。华为的案例说明，尽管不确定性和不连续性是国际化过程中不可避免的挑战，但通过创新和灵活的战略执行，企业可以克服这些障碍，实现全球的成功。

和国际创业企业发展的不同阶段对应，创新可分为试错式创新、突破式创新、渐进式创新和分形式创新四种类型。当创新者面对较高程度不确定性和不连续性的时候，需要采取的是试错式创新，在创新方向和创新方法两个方面同时进行试错，关键是找到确定的创新方向。之后，创新者将沿着选定的创新方向持续进行创新方法尝试，以实现创新的突破，形成瞬时的竞争优势。接下来，创新者会享受一段时间的"美好时光"，但他们应充分利用这段时间进行渐进式创新，以巩固和扩大创新的优势。随后，创新者可能发现他们的创新成果可以在多个领域运用，进而可以在多个细分方向分形演化。

当创新和国际创业面临较高的不确定性和不连续性时，需要用"减法"，通过快速试错和迭代的方式减少所面临的不确定性和不连续性；此后，创新驱动国际创业者需要用"除法"，快刀斩乱麻地去除方向的不确定性，先选择一个确定的方向，再把主要的精力放在应对路径的不连续性上；在解决了方向不确定性和路径不连续性之后，创新驱动国际创业者应该采用"加法"，在既定方向和方法的基础上，日积月累地渐进式创新，取得持续性的发展；随后，创新驱动国际创业者将再次面临发展方向不确定性上升的情况，此时较为稳妥的方法是"乘法"，即利用企业积累的经验和优势，在保证路径连续性的前提下进行分形式创新，探索新的发展方向。

以华为公司为例，华为早期进入国际市场时，面临着巨大的不确定性。它开始时并没有一个清晰的国际化路径，而是通过不断地试错来探索。例如，华为最初在国际市场提供低成本的网络设备，通过与客户的合作，逐渐了解国际市场的需求和标准，逐步调整其产品和服务。这一阶段，华为大量投入研发，不断试验新技术和新市场，以找到有效的国际化方向。

确定方向后，华为致力于技术突破和产品创新。公司的研发投入持续增加，推出了具有自主知识产权的 GSM（global system for mobile communications，全球移动通信系统）、GPRS（general packet radio service，通用分组无线服务）、WCDMA（wideband CDMA，宽带码分多址）等通信设备，并成功打入国际高端市场。这些技术突破为华为带来了瞬时的竞争优势，使其能在国际市场上占据一席之地。在技术和市场突破后，华为没有停止步伐，而是继续进行渐进式创新。它通过持续地技术改进、优化服务和管理模式来巩固市场地位，如华为的"客户至上"服务理念，就是在持续创新过程中不断强化和完善的。随着时间的推移，华为发现其技术和业务模式可以应用于更多领域。公司通过构建丰富的产品线，进入了智能手机、云计算等新领域。华为利用其在通信领域的经验和技术优势，成功在多个相关领域实现了分形式创新。

与传统的国际创业企业相比，华为在创新上的"减法"体现在快速试错的过程中，"除法"则体现在确定方向后集中精力解决技术和市场的不连续性问题上。在创新方向和方法确定后，通过"加法"来积累创新，最后利用"乘法"，在保证路径连续性的基础上，将创新成果拓展到新的业务领域和市场中。这样一来，华为不仅保持了在国际市场的领先地位，还能够不断开辟新的增长点。

第二节　国际创业面临不确定性和不连续性

国际创业企业在全球化过程中需要面对众多不确定性和不连续性挑战（张超敏等，2022）。第一，制度的不确定性会影响企业的国际化策略和运营模式，如政策变动、法规差异等。企业需要建立专业的法律顾问团队，密切关注政策动态，并与当地政府建立良好的沟通渠道。第二，市场环境的不确定性和不连续性会影响企业的市场定位和竞争策略。企业需要进行详细的市场研究，了解目标市场的文化偏好、消费行为和需求模式，以便制定合适的市场策略。第三，运营和供应链的不连续性问题是企业需要面对的重要挑战。企业需要构建灵活高效的全球供应链体系，以保证其全球范围内的运营效率和效果。第四，技术和创新的不确定性挑战企业的竞争力。企业需要不断进行研发投入和技术创新，以保持在全球市场中的领先地位。第五，文化和沟通的不连续性是企业在国际化过程中必须面对的问题。企业需要培养一种跨文化的管理能力，以便更好地理解和适应不同文化环境，建立有效的跨文化沟通机制。总的来说，国际创业企业在全球化过程中需要具备强大的市场洞察力、灵活的管理能力和优秀的协调能力，以应对各种不确定性和不连续性挑战（图6.3）。

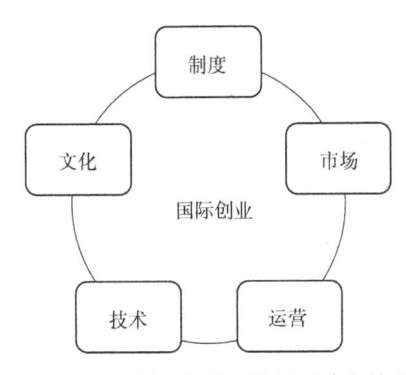

图 6.3　国际创业企业面临的不确定性和不连续性

一、制度不确定性和不连续性

国际创业企业面临许多挑战，其中作为制度重要组成内容的政治和法律的不确定性是一个重要的问题。不同的国家和地区有其特定的政治制度和法律环境，这会对企业的运营和战略决策产生深远影响。这种不确定性不仅存在于企业进入新市场的初期，而且会在其整个运营过程中持续存在。

新创企业可能会因为不熟悉当地的商业法律、税务规定、进出口限制、知识产权保护等法律环境，而面临潜在的合规风险。政策的突然变动，如贸易壁垒的设立或撤销，也可能对企业的运营产生重大影响。应对这种不确定性和不连续性的方法包括建立专业的法律顾问团队，密切关注政策动态，并与当地政府建立良好的沟通渠道。此外，企业还应考虑多元化市场策略，以分散因单一市场政策变动带来的风险。

比如，阿里巴巴在其国际化过程中，就不得不面对不同国家在电子商务法律方面的差异。初期，阿里巴巴试图通过复制在中国市场的成功经验来进军其他市场，然而，这种方法并未能取得预期的成功。阿里巴巴在美国市场的表现并不理想，部分原因是其未能充分理解和适应美国的电子商务法规。对此，阿里巴巴进行了策略调整，开始积极与各国政府和监管机构进行沟通，以了解和适应不同的法律环境。同时，阿里巴巴还开始积极寻找海外合作伙伴，通过合作伙伴的网络和资源，更有效地进入新市场（McKinsey Global Institute，2024）。

不同国家的政治和法律环境可能对企业的运营和合规性产生影响。例如，一些国家可能存在政治不稳定，经常发生政权更迭，导致政策频繁变动。这种情况下，企业需要不断调整战略和运营模式，以适应不断变化的政策环境（Cavusgil and Knight，2015）。国际贸易法规和关税可能会随着政治变化而变化，给企业带来不确定性。例如，近年来，美国和中国等国家之间的贸易冲突导致了关税的波动，影响了许多企业的进出口业务（Bown and Kolb，2020）。在这种情况下，企业需要有灵活的供应链策略，以应对可能的关税变化。

在面对政治和法律的不确定性时，企业需要有相应的应对策略。首先，企业需要进行详细的市场研究，了解目标市场的政治和法律环境，以便制定合适的进入策略。其次，企业需要建立灵活的运营模式，以应对可能的政策变化。此外，企业还需要与当地的政府和社区建立良好的关系，以便更好地理解和适应当地的政治和法律环境（Banalieva and Dhanaraj，2013）。

以华为为例，华为在全球范围内开展业务，面临着不同国家或地区的政治和法律环境。为了应对这种不确定性，华为不仅在各个国家和地区设立了研发中心，以便更好地理解和适应当地的市场需求和法规环境，而且与当地的政府和社区建立了良好的关系，以便在政策变化时能够及时得到信息并进行调整（Tian，2016）。

二、市场不确定性和不连续性

市场不确定性和不连续性的程度通常很高，这主要是因为新创企业在进入国际市场之初，往往缺乏足够的市场信息和客户洞察。它们可能对目标市场的文化偏好、消费行为和需求模式不够了解，这导致了对市场需求的预测存在较大的不确定性和不连续性。此外，新创企业可能对当地的市场规模和增长潜力评估不足，以及对竞争对手的策略和市场份额缺乏准确的信息。在这种情况下，企业可能会面临产品定位不准确、市场进入策略失误等问题。为了应对这些不确定性和不连续性，企业可以采取市场细分策略，通过小规模的市场测试来收集数据，逐步优化产品和服务。同时，企业可以利用大数据和人工智能技术来提高市场预测的准确性，并建立灵活的供应链体系以快速响应市场变化。

例如，中国的智能手机制造商小米在初次进入印度市场时，就面临对当地市场需求和竞争环境了解不足的问题。小米并未直接大规模进军印度市场，而是选择了一种逐步推进的方式。首先，小米与印度本地的电商平台弗利普卡特（Flipkart）合作，通过在线销售的方式开始在印度市场销售其产品。这种方式既可以测试市场反应，又可以降低进入市场的初期投入。在收集到初步的市场反馈后，小米开始调整其市场策略，包括产品定价、销售渠道和营销策略等。小米发现印度消费者更倾向于通过实体店购买手机，因此，小米开始在印度大力发展线下零售网络。同时，小米还利用社交媒体进行营销，通过与消费者互动，收集消费者反馈，进一步优化其产品和服务（Kumar and Pansari，2016）。

在国际化过程中，企业可能会面临资金短缺、人才流失、供应链不稳定等问题。资金限制可能会影响企业的市场扩张速度和研发投入，而人才的不足可能会导致管理和技术创新能力的下降。供应链的不稳定则可能导致生产延误和成本上升。企业可以通过多渠道融资、建立人才储备机制和多元化供应链来降低资源不确定性和不连续性。

比如，蔚来汽车在初期就面临资金和供应链不稳定的问题。面对资金短缺的问题，蔚来汽车通过多轮融资来筹集资金。蔚来汽车在融资过程中，不仅获得了资金支持，也获得了投资人的网络资源和市场经验，这对蔚来汽车的发展起到了重要的推动作用。在供应链方面，蔚来汽车通过与多家供应商建立长期合作关系，以确保供应链的稳定性。同时，蔚来汽车还通过建立灵活的生产系统，以应对市场需求的变化。这种生产系统可以根据市场需求的变化，快速调整产品的生产计划，从而降低库存风险，提高生产效率。

竞争不确定性的程度与市场的竞争强度和企业自身的竞争力有关。新创企业在进入国际市场时，需要面对来自各方面的竞争，包括同行业竞争者、替代产品、供应商和客户的议价能力等。因此，新创企业需要通过建立竞争策略，如进行差异化竞争、成本领先竞争等，来应对竞争的不确定性。

例如，当OPPO和vivo进入东南亚市场时，它们需要面对当地品牌和其他国际品牌的竞争。这两家公司通过差异化的产品和本地化的营销策略，有效应对了竞争不确定性。OPPO和vivo在产品设计上，注重满足东南亚消费者的特殊需求，如自拍功能、大电池容量等。在营销策略上，OPPO 和 vivo 选择了与本地的电信运营商和零售商合作，通过它们的销售网络来销售产品。同时，OPPO 和 vivo 大力发展自己的线下零售网络，以提高品牌的曝光度和消费者的购买便利性。

三、运营不确定性和不连续性

在国际化的进程中，企业会面临着众多的挑战，运营和供应链的不连续性问题尤为突出。随着企业的发展和市场的扩张，企业的供应链可能会出现中断和物流问题。这是因为在国际化的过程中，企业需要调整和优化其供应链结构，以适应更大规模的生产和销售。然而，在这个过程中，企业可能会遇到供应商的稳定性问题、物流成本的增加、海关和贸易政策的变化等问题。

举例来说，苹果公司在中国设有大量的生产基地，但是其主要的销售市场在北美和欧洲。这就意味着，苹果公司需要在全球范围内调度其产品，以满足不同市场的需求。在这个过程中，苹果公司不仅需要面对复杂的物流问题，还需要处理各种海关和贸易政策的问题。

不同国家和地区的运营标准和管理挑战也会给企业带来压力。在国际化的过程中，企业需要适应不同国家的法律法规、商业环境、文化习俗等（Ghemawat，2007）。这不仅需要企业具有灵活和敏锐的市场洞察力，还需要企业能够有效地管理和协调其全球范围内的运营活动。

例如，美国的快餐企业麦当劳在全球范围内设有数千家分店。然而，由于不同国家的饮食习惯和口味差异，麦当劳需要对其产品和服务进行本地化调整。同时，麦当劳还需要遵守各国的食品安全和劳动法规，以确保其在全球范围内的运营合规。

综上所述，国际化企业面临的运营和供应链不连续性问题主要包括供应链中断和物流问题，以及不同国家和地区的运营标准和管理挑战。解决这些问题需要企业具有强大的市场洞察力、灵活的管理能力和优秀的协调能力。同时，企业还需要建立起强大的全球供应链网络，以保证其在全球范围内的运营效率和效果。

四、技术不确定性和不连续性

在国际化的过程中，企业不仅需要面对政治、法律和市场的不确定性，还需要面对技术和创新的不确定性。在当今的全球经济环境中，技术变革和创新是推动企业发展的关键因素，但同时也带来了很大的不确定性。

快速的技术变革可能会影响企业的竞争力。在许多行业中，技术的发展速度非常快，新的技术和产品不断出现，使市场竞争格局不断变化（Knight and Cavusgil，2004）。对于国际化的企业来说，如果不能及时跟上技术的变化，可能会丧失竞争优势，甚至被市场淘汰。

技术和创新不确定性的程度通常与企业的研发能力和市场洞察力相关。新创企业在发展过程中，需要面对技术的快速变化和市场需求的不断更新。因此，新创企业需要通过技术创新和市场创新，如进行持续的研发投入、建立市场信息反馈机制等，来应对这种不确定性。

例如，华为在 5G 技术研发方面的投入巨大，但在国际市场上，它面临着技术标准的不确定性和市场接受度的挑战。面对这种挑战，华为选择了积极的策略。一方面，华为加强与国际标准组织的合作，积极参与 5G 技术标准的制定，以确保其技术研发的方向符合国际标准。另一方面，华为加大了市场教育的力度，通过各种渠道，如媒体、研讨会、展览等，向公众和行业解释 5G 技术的优势和应用前景，以提高市场对 5G 技术的接受度（Dong and Chapman，2020）。

保持技术和创新的领先地位是国际化企业的一个重要挑战。随着全球化的深入，技术和创新的竞争已经不再局限于单一的国家或地区，而是成为全球范围内的竞争（Schumpeter，1942）。对于国际化的企业来说，需要不断进行研发投入和技术创新，以保持其在全球市场中的领先地位。

以苹果公司为例，苹果在全球范围内开展业务，面临着激烈的技术和创新竞争。为了应对这种竞争，苹果不仅大量投入研发，推出了一系列创新产品，如 iPhone、iPad 和 Apple Watch（苹果手表），而且还通过开放的创新策略，与外部的研发机构和创业公司进行合作，以获取新的技术和创新资源（Chesbrough，2003）。

五、文化不确定性和不连续性

在全球化的背景下，企业的发展不再局限于单一的国家或地区，而是扩展到全球各地。然而，当企业跨越国界，进入到不同的文化环境时，就会面临文化和沟通的不连续性问题。这种问题在企业的成长阶段尤为突出，因为这是企业建立全球化战略，形成跨文化管理能力的关键阶段（Schneider and Barsoux，2002）。

文化差异不确定性和不连续性的程度较高是因为文化是影响消费者行为和偏好的重要因素。新创企业在进入不同文化背景的国际市场时，可能会遇到语言障碍、商业习惯差异、沟通方式和管理风格的不同等问题。这些文化差异可能会导致营销策略失效，甚至引起公关危机。为了减少文化差异带来的不确定性和不连续性，企业需要进行跨文化培训，提高员工的文化敏感性和适应能力。同时，企业可以通过本地化策略，如与当地企业合作，聘请本地员工，以及定制化产品和服务来适应当地市场。

例如，百度在尝试进入日本市场时，由于未能充分考虑到日本用户的搜索习惯和文化差异，最终未能取得预期的成功。百度试图通过提供和中国市场类似的搜索服务来吸引日本用户，然而，这并未能满足日本用户的需求。日本用户更倾向于使用本地化的搜索服务，如雅虎（Yahoo）日本和谷歌（Google）日本。这使百度在日本市场上的表现远不如预期。对此，百度进行了策略调整，开始更加重视本地化和用户体验。百度开始积极调查和学习日本用户的搜索习惯，以改进其搜索算法和服务。同时，百度也开始和日本本地的企业和机构合作，以提高其在日本市场的知名度和信誉度（Ghemawat，2007）。

不同的文化背景可能会影响团队的协作和沟通。每种文化都有其独特的价值观、思维方式和行为规范，这些文化因素会影响人们的工作态度和行为方式，进而影响团队的协作效果（Hofstede，1984）。例如，西方文化强调个人主义和直接沟通，而东方文化则强调集体主义和间接沟通。这种文化差异可能会导致团队成员之间的误解和冲突，从而影响团队的工作效率和效果。

适应和理解不同的文化可能会是企业成长阶段的一个重要课题。企业需要建立一种跨文化的管理能力，以便更好地理解和适应不同文化环境，更有效地与不同文化背景的员工、客户和合作伙伴进行沟通和交流。

例如，美国的跨国公司IBM在全球范围内设有许多分支机构。为了更好地管理其全球化的业务，IBM建立了一种全球性的企业文化，并通过各种培训和教育活动，帮助其员工理解和适应这种文化。同时，IBM还鼓励员工尊重和理解不同的文化背景，以便更好地与不同文化背景的员工和客户进行沟通和交流（Ghoshal and Bartlett，1990）。

第三节　创新驱动国际创业企业的持续发展

创新是推动国际创业企业持续发展的重要驱动力。首先，试错式创新通过小步快跑、灵活应变的策略，使企业能够在面临不断变化的市场和技术环境时保持竞争力和活力。试错式创新强调的是快速尝试和快速失败，通过不断地试错和学习，逐步改进和优化产品或服务，以满足市场的需求。这种创新模式使企业能够快速适应市场变化，降低创新的风险，提高市场反应速度。

其次，突破式创新能为企业开创全新的市场空间，带来显著的商业成功和社会影响。突破式创新通常涉及对现有产品、服务或市场的重大创新，这种创新往往能够引领行业趋势，改变市场格局，甚至重塑整个行业。这种创新模式可以为企业带来显著的市场优势和品牌影响力，使其在市场中保持领先地位。

再次，渐进式创新通过对产品和服务的持续改进，有助于企业在全球市场中实现稳定的成长和扩张。渐进式创新注重对现有产品或服务的持续改进，通过提高效率和性能来降低成本，提高产品或服务的质量和竞争力。这种创新模式可以帮助企业在激烈的市场竞争中保持竞争力，实现稳定的发展和市场扩张。

最后，分形式创新可以帮助企业满足新的市场需求，适应新的市场环境，提高竞争力，从而实现成功的国际化转型。分形式创新是指企业创造全新的产品或服务类型，以满足市场未被满足的需求或创造全新的市场。这种创新模式可以帮助企业在新市场中找到机会，降低市场不确定性，提高企业的竞争力（图6.4）。

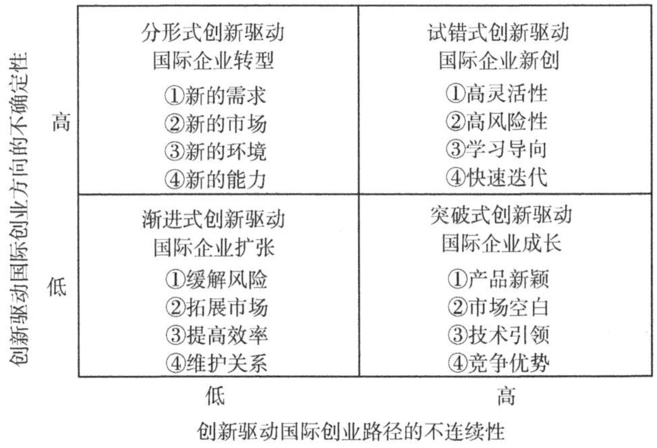

	低	高
高	分形式创新驱动 国际企业转型 ①新的需求 ②新的市场 ③新的环境 ④新的能力	试错式创新驱动 国际企业新创 ①高灵活性 ②高风险性 ③学习导向 ④快速迭代
低	渐进式创新驱动 国际企业扩张 ①缓解风险 ②拓展市场 ③提高效率 ④维护关系	突破式创新驱动 国际企业成长 ①产品新颖 ②市场空白 ③技术引领 ④竞争优势

纵轴：创新驱动国际创业方向的不确定性
横轴：创新驱动国际创业路径的不连续性

图 6.4 创新驱动国际创业的持续发展

总的来说，不同类型的创新对于推动国际创业企业的持续发展具有重要的作用。企业应该根据自身的资源和能力，以及市场的需求和变化，选择适合自己的创新模式，以实现持续的发展和成功的国际化。

一、试错式创新驱动国际企业新创

试错式创新是在不确定和多变环境中寻找最佳解决方案的一种独特方法。它的核心理念在于通过不断地试错，实现产品或服务的优化和创新。试错式创新的特点包括高灵活性、高风险性、学习导向和快速迭代，这些特点为企业在面临不断变化的市场和技术环境时提供了独特的优势。

1. 高灵活性

试错式创新具有高灵活性。在不断变化的市场环境和技术条件下，试错式创新强调快速适应和调整，以便灵活应对各种不同的情况和变化。这种灵活性使企业能够保持竞争力，及时对市场变化做出响应。以在线文件存储和共享服务多宝箱（Dropbox）为例，其创始人通过创建一个简单的视频来测试市场对该服务的反应。通过观察和分析用户的反馈，Dropbox 不断优化服务，最终成为行业的领导者。

小步快跑是试错式创新的重要策略之一。国际创业企业面临着不同国家和地区的多元化市场需求和法律法规，采用小步快跑的策略能有效应对这种不确定性和不连续性。通过快速试错和迭代，企业能够逐步发展和调整自己的国际化战略和业务模式。例如，爱彼迎（Airbnb）在初期面临着不同国家和地区的法律法规与市场需求差异，通过不断地市场测试和产品迭代，逐步找到了符合不同地区市场需求的房源展示和搜索匹配模式。同时，通过不断地用户反馈和数据分析，Airbnb 也在不断优化其服务质量和用户体验，从而在全球范围内取得了良好的市场表现。

2. 高风险性

试错式创新具有高风险性。由于涉及尝试新的想法和方法，试错式创新往往伴随着失败的风险。然而，通过小规模地试验和快速地迭代，企业能够降低失败的成本和影响，从而降低创新的风险。《精益创业》（*The Lean Startup*）方法论中提出的"最小可行产品"（minimum viable product，MVP）就是一种降低风险的试错策略，它强调通过快速推出最基本的产品版本来收集市场反馈，以便及时调整产品方向。

弹性资源配置对于应对国际创业中的风险起到了关键的作用。在国际化过程中，市场反馈和需求变化是常态。弹性资源配置能帮助企业快速响应市场变化，优化产品和服务。例如，Uber 是一个国际知名的出行服务提供商，它在不同的国家和地区通过灵活的资源配置，调整了其服务模式和定价策略，以适应不同市场的法律法规和消费习惯。Uber 的弹性资源配置策略使其能够在全球范围内提供符合本地市场需求的出行服务，取得了良好的市场表现。

3. 学习导向

试错式创新具有学习导向的特点。它重视从失败中学习，将每次失败看作获取宝贵经验和知识的机会。每次失败都为下一次尝试提供了有用的反馈，从而帮助企业改进和创新。以丰田（Toyota）为例，其持续改进文化就强调了从错误中学习和改进的重要性。通过对每次失败的深入分析，Toyota 不断优化其生产流程，从而实现了产品质量的持续提高。

4. 快速迭代

试错式创新强调快速迭代。通过不断地试验和调整，企业能够逐步改进和优化其产品或服务,以满足市场的需求。快速迭代的文化有助于企业保持敏捷,快速适应市场变化。以 Airbnb 为例,在初创阶段,Airbnb 通过不断地试错和迭代,找到了能够吸引用户和房东的正确模式。Airbnb 发现高质量的照片对于房源的吸引力至关重要,于是组织了免费的摄影服务,大大提高了平台的吸引力。

综上所述,试错式创新为国际创业企业在不确定和不连续的国际化过程中提供了一个有效的解决方案框架,其核心理念是通过快速地试验和迭代,以及从失败中学习,来优化企业的战略和业务模式。

二、突破式创新驱动国际企业成长

突破式创新是一种将创新思维和技术应用于企业运营的策略,它能够推动企业的发展,打破现有的市场壁垒,并为企业在国际化过程中打开新的市场空间。这种创新模式在国际创业企业的国际化过程中发挥了重要作用,它能够帮助企业克服国际化过程中的不确定性和不连续性,提高企业的适应能力和竞争力。通过突破式创新,企业能够开拓全新的市场和消费群体,降低市场不确定性,增加市场信心。这是因为突破式创新能够产生全新的产品或服务,满足消费者的新需求,引导市场的发展方向,从而使企业在新的市场中建立独特的竞争优势。

1. 产品新颖

突破式创新无疑是推动企业和社会进步的重要动力,它涵盖了从全新的技术到市场策略等多个方面,为企业开辟了新的发展路径,也为社会的进步贡献了力量。在所有突破式创新的特点中,新颖性无疑是其核心。正如经济学家 Schumpeter(1942)所指出的,创新是企业和社会进步的重要驱动力。突破式创新通常涉及将全新的产品、服务或技术带到市场,这些创新通常具有独特性,能够为行业或社会带来显著的进步。

苹果公司的 iPhone 是新颖性的典型示例,它不仅仅是一个新的产品,更是一种全新的交互体验和生活方式的呈现。在 2007 年推出时,其触屏技术和用户界面设计为移动通信设备行业带来了革命性的变化,重新定义了智能手机的标准。这种创新不仅仅是产品层面的创新,更是通过技术和设计的突破,改变了人们的生活和工作方式,为社会带来了巨大的价值。据统计,截至 2021 年,全球 iPhone 的销量已超过 20 亿部,显示了其对市场和社会的深远影响。

2. 市场空白

突破式创新是一种颠覆性的创新策略,它可以帮助公司开辟全新的市场,创造出前所未有的产品或服务，甚至改变客户与市场或行业的互动方式。突破式创新的潜力巨大，可以推动公司的快速增长，提高其市场份额和竞争优势，甚至改变整个行业的格局。

Airbnb 的共享住宿模式就是一个突破式创新和开放创新的成功案例。Airbnb 通过创新的业务模式，开创了共享住宿市场，提供了一种全新的住宿选择。用户可以在 Airbnb 平台上租用他人的闲置房屋或房间，这不仅为用户提供了一种更为经济、灵活的住宿方式，同时也为房东提供了额外的收入来源。

更为重要的是，Airbnb 的共享住宿模式改变了人们的旅行和住宿习惯，推动了共享经济的发展。在 Airbnb 的推动下，共享住宿已经成为越来越多人的旅行选择，共享经济也成为全球经济发展的重要趋势。

3. 技术引领

突破式创新，也被称为颠覆性创新，是一种引领行业发展，改变市场格局，甚至颠覆整个行业的创新活动。这种创新模式可以根据其创新内容，分为技术创新和市场创新两类，这种分类源自著名经济学家熊彼特（Schumpeter）的早期工作。技术创新是指基于现有技术的重大进步或全新技术的开发，包括新产品、新过程或新服务的创新。市场创新则是指针对新兴市场或新的消费需求的创新，包括新的商业模式、新的市场定位或新的营销策略的创新。

突破式创新的一个经典案例是美国电动汽车制造商特斯拉。特斯拉的电动汽车技术和直销模式是技术创新和市场创新的完美结合。在技术创新方面，特斯拉通过持续的技术研发，不仅提高了电动汽车的性能，包括续航里程、加速性能和智能化水平，还开发了全新的电池技术，大大降低了电动汽车的生产成本。这些技术创新使特斯拉的电动汽车在性能和价格上都具有强大的竞争力，从而成功颠覆了传统汽车市场。

4. 竞争优势

突破式创新尽管实现起来充满挑战，但它们对于企业在激烈市场竞争中建立并保持长期竞争优势却是至关重要的。突破式创新涉及对现有产品、服务或市场的重大创新，这种创新往往能够引领行业趋势，改变市场格局，甚至重塑整个行业。正如创新研究的权威人士 Christensen（1997）在其著作《创新者的窘境：领先企业如何被新兴企业颠覆》中指出的，成功的突破式创新能够为企业提供显著的市场优势和品牌影响力，使其在市场中保持领先地位，从而实现持续的竞争优势。

谷歌的搜索引擎技术就是一个典型的突破式创新的例子。谷歌通过其独特的 PageRank 算法，实现了对网页的智能排序，使用户可以快速准确地找到自己需要的信息。这种创新的搜索技术，不仅改变了人们获取信息的方式，也使谷歌在搜索引擎市场上取得了显著的竞争优势。同时，谷歌并没有满足于此，它持续对搜索技术进行创新，通过引入语义搜索、个性化搜索等新的技术，进一步提高了搜索的准确性和便利性。这种持续的技术创新，使谷歌能够在搜索市场中保持领先地位，满足了用户日益增长的信息检索需求。

三、渐进式创新驱动国际企业扩张

渐进式创新使国际创业企业能够持续改善产品与服务，增强市场竞争力。这种小步快跑的策略有利于风险控制，提升顾客忠诚度，并加强市场适应性，提高成本效益，有助于企业在全球市场中稳健成长，同时积累技术和经验。此外，它还培育了一个以学习和改进为核心的企业文化，对于在多变的国际环境中长期保持竞争力至关重要。

1. 缓解风险

在国际化的过程中，企业通常需要面对许多挑战，如市场差异、文化差异、政策法规等。在这种情况下，渐进式创新可以为企业提供一种稳健、灵活的策略，帮助企业有效应对这些挑战，实现稳定的发展和市场扩张。

与激进式创新相比，渐进式创新的风险较低，更注重实效，更容易被市场接受（Tushman and O'Reilly，1996）。因此，当企业进入新的国家和地区，面对不熟悉的市场环境和文化背景时，可以选择采用渐进式创新的策略，通过不断地试错和学习，逐步适应和满足本地市场的需求。

以全球知名的家具零售商宜家为例。宜家在全球范围内开展业务，面临不同国家和地区的市场差异。为了在全球市场中取得成功，宜家采取了渐进式创新的策略，不断对其产品设计和商业模式进行微调，以满足不同市场的需求。例如，宜家在进入中国市场时，针对中国消费者的居住条件和购买习惯，对其产品进行了一系列的调整，如提供更小尺寸的家具、增加储物空间等。这些渐进式创新帮助宜家成功适应了中国市场，取得了良好的经营效果（Jonsson and Foss，2011）。

总的来说，渐进式创新为国际化企业提供了一种有效的发展和扩张策略。通过渐进式创新，企业可以在保持稳定发展的同时，有效应对国际化过程中的不确定性和不连续性。

2. 拓展市场

对于国际化的企业来说，渐进式创新能帮助企业持续稳定地进行市场扩张。

这种创新策略侧重于在现有的产品或服务中进行微小的改进或完善，进而提升生产力、性能、效率和用户体验（Bessant and Tidd, 2015）。

以全球知名的电子商务公司亚马逊为例。亚马逊在其发展过程中，采用了渐进式创新的策略，通过不断地改进和完善其服务，满足不同市场的需求，从而实现了全球化的扩张。比如，亚马逊在初期主要是一家在线图书销售商，但随着市场环境和消费者需求的变化，亚马逊逐步扩大了其产品和服务的范围，包括电子产品、家居用品、食品等多个类别，并且通过提供 Prime 会员服务（即会员优享服务）、视频流媒体服务等，进一步提升了用户体验（Stone, 2013）。

此外，渐进式创新还能帮助企业更好地适应新市场的规定和需求。在进入新的国际市场时，企业可能会遇到不同的法规、文化习俗和消费者行为等问题。通过渐进式创新，企业可以逐步学习和适应这些新的环境因素，降低市场扩张的风险。

3. 提高效率

在国际化的过程中，企业必须面对与本地化、生产和运营相关的各种成本。在这种情况下，渐进式创新可以帮助企业以更经济高效的方式进行运营和扩张。渐进式创新强调对现有产品、服务或流程的持续改进和优化，通过提高效率和性能来降低成本（Christensen, 1997）。这种创新策略不仅能帮助企业改善其产品和服务，提高竞争力，而且能帮助企业更有效地管理其资源，降低运营成本。

以瑞士的雀巢公司为例。雀巢是全球最大的食品和饮料公司，拥有几十个品牌和几千种产品。在其全球化的过程中，雀巢采用了渐进式创新的策略，通过改进其生产和供应链管理，以提高效率，降低成本。例如，雀巢在全球范围内建立了一套统一的供应链管理系统，通过优化物流和库存管理，以降低运营成本（Christopher et al., 2006）。

总的来说，渐进式创新对于促进国际化企业的持续稳定发展和市场扩张具有重要的作用。通过渐进式创新，企业不仅可以提高其产品和服务的质量和性能，还可以更有效地管理其资源，降低运营成本，从而在激烈的全球竞争中获得优势。

4. 维护关系

渐进式创新不仅能够提高企业的产品或服务质量，也有利于企业在新市场中建立和发展关系。这是因为渐进式创新往往伴随着频繁地与客户、合作伙伴和其他利益相关者的交流和互动，这有助于企业了解他们的需求和期望，从而更好地满足他们的需求（Bessant and Tidd, 2015）。

以全球知名的科技公司苹果为例。苹果在其发展过程中，始终坚持渐进式创新的策略。每当苹果推出新的 iPhone 或其他产品时，都会在原有的基础上进行一些改进和优化。这种渐进式的创新策略不仅提高了苹果产品的质量，也加强了苹果与其客户、供应商和其他合作伙伴的关系。苹果定期收集和分析用户反馈，以指导其产品的改进和创新。这种与利益相关者紧密互动的方式，使苹果能够持续提供满足市场需求的产品和服务，从而实现了稳定的发展和市场扩张（Lashinsky, 2012）。

因此，渐进式创新可以帮助国际化企业在新市场中建立和发展关系，理解新市场的需求和期望，从而更好地进行产品或服务的创新，实现持续稳定的发展和市场扩张。

四、分形式创新驱动国际企业转型

1. 新的需求

分形式创新是企业国际化过程中的重要策略，它可以帮助企业满足新的市场需求，促进企业的成功转型。分形式创新是指企业创造全新的产品或服务类型，以满足市场未被满足的需求或创造全新的市场（Schumpeter, 1934）。这种创新策略可以帮助企业在新市场中找到机会，降低市场不确定性，提高企业的竞争力。

以 Netflix 为例，作为全球领先的在线视频流媒体服务提供商，Netflix 通过分形式创新成功实现了国际化转型。在进入新的国际市场时，Netflix 不仅提供了在线视频流媒体服务，还创造了全新的内容生产和分发模式，如原创电视剧和电影，满足了全球消费者对高质量在线视频内容的需求。这种分形式创新使 Netflix 成功打开了全球市场，成为全球在线视频流媒体服务提供商。

总的来说，分形式创新可以帮助企业找到并满足新的市场需求，促进企业的成功转型。对于国际化企业来说，分形式创新是实现成功转型的重要策略。

2. 新的市场

分形式创新通过创造全新的产品或服务类型，为企业开拓全新的市场机会和空间，从而帮助企业降低市场竞争压力，实现成功的国际化转型（Kim and Mauborgne, 2004）。以美国的电动汽车制造商特斯拉为例。特斯拉通过推出全新的电动汽车，开创了电动汽车市场，创造了全新的市场机会。这种分形式创新不仅使特斯拉在电动汽车市场中占据了领先地位，也帮助特斯拉成功地在全球范围内扩展了其业务，成功实现了国际化转型（Mangram, 2012）。

此外，分形式创新还可以帮助企业应对国际化过程中的不确定性和不连续性。通过创造全新的产品或服务，企业可以更好地适应新市场的需求和期望，从而降低市场的不确定性。同时，分形式创新也可以帮助企业适应新市场的制度和文化环境，从而降低制度和文化不连续性带来的风险（Kogut and Zander，1993）。

因此，分形式创新对于促进国际化企业的成功转型具有重要的作用。企业应该积极采用分形式创新的策略，以应对国际化过程中的各种挑战，实现成功的国际化转型。

3. 新的环境

分形式创新在帮助企业适应新的制度和文化环境方面起着关键作用，降低了国际化过程中的风险和不确定性，促进了企业的成功转型（Kogut and Zander，1993）。这种创新策略可以帮助企业打破旧有的思维框架，创造出符合当地法规和文化的全新产品或服务。

以 Uber 为例，这家美国的共享出行公司在进入中国市场时，面临着与美国市场完全不同的法规和文化环境。然而，Uber 通过分形式创新，推出了符合中国市场的全新服务。这种服务不仅符合中国的法规要求，还迎合了中国消费者的出行习惯（Sundararajan，2016）。这种分形式创新使 Uber 成功地适应了中国的市场环境，在中国成功转型。

因此，分形式创新是一种有效的策略，可以帮助企业适应新的制度和文化环境，降低国际化过程中的风险和不确定性，促进企业的成功转型。

4. 新的能力

分形式创新是企业提高竞争力、实现国际化转型的重要策略。通过创造全新的产品或服务，企业不仅可以满足市场的新需求，还可以在国际市场上树立独特的竞争优势（Porter，1985）。品类创新对于促进国际化企业的成功转型具有重要的作用。企业应该积极采用分形式创新的策略，以提高自身的竞争力，实现成功的国际化转型。

以苹果公司为例，它通过创新的产品——iPhone，不仅开创了智能手机市场，也极大地提高了自身的竞争力。iPhone 的推出，将手机、媒体播放器和互联网通信设备的功能集于一身，这是当时其他任何手机都无法比拟的。这种分形式创新使苹果公司在全球市场上取得了显著的成功，并帮助其成功实现了国际化转型（Dedrick et al.，2010）。

分形式创新不仅可以提高企业的竞争力，还可以帮助企业应对国际化过程中的不确定性和不连续性。分形式创新通过开创新的产品或服务，可以帮助企业更好地适应新市场的需求和期望，从而降低市场不确定性。同时，分形式创新也可以帮助企业适应新市场的制度和文化环境，降低制度和文化不连续性带来的风险（Kim and Mauborgne，2004）。

第七章　创新驱动国际创业的要素条件

本章探讨创新驱动国际创业的必要条件与关键要素，包括拥有国际化基因的企业特征、外部环境的促进作用以及市场竞争下的国际化必要性。在全球化趋势下，中国初创企业正积极拓展海外市场。这些企业利用自身的国际化基因，如外语能力和国际业务知识，结合产业链的发展和数字平台的崛起，成功适应并引领全球市场趋势。

本章通过分析诸如安克创新、大疆无人机等企业案例，展示了中国企业如何在国际市场中取得成功，探讨了产品创新和市场创新作为推动国际创业的两大驱动力。产品创新关注于洞察用户需求，提升产品性价比和用户体验。中国企业通过深入了解目标市场的文化和消费习惯，结合数字技术进行产品创新，确保其产品在全球市场上保持竞争优势。市场创新方面，企业利用数字化营销和本土化运营策略，加强与全球消费者的联系，提升品牌价值。

第一节　创新驱动国际创业的必要条件

随着全球化趋势的加强，越来越多的中国初创企业不满足于国内市场的局限，开始把目光投向广阔的海外市场。本节将深入探讨那些具有"国际化基因"的企业如何在激烈的国内市场竞争中脱颖而出，以及在外部环境的助力下，如何利用产业链的完善和数字化平台的崛起，寻找到属于自己的一席之地。从具备出海愿望的初创企业，到必须出海寻求新机遇的企业案例，我们将揭示中国企业在国际创业中的成功路径，以及它们如何通过不断创新，去适应和引领全球市场的发展趋势。

一、有国际化基因愿意出海

对于初创企业而言，创业者的资源至关重要。这些资源，包括各种生产要素和支持条件，对企业的创立和成长至关重要。资源基础理论指出，企业的无形资源和能力是其核心竞争力的关键。天生全球化（born-global）企业，即从创立之初便拥有国际化愿景和战略的企业，区别于那些在国内市场稳定后才考虑国际扩张的企业。带有国际化基因的初创企业的特点在于，它们从一开始就将国际市场作为发展规划的核心，而非仅作为扩张的附加选项，这使它们在组织体系、运营模式、供应链等多方面都是以国际市场为导向。

企业的国际化决策需要依托于创业者的国际化基因。这种基因的形成往往来源于创始团队在创业前的国际化经验，如外语能力、文化背景和国际业务知识，这些经验使企业更容易应对国际市场的挑战。例如，拥有海外学习和工作背景的创新驱动创业者，如李泽湘教授的香港高校创业团队，他们的背景不仅帮助他们与全球创业者接轨，而且在企业规划阶段就赋予了他们超越竞争者的国际视野。正如深圳市正浩创新科技股份有限公司（以下简称正浩科技）创始人王雷所言，选择海外市场并非刻意为之，而是国际市场更符合企业创始初期的发展规划。

国际化基因帮助创业者更好地理解和融入国际市场。成功的国际创业不仅需要资金等显性资源，还涉及文化、思维、管理等隐性门槛。以安克创新创始人阳萌为例，他在谷歌的工作经验使他深刻认识到电子信息时代对传统商业模式的影响，这种经验成为安克创新的一部分基因。阳萌及其团队利用谷歌的内部管理模式和工程师文化，为公司后续的国际化发展奠定了坚实基础。

具有国际化基因的企业积极建立国际合作伙伴关系和供应链，以加强其在全球市场的地位。尽管许多创业企业有能力出海，但由于对海外市场的未知，很多企业仍倾向于从本土市场开始。然而，与本土起步企业相比，海外创业的企业在开拓国际市场时将拥有更多优势，因为它们从一开始就考虑到了国际市场的需求。例如，正浩科技与其竞争对手华宝新能的比较显示，正浩科技在国际化运营能力上显著优于华宝新能，展现了具有国际化基因企业的显著优势。

二、外部环境允许出海

在全球化的商业浪潮中，国际创业已成为推动企业成长的重要引擎。随着产业链的不断演进和数字平台的兴起，中国企业的海外拓展模式正从成熟企业的跨国扩张转变为初创企业的全球创业。本节将探讨这一趋势背后的关键驱动力，揭示产业链完善和数字化转型如何共同塑造了国际创业的新格局。我们旨在总结创新驱动创业的核心特征，提供给创业者必要的支持和指导，以助力中国企业在世界舞台上取得更大的成功。从产业链发展的微观视角到数字化营销的宏观战略，我们将展示如何通过充分利用这些新兴力量，推动企业的国际化进程。

1. 产业链不断完善

在国际创业领域，产业链的发展对初创企业尤为关键，包括原料成本的降低、消费需求的增长以及消费模式的转变等因素。创业者的决策往往基于对产业和市场的综合分析，确保在成熟的产业环境中创业。例如，本书中多个国际创业公司的成功案例背后，体现的是中国工业快速发展的成果，这些成果确保了这些公司在全球市场上产品成本和质量的竞争优势。

从宏观层面看，中国产业链的发展和完善在国际市场中展现出强大竞争力。作为全球唯一拥有联合国产业分类中全部工业门类的国家，中国具有41个工业大类、207个中类、666个小类。这种全面的产业布局，特别是在手机和新能源产业领域，为国际创业公司提供了坚实的基础。

在手机产业方面，自20世纪90年代起步，中国手机行业经历了功能、性能到智能驱动的三大发展阶段。目前，中国已成为全球最大的智能手机市场之一，拥有强大的国际竞争力和成熟的供应链体系。根据Canalys的数据，2021年全球智能手机总出货量为13.5亿部，同比增长7%，其中前五大品牌中有三家为中国品牌。国内外手机品牌的生产活动大多在中国进行，如2022年全球超过90%的苹果手机由中国制造，郑州富士康负责约80%的iPhone 14产能。中国手机产业的生产流程和技术经过长期发展，形成了高效的供应链，同时带动了相关行业，为科技型创业企业提供了优越的出海条件。

智能手机的供应链与电子产品有许多共通之处，中国在这一领域的供应链优势也有效地扩散到相关行业。随着智能手机技术的不断更新，消费者对屏幕、摄影和充电等性能的要求日益提高，许多前沿技术迅速实现规模化生产，从而降低了相关元件的成本。因此，创业企业可以利用完善的国内供应链，在国际市场上具有价格竞争力。例如，大疆无人机的零部件中约80%是通用型，与手机等产品的零部件价格密切相关。中国的产业链优势为大疆等企业提供了显著的性价比优势，使其消费级无人机的平均价格比竞争对手低约40%，工业级无人机平均价格低约20%。

在新能源产业方面，该领域的发展主要受国家政策和市场环境的推动。2022年5月，国家发展改革委和国家能源局发布了《关于促进新时代新能源高质量发展的实施方案》，旨在"到2030年风电、太阳能发电总装机容量达到12亿千瓦以上"。在这样的政策支持下，新能源产业快速发展，中国的新能源装备制造能力和关键技术均居世界前列。

新能源行业的快速发展，特别是在上游的太阳能、光伏、水能和风能发电设备制造，以及中游的氢能、光伏发电、风电和水电供应商，以及下游的新能源汽车、加氢站、充电桩和输变电等领域，促进了整个产业链的技术创新和生产效率的提升。这些进展使新能源产品在国际市场具有强大竞争力。

新能源产业的发展同时促进了原材料和元件成本的降低。以新能源汽车的锂电池为例，近年来，锂电池价格持续下降。锂电池价格下降的原因是多方面的，包括下游生产厂商的需求增加，使上游关键资源供应商规模扩大，以及技术的不断升级，如在电极液中使用更廉价的化学物质或减少昂贵金属的使用。锂电池价格的下降不仅影响新能源汽车行业，还扩散到许多相关行业。

例如，正浩科技在移动储能领域的发展，在很大程度上得益于中国新能源产业的快速进步。正浩科技能够实现家用移动电源的规模化生产，得益于中国新能源电池产业的高速发展，使锂电池价格逐年下降至民用水平。正浩科技创新性地将锂电池应用于民用储能领域，并自主研发了多项支持技术，开拓了家用移动电源市场。

中国是全球便携式储能的主要生产地，中国企业生产的便携式储能电源 2023 年的出货量占全球 90%以上。便携式储能产品的核心零部件包括电芯（占成本 34%）、逆变器（占成本 17%）和电子元器件（占成本 23%），国内供应体系已十分成熟，且持续促进产业链之间的相互发展。例如，多个国产品牌在智能手机的闪充技术方面取得进展，这一技术的突破带动了储能行业的发展，电池元件价格的降低和储能关键技术的迁移，对国内移动储能企业如正浩科技的国际化产生了积极影响。正浩科技依托国内完善的产业链实现了高性价比，在海外市场取得了竞争力。

通过这些例子可以看出，产业链的不断完善对创新驱动国际创业具有至关重要的影响。中国在多个关键产业领域的发展，为国际创业公司提供了坚实的基础和广阔的机遇。

2. 数字平台崛起

相比传统产业的渐进发展，近年来迅速扩展的平台商业模式成为国际创业的关键条件。电子信息技术和支付手段的进步让各类商业平台跨越时空限制，使初创企业能够立足本土，影响全球。特别是对于创新型产品，平台在早期阶段能帮助企业找到目标受众，实现产品销售和用户反馈的正向循环，降低了接触广泛消费者群体的成本。例如，大容量移动电源的创新企业正浩科技，选择了海外众筹平台进行市场切入，因为众筹平台能吸引对创新产品感兴趣的用户。通过这一平台，正浩科技不仅完成了产品研发融资目标，还高效收集了用户意见，实现了与消费者的良性互动。

国际电商平台的发展降低了国际创业的难度。以往，布局海外市场的线下渠道高成本和文化差异是主要障碍，而有了线上平台，中国企业可以通过电商实现高效、低成本的海外市场拓展。安克创新便是这一模式的典型案例，公司借助亚马逊等国际电商平台，重新设计了运营模式和产品结构。通过跨境电商，安克创新利用跨境物流、跨境支付、ERP（enterprise resource planning，企业资源计划）等信息化基础设施，快速将产品销往全球，同时实现产品、品牌运营和市场反馈的一体化。在生产方面，安克创新采用"自主研发+外协生产"的模式，专注于产品设计、研发和销售，外包具体生产环节，依托中国完整的产业链，在成本上具有优势。

数字分析技术和人工智能的普及为国际化提供了有利环境。以希音（SHEIN）为例，这家以女装为主的跨境快时尚公司迅速覆盖全球 200 个国家和地区。SHEIN 的"小单快反"模式，得益于先进算法和成熟的供应链系统，实现了快速上新和高效生产。SHEIN 产品的性价比优势源自对供应商的高议价能力和数字化管理系统，降低了生产成本。同时，通过线上电商平台的全渠道营销，SHEIN 在有限成本下实现了品牌海外推广，快速积累品牌效应和用户群体，成为成熟的国际化企业。通过这些例证，我们看到数字平台在创新驱动国际创业中的关键作用。它们不仅为初创企业提供了触及全球消费者的途径，还通过数据驱动和先进技术支持，降低了成本并加快了市场反应速度。

三、市场竞争驱动必须出海

在全球化浪潮推动下，中国企业的国际创业之路越发清晰。无论是在国内市场充分竞争下寻求海外发展（如 SHEIN 的快速崛起），还是在国内市场需求不足时抓住海外机遇（如大疆无人机的全球领先地位所体现），中国企业都展现出了强大的国际竞争力和市场适应性。本节将深入分析这两种场景下，中国企业如何凭借独特的市场策略和产品创新，在国际市场上取得成功，探索其背后的关键背景条件，为未来的国际创业者提供实践的启示和策略指导。

1. 国内市场充分竞争

国内市场竞争激烈驱动国际创业选择。SHEIN 的海外创业就是一个典型例子。在我国服装制造业高度发达、劳动力成本低、电商平台多样化的背景下，国内服装品牌面临巨大生存压力。2008 年成立的 SHEIN 瞄准欧美市场，利用国内成本和供应链优势，定位为价廉物美的快消时尚品牌。SHEIN 的产品定价在海外市场极具竞争力，同时采用线上销售和小批量定制生产，迅速适应市场趋势，控制库存成本。2020 年，SHEIN 的产品更新速度极快，月均上新超一万款，远超 Zara。SHEIN 从初创企业成长为全球知名品牌，归功于其正确的海外市场策略。

2. 国内市场需求不足

在面对国内市场需求不足的挑战时，企业必须有效利用海外市场的优势，寻找更适合其产品特性的市场环境。以大疆为例，这家专注于民用无人机市场的公司并非无人机核心技术的首创者，但通过数十年的发展，已成为全球民用无人机的领头品牌，其成功的关键在于，大疆在创业初期选择了海外市场作为其民用无人机产品的发展起点。与国内市场相比，海外市场的用户对于民用无人机的需求更早且更广泛，尤其在拍摄、探测、户外等实际应用方面。这为大疆早期产品提供了广阔的市场发展空间。

同时，海外市场的发展帮助大疆积累了网络效应，通过海外市场获得的首批用户对于推动无人机从专业产品向大众市场的转型具有重要意义，促使大疆从初创企业成长为成熟的国际品牌。在此过程中，大疆针对的是定位较为新颖的民用无人机用户群体。面对国内市场现有需求不足的情况，大疆选择先从需求相对成熟的海外市场入手，遵循"先海外后国内"的策略，最终成为中国领先的无人机品牌。

综上所述，本节聚焦于国际创业这一重要议题，从创业资源、环境条件、产品市场契合度三个角度出发，结合国际创业企业的实际案例，探讨了初创企业出海的关键背景因素。在这样的背景下，产品和市场的创新有了形成的基础，从而推动企业迈向国际市场。

第二节　创新驱动国际创业的关键要素

一、产品创新驱动国际创业

在激烈的市场竞争和不断变化的消费需求面前，洞察用户需求、提升产品性价比、重视客户体验成为企业赢得市场的关键。本节将探讨如何通过精准洞察用户需求，借助新兴的数字技术进行产品创新，以及如何结合本土化与国际化策略，不断迭代升级产品，强化用户体验，进而在全球化竞争中保持优势。从安克创新的智能系统到小米的用户反馈机制，从DTC（direct to customer，直达消费者）品牌Outer的细节关注到SHEIN的数字营销策略，本节将以案例分析，展现中国企业在国际创业中的产品和市场创新驱动力。

1. 洞察用户需求

在产品创新中，了解用户需求和体验对于降低知识搜索成本、提升用户价值和产品质量至关重要，有助于企业开发创新产品，带来竞争优势。用户在产品创新过程中起关键作用，企业通过洞察用户需求，从用户的知识、技能和资源中获益，开发符合客户需求的产品。研究表明，利用用户评论作为产品设计的输入，基于用户行为和评论情感分析来完善产品特性，提升用户满意度，对新产品开发的初始和完成阶段都有积极影响。

大数据、人工智能、5G等新一代数字技术的应用为企业提供了低成本获取用户信息、洞察用户需求的新机遇。传统的用户需求洞察方式如一对一访谈、可用性测试、焦点小组等，尽管能够提供深入的用户理解，但成本高，覆盖用户数量有限。相比之下，数字技术使企业能够以更低的成本洞察更广泛的用户需求。

新一代数字技术的应用正在帮助企业以更低的成本洞察更广泛的用户需求。例如，安克创新深刻理解"用户是最佳的产品经理"这一理念。它们建立了用户声音（voice of customer，VOC），一个系统化、智能化地处理用户声音的系统。通过收集、清洗、输出来自亚马逊、谷歌、线下等渠道的用户评价，该系统全面赋能产品研发和营销规划。以手机充电线为例，针对亚马逊评论区对苹果充电线易损坏的反馈，安克创新研发出一种强度大大提升的"拉车线"，成为该产品的独特卖点。2018年，安克创新还推出了以户外便携为主打的Nebula"可乐罐"系列智能微投产品，其紧凑的造型和切合海外户外娱乐场景的功能，赢得了市场青睐。

小米鼓励用户深入参与产品研发，通过"橙色星期五"的互联网开发模式扩大用户体验反馈的覆盖面。在该模式下，MIUI团队与用户进行互动，顾客的意见或创新想法得以在每周更新中体现，极大地激发了米粉的参与热情。小米的管理层和员工通过社区论坛、米聊、微博等渠道与用户互动，密切关注市场需求动态，及时调整产品和服务。

此外，基于数字技术，企业可以快速捕捉用户需求的变化、获取客户反馈，并做出迅速反应。在数字经济时代，用户需求具有高度的易变性、不确定性、模糊性和复杂性。数据驱动的产品研发创新使企业与用户互动的频率和反馈速度发生质变，实现毫秒级反馈，为企业与用户的互动创新提供即时反馈条件。这些数据驱动的创新可以迅速调整创新方向、结构、流程和策略，适应环境高度变化的需求。

以专营快时尚领域的SHEIN为例，该公司分析各类服装零售网站的产品，总结当前流行趋势，并利用谷歌趋势查找器（Google Trends Finder）研究不同国家的服装热词搜索量，从而预测未来流行的颜色、面料、款式等。SHEIN以更短的产品迭代周期和更低的成本进行测试，先进行小批量测试，然后，根据消费者反馈决定加大生产的产品量。抖音则以纯数字化和定制化推荐为特色，构建一体化的数字平台，通过数据和人工智能分析抓住市场机遇，为用户提供个性化服务。

2. 提升产品性价比

推动小众市场走向大众化是产品发展的必经路径。龙头企业无一例外都是从小众市场起步,逐步扩大影响力。例如,沃尔玛最初在小城市商场起家,逐渐形成市场垄断;微软最初为 IBM 等提供特定软件系统。在手机和电脑配件市场,中国的成熟产业链和先进技术成为拓展国外市场的新机会。安克创新就是在海外市场以充电配件起家,逐步扩展产品线至无线耳机、智能音箱等新品类。在全球经济增长放缓、某些品类消费需求减弱的情况下,消费者越来越注重性价比。通过降低成本、提高产品性能和附加值,企业能够更好地满足国际消费者对价格和质量的不同期望。同时,国际化生产和贸易成本的上升压缩了利润空间。要在大众市场中生存,必须通过高性价比的产品淘汰劣质和高价产品。

为了实现高性价比,首先需要解决大部分用户的需求,因为大众市场的最大优势在于规模效应。例如,小米的市场目标是"既叫座又叫好",即追求市场占有率和解决大多数人的需求。小米的原则是满足"80%用户的 80%需求",在产品研发初期进行大量市场调研,从判断市场趋势到具体功能应用场景分析。小米注重制造业,满足大众消费,制造满足大多数人需求的高性价比产品。产品设计上,小米专注于消费者最核心的功能,避免过度设计。专业小众产品要普及必须适应大众需求,同时降低成本并在关键环节提升用户体验。大众市场的关键不仅是低价或高质,而是在低价高质的基础上实现盈利。例如,在中国制造出海的背景下,安克创新利用中国完善的供应链体系高效运输产品至全球市场。相较于传统外贸,跨境电商的链条短、效率高、加价率低。依托于中国产业链,安克创新针对北美市场的需求不断推出高性价比中档商品,如 2012 年推出兼容苹果和安卓的充电头,2019 年推出价格仅为苹果同款一半的 MFi 认证"平替"产品。

大疆无人机的成功案例展示了如何将产品从专业小众市场推向大众市场。原本,无人机被视为需要高专业知识和技能的工具,限制在狭窄的市场范围内,远离普通消费者和民用市场。然而,大疆通过创新和市场多元化策略,成功地将无人机从小众工业级产品转变为大众消费级产品。大疆提升了无人机的性能,降低了操作难度,拓展了无人机的应用领域,如航拍、农业、救灾、测绘、娱乐、教育及军事等,打破了其在专业领域的局限性。此外,大疆在性价比上具有明显优势,其消费级无人机平均价格比竞争对手便宜约 40%,工业级无人机平均价格低约 20%。这得益于中国完善的产业链支持,大疆无人机的零部件中约 80%为通用品,这些部件也用于家电、手机等产品。中国制造业的发展使大疆无人机在相同价格点上质量远超同类产品。大疆成功将原本数百亿级的市场扩展至数千亿级。

快时尚出口电商 SHEIN 也成功实现了小众时尚的大众化。SHEIN 一开始以女性裙装为切入点,逐步扩展至覆盖各类女性服饰。随着市场的发展,SHEIN 引入了针对不同人群的泳装和大码服装等细分品类,最终发展成为一个全品类,服务于男性、女性和儿童的一站式跨境电商平台,包括美妆、家居、宠物等相关产品线。SHEIN拥有强大的供应链体系,支撑其超快时尚模式,具备款式多、上新快、性价比高的特点。公司官网每日上新可超过3000款,从设计到上架仅需3周,可与Zara相媲美。公司女装主要畅销品类的价格区间在9美元至24美元之间。

3. 重视客户体验

麦肯锡2023年的报告中对全球各行业的分析表明,企业的快速增长和财务表现通常与优秀的客户体验紧密相关。业内在客户体验方面做得最好的企业通常拥有更深入的客户洞察和更高的客户忠诚度,其员工满意度也较高。在两到三年内,这些企业的营收能够增长5%—10%,而成本却可减少15%—25%。

国内企业在国际市场上相比外国企业的一个显著优势是对用户体验的高度重视。国内市场竞争激烈,用户在体验产品或服务时格外注重实用性和便利性。为争夺市场份额,企业必须快速适应并满足消费者需求。这种紧迫感使企业在产品设计、服务提供和用户界面等方面更加关注用户体验,以确保产品和服务能迅速被市场接受。这一文化背景使国内企业在国际市场上更具竞争力。尤其是那些天生具有国际化定位的企业,它们通常是从亚马逊电商平台或外贸起步,在发达的欧美日市场开始发展。这些市场特征包括成熟的消费市场、对科技创新产品的敏感性、对产品质量的高要求,同时平均价格没有亚非拉等新兴市场那么敏感。因此,高度重视用户体验的产品和企业能够获得更多消费者的支持和购买。

例如,抖音海外版TikTok在短时间内成为全球最大的社交媒体平台之一,其成功在于高度重视客户体验,实现个性化内容创作和精准推荐。TikTok利用强大的人工智能技术,根据不同国家和地区用户的需求和偏好定制个性化推荐内容,从而提升用户体验。此外,TikTok支持通过其他社交媒体平台分享视频,同时支持全球多种语言和文化,覆盖不同时区,通过互动、定位、评论、分享等功能,使用户在参与内容生产的同时能与他人互动,形成自己的社交圈。这种个性化和互动性使TikTok在2022年成为下载次数最多的应用程序,并且据Website Rating预测,到2026年,TikTok有望超越Facebook,成为全球最受欢迎的应用程序。

安克创新针对每个销售产品的客户评价做了详尽的标签化分析,识别产品的主要缺陷,判断这些缺陷是源于产品本身还是制造加工的品质问题。然后,安克创新结合品质团队和研发团队对下一代产品进行改进,并快速实现迭代。在对新产品信心不足时,安克创新会先推出未标注品牌的"试验品",利用谷歌搜索引擎的爬虫技术分析数千万条亚马逊用户评论,了解用户的主要意见和关注的品质,据此改进产品后再发布带有安克创新品牌的产品。此外，安克创新也生产不易打卷的合金质数据线，以满足消费者个性化需求。

小米认为，对于用户对产品和服务的批评，应迅速响应，能立即解决的问题要以最快速度和最大投入立刻处理，不能马上解决的则要果断道歉和妥善处理。同时，小米通过员工与顾客的在线互动，充分利用顾客的体验性建议进行产品创新，并重视顾客价值的实现，及时根据用户反馈进行产品改进。小米建立了一套基于用户反馈的产品改进系统，让用户参与产品改进和品牌传播，使其成为这一过程的重要角色。

DTC户外家具品牌Outer自2018年在洛杉矶成立以来，其首款户外沙发产品于2019年5月上市。从2020年1月到5月，Outer的销售收入增长了21倍，成为全美增速最快的DTC品牌之一，到2021年成为美国家居品牌增速第一的品牌。Outer能在短时间内在美国市场取得优异成绩，赢得众多消费者支持的原因在于其对细节的打磨和对消费者日常生活问题的关注。例如，Outer发明的防潮专利设计——户外沙发坐垫，解决了消费者日常生活中的一个小但关注度高的问题，这是许多与消费者距离较远的大公司或团队难以发现的。

二、市场创新驱动国际创业

在全球化的商业浪潮中，中国企业积极拥抱变革，从产品出海演变为品牌出海，开拓了国际市场的新篇章。在此过程中，它们不断深化自主品牌战略，通过精准的市场定位和差异化的产品布局，建立起与全球消费者的紧密联系。数字化营销成为企业拓展海外市场的利器，它们通过社交媒体平台有效触达目标用户，实现品牌价值的传递和市场反馈的即时响应。同时，企业通过本土化运营，灵活适应不同文化和市场环境的需求，确保全球化战略的成功落地。本节探讨中国企业如何在国际创业的征途上，通过自主品牌战略、数字化营销和本土化运营，实现从国内市场到全球舞台的华丽转身。

1. 自主品牌战略

海外消费者更看重品牌价值，因此中国出海品牌在自身品牌定位和产品差异化方面需要有清晰的布局意识和能力。近年来，中国品牌不仅以产品出海，而且开始注重品牌建设，实现由产品出海向品牌出海的转变。企业正从单一的"爆款打造"向"品牌延伸"转型，加速品牌效应的构建，建立与消费者的紧密联系并稳固市场份额。这种出海业务模式已从传统的欧美、东南亚等成熟市场逐步扩散到中东、非洲等新兴区域。除了华为、大疆、小米等知名品牌，新兴品牌如 OROLAY 羽绒服和 SHEIN 快时尚电商品牌也在迅速崛起，受到国际市场的广泛欢迎。

为建立品牌，首先需深入理解目标市场的文化、消费习惯和市场趋势。通过市场调研和与当地伙伴合作，企业能够定位自己的品牌。其次是创造独特的品牌故事和标识，吸引目标受众。通过引人注目的品牌故事，企业能够在竞争中脱颖而出。此外，高质量的产品和服务是建立品牌信任的基础。确保产品质量满足甚至超越目标市场的期望，并提供卓越的客户服务，是赢得消费者信任的关键。再次，积极参与当地社区和行业，通过社会活动、赞助和与当地企业合作，提升品牌在当地的可见度和认知度。最后，建立强大的数字品牌存在至关重要。

在当今数字化时代，拥有强大的在线品牌至关重要。通过社交媒体、在线广告和电子商务平台，企业能够直接与目标受众互动，传递品牌价值观，并实时监控及回应市场反馈。我们观察到，许多新兴出海品牌往往不过多强调其品牌的来源国，这可能是为了避免某些消费者对某些国家产品的质量或知识产权持有的负面刻板印象，从而避免对品牌潜在的负面反应；同时，面对国际竞争对手时，这些企业更倾向于聚焦产品的独特卖点和市场需求，而非其国家背景，强调产品本身的优势而非来源国。此外，这些企业也倾向于塑造自己的全球化和多元化形象，而非强调其起源国，以更好地适应不同国家和文化，提高品牌的可接受性和认可度。

2. 数字化营销

在互联网时代之前，品牌声誉和消费者购买决策主要受广告、媒体报道和传统口碑的影响。然而，随着社交媒体的兴起，个人可以在网上免费发布内容并建立自己的受众群体。社交媒体红人通过创作数字化内容积累大量粉丝，发现了自己的用户画像。出海企业也开始意识到数字营销的重要性，并利用社交媒体直接与受众交流，直接应对消费者需求。目前，TikTok、Facebook、Instagram、YouTube 和 X 等社交媒体在海外营销中发挥着越来越重要的作用。这些平台拥有广泛且活跃的受众群体，使品牌能够触及更多海外消费者，并提供全天候服务。通过社交媒体，出海卖家可以持续获取用户对品牌和细分领域的反馈，并利用病毒营销、热点营销等手段不断优化营销策略，提升品牌活动和新品曝光度。

与电子邮件相比，社交媒体更直接、更吸引人。在社交媒体上，粉丝可能转化为客户或帮助品牌传播信息至更广泛的受众。因此，出海企业需要不断创造和优化吸引人的内容，包括文案、图片、视频以及互动形式如投票，并对社群评论进行持续监控和评估，决定是否需要回应或删除。

中国汽车品牌江淮汽车（JAC Motors）是最早探索海外业务的品牌之一。自

2006年成立国际事业部以来，江淮汽车已出口至全球130多个国家和地区，拥有19个海外KD（knocked down，散件装配）工厂和1000多家海外营销服务网络，成为中国品牌海外扩张的典范。2023年上半年，江淮汽车的累计出口量达8.92万辆，同比增长82.98%，在公司总销量中占比超过30%。江淮汽车高度重视数字营销，在Facebook上就拥有一个全球主页和16个由重点经销商创建的地区主页，覆盖超过90万粉丝。通过OneSight营销云管理平台，江淮汽车不仅能够清晰了解全球主页和地区主页的粉丝分布、增速、帖文与互动情况，还能有效获取内容传播量和用户讨论反馈。此外，通过建立粉丝标签化分类体系和竞品社交媒体内容标签分类体系，江淮汽车对其Facebook粉丝群体实现了个性化沟通，并不断强化自身的差异化优势和社交媒体营销内容的独特性。

随着互联网和社交媒体的兴起，品牌建立的方式已经从传统广告和口碑转变为数字化营销。社交媒体使任何人都可以发布内容并建立受众群体，这对出海企业尤其重要，使它们能够直接与全球受众交流，更好理解消费者需求。如今，TikTok、Facebook、Instagram、YouTube、X等社交平台对海外营销至关重要，提供24/7的接触点，使品牌能够持续获取反馈并优化营销策略。

例如，迈瑞医疗（Mindray）自2000年开始海外拓展，通过Facebook和LinkedIn等社交平台，发布"专业、严肃、生动、活泼"的内容，提升品牌形象并吸引用户互动。2021年，为庆祝成立30周年，迈瑞医疗在社交媒体上发起话题，通过视频、图片和网络讨论会等，提高品牌影响力。

SHEIN的数字营销策略早期开始布局，已在Facebook、X、Instagram、Pinterest等平台建立账号矩阵，实施子账号导流和老带新策略，推行本地化运营。SHEIN与关键意见领袖（key opinion leader，KOL）和关键意见消费者合作，实施联盟营销计划，鼓励用户参与内容创作，提供销售佣金和其他福利。通过与知名明星合作，举办虚拟音乐节和时尚真人秀等活动，SHEIN快速吸引用户并提高品牌认同。截至2022年3月，SHEIN在Instagram拥有粉丝2373万人，Facebook关注者超2583万人，TikTok粉丝280万人，标签内容观看量达数十亿。

大疆将YouTube和Instagram作为其社交媒体的主要战场，建立官方账号并与当地大V联动，累计超过1000万粉丝。通过预告片、爆料等手段吊足观众胃口，发布会期间邀请科技类自媒体进行评测和演示。发布会后，大疆将产品分发给YouTube和Instagram上的大KOL。随着航拍效果的展示，专业视频制作机构和个人内容创作者逐渐加入，推动航拍创作和实现消费者教育。

3. 本土化运营

自20世纪90年代以来，跨国公司采取本土化战略的趋势逐渐兴起，其中可口可乐前总裁道格拉斯·达夫特提出的"Think Globally, Act Locally"（全球视野，本土行动）原则被广泛接受。本土化策略，简而言之，是根据东道国的社会、文化等环境因素对生产模式、人力资源管理、营销方式和产品研发等方面进行改造，以适应当地市场，其核心是以当地消费者为中心，追求利益最大化。本土化战略的制定影响着跨国企业研发、生产、销售等经营环节，对企业的创新提出更高要求。与当地合作伙伴的协作为企业注入新思维和创意，推动创新在国际市场的应用。

本土化和国际化之间形成良性循环。在国际化过程中，企业通过融入国际知识网络，从国际获得经验和技术，通过与国际合作伙伴的合作和参与国际行业活动，吸收先进的管理经验和创新技术。这些知识不仅为本土市场提供竞争优势，也为本土化提供基础。通过本土化，企业积累本地化经验，提升产品和服务适应性，有助于在本土市场成功，并为进军其他国际市场提供支持。企业通过从国际获得知识，反哺本土化，本土化又助力国际化发展，更灵活地适应全球市场变化，实现成功和创新驱动的可持续发展。

本土化包括生产、人力资源、营销、研发和设计方面的本土化。生产本土化指在当地设立分公司、生产工厂、根据用户需求生产个性化产品、产品设计符合当地用户审美。人力资源本土化是在国外分公司主要聘用当地人员，尤其是高级管理人员和核心研发人员。例如，安克创新采用本土化的国家代表海外市场管理体系，整合资源，深入本地市场。营销本土化是跨国公司根据东道国市场状况和营销规则，顺应当地市场习惯，推行满足当地需求的营销手段。例如，SHEIN要求摄影师拍出欧美简约风格，其社交媒体营销策略注重专业化运营。SHEIN的用户遍布全球220个国家和地区，产品品类多样，运营团队采用差异化营销与本土化营销结合策略，设立80余个子账号，打造多元融合的社交媒体账号矩阵，主官方账号引流子账号，覆盖不同地区、文化背景用户。研发和设计本土化是根据东道国市场需求，研发和设计满足消费者诉求和易获得消费者认可的产品。例如，传音针对非洲市场用户特征，改进手机拍照能力，推出"夜景"和"美黑"功能。安克创新根据日本市场反馈，包括消费者对颜色和包装的喜好，特别定制产品。

企业的本土化战略取决于目标市场特征、行业特性、企业实力和战略定位等因素。首先，详细了解目标市场的消费者需求、购买习惯和文化差异是关键。研发、设计及营销方式需符合当地需求。企业文化与目标市场文化的契合度也至关重要，以增强市场可接受性。其次，考虑法规政策和竞争环境，尤其在劳工、贸易和知识产权方面，了解竞争对手策略，以便人力资源本土化，确保合规。最后，评估企业在不同环节实施本土化的能力和资源。

本土化策略的挑战包括增加的运营成本和管理、协调难度。产品调整需适应不同国家的文化和规范，可能与全球标准化的规模经济相冲突。然而，数字科技的发展为本土化提供便利，让中国品牌有机会快速在海外市场站稳脚跟。

首先，借助线上平台，企业可以更快地接触海外用户，迅速获得反馈和进行调整。通过电商平台或社交媒体，能触达当地大部分消费者，加速品牌在海外的初步受众群体建立和线上网络扩展。

其次，数字化简化了洞察用户需求和精准营销。例如，安克创新与亚马逊云科技合作建立联合创新实验室，利用大数据分析和机器学习优化广告投放和产品决策。利用智能广告调价竞价机制和智能客服，根据不同国家用户需求提供定制化服务。

最后，互联网技术促进了跨国公司管理的高效性。远程视频会议系统解决了员工间的信息交流和协同作业问题，无须长途飞行即可实现有效沟通，帮助企业及时了解市场动态，提高团队协作效率。

第三篇 创新驱动国际创业的企业实践

第八章　创新驱动安克创新国际创业的战略实践

　　本章阐述了安克创新在国际创业中的战略实践，重点展示了安克创新如何通过持续创新在全球市场取得成功。安克创新自2011年成立以来，依托于产品创新、用户创新、组织创新和市场创新等多维度的战略部署，已成为中国在海外市场最有影响力的品牌之一。安克创新的成功案例体现了创新驱动国际创业的重要性，并展现了在国际市场中持续竞争和发展的关键策略。

　　产品创新是安克创新驱动国际创业的核心。安克创新通过持续的产品创新，满足国际市场的多样化需求，并利用用户反馈构建高效的产品管理体系。安克创新不断深入用户洞察，创造差异化的新产品，从而加强其产品线的多元化和竞争力。用户创新在安克创新国际化过程中发挥了至关重要的作用。安克创新注重建立并维护用户体验，深化用户关系管理，并通过品牌市场化运作，提升用户黏性和品牌忠诚度。

　　组织创新同样对安克创新的成功至关重要。安克创新通过自研ERP系统整合内部资源和内外部系统实现全业务覆盖，以及打造数据驾驶舱赋能业务创新。安克创新优化了组织结构，以适应国际市场的变化。市场创新策略则体现在安克创新通过独特的市场战略和渠道创新，有效应对国际市场的复杂多变。安克创新通过系统化的线上运营切入市场、线下渠道，拓展覆盖的消费群体，以及通过国家代表实现全渠道本地化运营，成功实现了在国际市场上的广泛覆盖和深入影响。

第一节　持续创新驱动安克创新的国际创业

　　安克创新起步于2011年，前谷歌工程师阳萌在谷歌美国总部工作期间业余时间尝试了一个亚马逊电商项目，明确商机后阳萌从谷歌离职回到家乡湖南长沙正式创办了海翼电商（安克创新的前身）。经过十多年的发展，安克创新布局充电、智能家居、智能音频等多个品类，近4000名员工分布在全球17个办公室，在100多个国家和地区实现销售覆盖，已经成为中国在海外市场最有影响力的品牌之一。2022年，安克创新实现销售收入142.5亿元，归母净利润11.4亿元，其中海外市场业务占比高达96.3%，北美、日本、欧洲和中东市场占比超过80%（图8.1）。

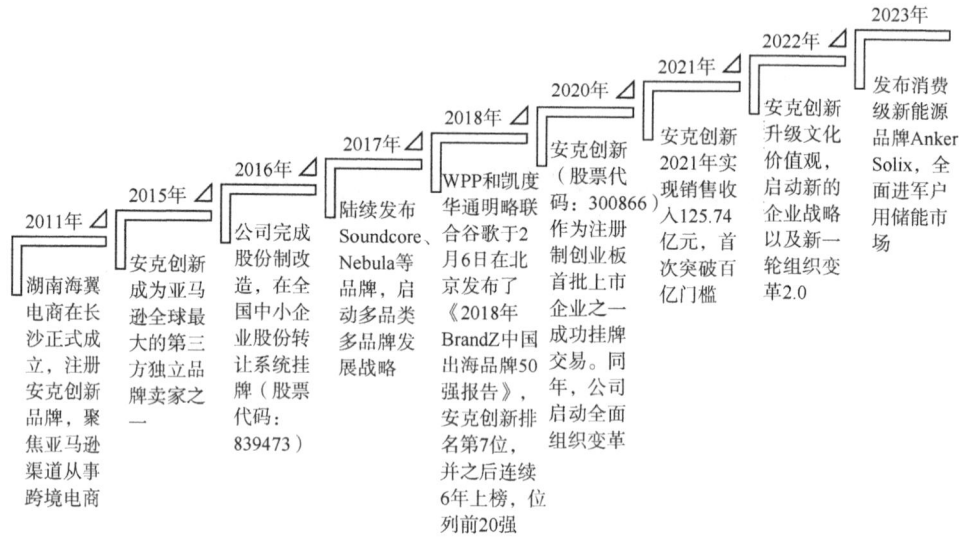

图 8.1　安克创新发展大事记

- 2011年：湖南海翼电商在长沙正式成立，注册安克创新品牌，聚焦亚马逊渠道从事跨境电商
- 2015年：安克创新成为亚马逊全球最大的第三方独立品牌卖家之一
- 2016年：公司完成股份制改造，在全国中小企业股份转让系统挂牌（股票代码：839473）
- 2017年：陆续发布Soundcore、Nebula等品牌，启动多品类多品牌发展战略
- 2018年：WPP和凯度华通明联合谷歌于2月6日在北京发布了《2018年BrandZ中国出海品牌50强报告》，安克创新排名第7位，并之后连续6年上榜，位列前20强
- 2020年：安克创新（股票代码：300866）作为注册制创业板首批上市企业之一成功挂牌交易。同年，公司启动全面组织变革
- 2021年：安克创新2021年实现销售收入125.74亿元，首次突破百亿门槛
- 2022年：安克创新升级文化价值观，启动新的企业战略以及新一轮组织变革2.0
- 2023年：发布消费级新能源品牌Anker Solix，全面进军户用储能市场

创新是企业在竞争激烈的国际市场中取得成功和可持续发展的关键，通常包括产品创新、用户创新、组织创新和市场创新等四个维度。产品创新是企业创新的核心维度，包括新产品的开发和现有产品的优化，旨在不断满足国际市场多样化的需求。用户创新关注用户不断变化的需求，企业需要深入了解不同用户群体的需求、喜好和痛点，并将这些反馈用于产品改进和创新。组织创新涉及企业内部管理、生产和组织结构的创新，只有提高组织灵活性和适应性，才能适应国际市场的变化。市场创新关注企业对市场和外部环境的适应和变革，强调企业只有主动适应甚至引领市场变革，才能保持竞争优势。

安克创新是创新驱动国际创业的典型案例，体现了产品创新、用户创新、组织创新和市场创新等对国际创业的驱动作用。安克创新通过产品的不断推陈出新，满足国际市场的多样化需求。同时，安克创新通过收集和分析用户反馈，了解不同地区用户的需求和喜好，指导产品的改进和创新。安克创新通过构建高效、灵活的内部管理和生产系统，打造适应各国差异化环境的组织。市场创新则体现在安克创新通过独特的市场战略和渠道创新，应对国际市场的复杂多变。

一、产品创新驱动国际创业

安克创新在国际创业的历程中，通过精细化的产品创新，在国际市场上展现出强大的竞争力。产品创新不仅是公司持续发展的动力源泉，也是驱动国际化战略落地的关键因素。安克创新国际创业过程中的产品创新大致分为三个阶段。

1. 构建基于用户反馈的产品管理体系

安克创新从起步就聚焦于亚马逊渠道，安克创新一开始就构建了一套能够准确捕捉并处理用户反馈的用户声音系统，这一系统帮助安克创新确保了其产品能够在细节上满足用户的需求和期望，从而建立了明确的品质标准。在当时的安克创新，几乎所有重要产品决策从新品类进入到具体产品的停产，第一步都是先看 VOC。这个机制极大程度地降低了主观决策的随机性，将用户导向和数据驱动植入到了组织的毛细血管。例如，当消费者反映数据线使用一段时间后易损坏时，工程师便将这一问题转化为一个明确的、可量化的品质标准：在 10 公斤重物的拉扯下，数据线能够经受 1 万次、120 度的摇摆而不断裂。

以 VOC 评价系统为基础的飞轮效应通过客户评价驱动产品销售，并以更高的销量引导更多的客户评价（图 8.2）。安克创新的产品以其高质量和创新而闻名，常常得到高评价。在亚马逊上，高评价的产品更容易被其他消费者看到和购买。当消费者购买并使用了安克创新的产品后，由于满意度高，他们更可能留下积极的评价。随着时间的推移，安克创新建立了一定的品牌忠诚度。满意的客户可能会向亲朋好友推荐安克创新的产品，从而驱动更多的销售。通过这种飞轮效应，安克创新得以在亚马逊上建立并维持其品牌形象，不断地吸引新客户并保持老客户的忠诚度。

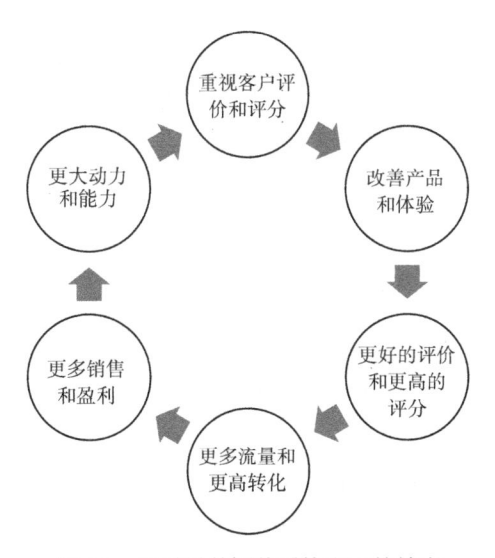

图 8.2 亚马逊的评价系统和飞轮效应

2. 深入用户洞察，创造差异化的新产品

安克创新始终致力于深入用户洞察，以创造出真正差异化的新产品。随着其

产品线的丰富和对新兴市场及非亚马逊渠道的拓展，单纯的基于 VOC 的洞察方式开始显现局限性。为了应对这些挑战，2019 年，安克创新积极升级并构建了全新的洞察体系，加入了焦点小组调研和专家用户访谈等传统的用户洞察工具，构建了洞察 2.0 系统（图 8.3）。这使安克创新更深入地了解了用户的真实痛点和需求，从而更有针对性地进行产品创新。

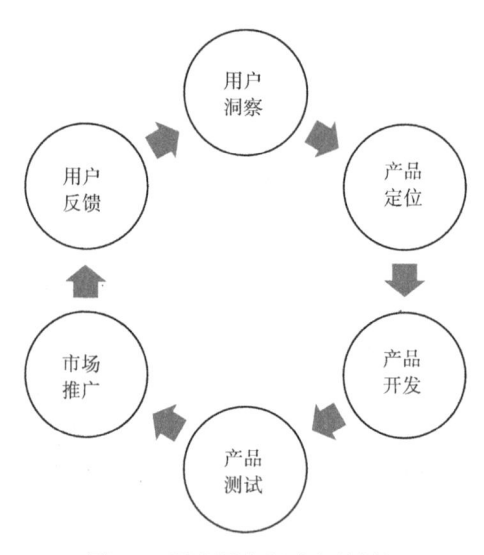

图 8.3 用户洞察驱动产品创新

企业首先需要对用户的需求、痛点和期望进行深入的洞察；根据用户洞察，企业将确定其产品的定位；明确了产品定位后，企业会进入产品开发阶段；在产品开发完毕后，需要对其进行测试，确保产品的性能和质量都达到预期；产品测试成功后，接下来是市场推广；一旦产品上市，用户的反馈将变得非常重要，这些反馈可以帮助企业了解产品的优点和缺点，以及市场上可能存在的新的需求。

例如，安克创新可能通过市场调查、用户反馈和在线评论等方式了解到用户对于移动电源的特定需求，如更快的充电速度、更长的续航时间或更轻便的设计。于是，安克创新将其移动电源定位为"高速、高效、便携"的电源，并开始设计和测试一个新型的移动电源，确保它满足用户的需求。接下来，安克创新会让一些目标用户试用新产品，并收集他们的反馈。随后，安克创新会通过广告、社交媒体和其他渠道来推广其新产品，吸引更多的目标用户。通过这种以用户洞察为核心的产品创新模型，安克创新可以确保其产品始终满足市场的需求，保持其在电子市场中的竞争力。

3. 从单品到产品组合，构建全面的产品体系

在国际创业初期，安克创新专注于特定的单品研发与生产，确保其产品品质和技术领先。但随着市场的发展和用户需求的多样化，安克创新自2019年起，意识到需要构建一个更为全面和多元化的产品体系。为了实现这一目标，安克创新深入了解不同用户群体的需求和期望，以指导产品开发方向。聚焦技术研发，不断投资于技术研究和开发，推出与现有产品相辅相成的新品，确保整体产品组合的技术先进性。利用品牌协同，确保新推出的产品与现有产品线在品牌形象、设计语言和用户体验上保持一致，形成强大的品牌联动效应。除了传统的销售渠道，安克创新积极开拓新的销售渠道和合作伙伴，确保产品组合能够覆盖更广泛的市场和用户群体。

安克创新在其产品战略上展现了深度与广度的结合，将产品分为不同的系列，针对不同的目标用户群体进行精准定位，以满足市场的多样化需求。以安克创新最核心的充电产品品类为例，依据"品类—目标—定位"的逻辑，公司基于对消费者购买偏好和充电行为的调研，对充电市场消费者进行了细分，将他们归为七个大类，并结合安克创新的品牌战略选择了3、4、5、6、7五类人群打造五个系列，以消费者为中心，为不同的消费者人群创造针对不同需求、满足不同偏好的产品（表8.1）。

表8.1 安克创新充电产品品类系列化策略

系列号	系列名称	人群特征	目标人群	品类价值	系列定位
3	精明实用	精明实用	品牌辐射人群	基础需求	提供同品质最具价格优势的产品
4	潮流系列	潮流乐享	文化/潮流圈层人群	潮流设计	个性化设计，让科技与潮流完美融合
5	品牌中坚系列	品质安心	有溢价能力的大众人群	综合性能	提供高于市场平均标准的好产品
6	品牌旗舰系列—创新体验系列	体验创新	追求新颖奇特的人群	新奇体验	打破常规体验，让科技的趣味性常在
7	品牌旗舰系列—技术偏好系列	技术创新	理解技术，愿意为技术买单的人	领先技术	用突破性的科技让生活充满能量

"3系"作为入门级的"精明实用"产品，主打实用和基础功能；"5系"重在"品质安心"，综合性价比出众；"6系"主打"体验创新"，为那些寻求新体验和不同功能的用户提供选择；"7系"强调"技术创新"，定价也相对较高，专为技术爱好者和高端用户设计。

安克创新通过三个阶段的产品创新实践，持续推进了其国际创业的进程。安克创新的国际化路径符合"创新、学习和国际化"的逻辑。在全球化的进程中，安克创新通过创新获取了新的技术和知识，进而进一步提升了其在国际市场的竞争力，也为其在全球市场中的进一步拓展奠定了坚实的基础。

二、用户创新驱动国际创业

安克创新在不同的发展阶段通过不同的用户创新策略，驱动了其在国际市场上的拓展。从初步的用户体验构建，到深化的用户关系管理，再到高度的品牌市场化运作，安克创新在国际创业各个阶段的发展，都体现了用户创新驱动国际创业的作用（表 8.2）。

表 8.2　安克创新品牌发展的三个阶段

项目	时间段		
	2011—2014 年	2015—2018 年	2019 年及之后
洞察体系	洞察 1.0（VOC）		洞察 2.0
品牌定位	渠道品牌	改良品牌	领导品牌
研发模式	轻研发	投入研发	研发管理升级
营销策略	"人气"	"人声"	"人心"
渠道覆盖	欧美日线上（亚马逊）	海外全渠道	全球扩展
产品能力	模仿	更佳	创新

1. 圈人气，构建用户体验的基石

自 2011 年到 2014 年，安克创新始终坚持以用户为中心的经营哲学，专注于通过提供卓越的用户体验来吸引公域流量。在这一关键时期，公司认识到亚马逊这一全球在线零售平台的重要性，并积极投入资源和精力，确保在该平台上建立和维护高度的人气和品牌影响力。为了实现这一目标，安克创新不仅重视产品的质量和性能，更注重用户使用过程中的整体体验，从产品设计、功能到售后服务，每一个细节都经过深思熟虑，旨在让用户感受到公司对其重视和关心。

在这个阶段，安克创新对品牌形象的塑造采取了简洁、朴素但充满力量的设计理念，强调品牌的真实性和可靠性。公司深知，好的口碑是最有效的品牌传播工具，因此高度重视每一个用户的反馈和建议，认为每一个满意的客户都是公司最宝贵的资产。为了确保用户的满意度，公司在亚马逊平台上设定了一系列的关键指标，如产品评价、星级评分、客户满意度、复购率和用户净推荐值等，这些指标不仅帮助公司及时了解用户的需求和意见，更为公司提供了宝贵的数

据支持，指导公司不断优化产品和服务，提高用户满意度，从而加强品牌的人气和忠诚度。

2. 扩人声，深化用户黏性与品牌忠诚度

从 2015 年至 2018 年，随着国际创业格局的快速变化，安克创新意识到了私域流量管理的重要性，开始对用户进行更为深入的挖掘和理解。基于对用户的深入研究，公司采取了一系列策略来构建和运营私域流量，这一阶段的行动不仅体现了对用户黏性和品牌忠诚度的理论认知，更展现了其在实践中的应用与创新。通过电子邮件营销、内容推送和其他各种手段，安克创新不只是简单地与用户进行交互，而是注重为用户提供有价值、有深度的内容，以此来增强用户的黏性，提升他们对品牌的信任和忠诚度。

安克创新在这个阶段大力投资于营销团队的建设，积极吸纳国际市场营销的先进经验，逐步形成了一套具备全链条营销能力的组织机制。为了更好地适应和服务海外市场，公司针对性地制定了一系列整合营销策略，大幅度增加了全渠道数字化广告的投放。特别是在 YouTube、Facebook、X 等社交媒体平台上，安克创新积极与消费者建立起沟通连接，以此增强其品牌形象和用户影响力。借助超过 500 万的私域用户基础和精准的电子邮件营销策略，安克创新成功地提高了用户黏性，不仅在国际市场上打造了一批核心用户群，还为品牌在国际化进程中奠定了坚实的基础。

3. 夺人心，塑造国际化品牌形象

多年来，安克创新凭借其持续不断的努力和对市场的深入洞察，在产品设计、用户群扩展以及多渠道市场覆盖等核心领域取得了令人瞩目的成果。这为其在国际市场上的持续拓展和深入布局打下了稳固的基础。进入 2019 年，安克创新不仅持续优化其产品和服务，更加深入地思考如何在全球范围内更好地展现其品牌形象和价值主张。为此，公司制定了更为积极、主动的国际化品牌战略，致力于通过持续的产品创新和卓越的用户服务，构建一个受到国际用户信赖的高品质品牌形象。

在全球市场推广方面，安克创新不遗余力地拓宽了其市场活动和影响力。公司在多个国家和地区举办了系列的产品发布活动，展示了其最新的技术成果和设计理念。与此同时，安克创新更是与国际音乐盛事格莱美的大师达成了合作，共同推出了一系列高品质和设计感十足的产品。这些策略不仅吸引了大量的国际消费者关注，更进一步巩固了安克创新在全球市场上的品牌形象。通过这些精心策划和执行市场营销活动，安克创新不仅加强了其在国际市场的影响力，更展现了

其作为一个国际化创新品牌的市场地位和价值。

三、组织创新驱动国际创业

在企业的国际化进程中，组织创新尤为重要。它不仅推动企业适应不断变化的全球市场环境，还助力企业在不断迭代中保持竞争力。安克创新在其国际化进程中体现出了组织创新的三个重要阶段，即初期通过技术创新整合内部资源，中期通过整合内外部资源寻求快速发展，后期通过数据化决策推动业务创新。

1. 自研 ERP 系统打通核心业务链条

在创业初期，安克创新通过技术创新手段，自主研发了 ERP 系统，成功地整合了内部资源，打通了核心业务链条。这个阶段可视为企业内部的技术创新阶段，通过高效的技术解决方案，实现了企业资源和流程的优化整合。通常，组织创新的驱动力来自内部管理和运营的需求，而技术创新成为实现这些需求的有效途径。

安克创新在这个重要阶段通过内部开发的 ERP 系统，精准地整合了企业的多方资源，包括人力资源、物力资源和财力资源。这种整合不仅促进了企业间各个部门的协同合作，而且在产品研发、生产和销售等各个关键环节中，实现了信息流、物料流和资金流的快速高效流转。基于技术创新的内部资源整合，大大提升了业务运作的效率，为企业的持续发展和市场竞争力的提升奠定了坚实的基础。

2. 整合内外部系统实现全业务覆盖

随着企业的不断发展和市场竞争的加剧，安克创新逐渐认识到了整合内外部资源以实现快速发展的重要性，开始积极探索外部技术和资源的整合。这种行为通常表现为企业通过国际化步骤来获取关键资源，以弥补企业在技术和市场方面的不足，为企业的快速发展提供强有力的支持。

为了更好地实现内外部资源和系统的整合，安克创新在这一阶段对其原有的 IT 体系进行了深度的重构，目的是打通内外部系统，实现全业务流程的覆盖，确保企业的各项业务能够得到有效的支持和优化。安克创新通过深度重构，成功地整合了内外部的各种系统和资源，实现了全业务流程的无缝衔接，不仅提高了业务运作的效率，也为企业在全球市场上的快速发展提供了坚实的基础。

3. 打造数据驾驶舱赋能业务创新

近年来，安克创新更加重视数据应用在组织创新中的作用，展现了"学习型"国际创业的行为特点，即在国际化的过程中不断学习和积累经验，以优化和完善企业的战略和结构。通过构建数据驾驶舱，安克创新将数据的力量引入决策的各个环节，使企业能够更加精准地洞察市场的变化，快速决策，进而推动业务的创新和发展。

在2020年以后，安克创新进一步加强了与全球的合作伙伴关系，利用先进的数据分析技术，对海量的市场数据进行深入挖掘和分析。这使安克创新能够更加敏锐地捕捉到市场的微妙变化，及时调整战略，确保企业在激烈的市场竞争中始终保持领先地位。

此外，安克创新还利用人工智能技术，对企业内部的业务流程进行优化，实现了业务自动化和智能化。这不仅大大提高了企业的运营效率，还为客户提供了更加个性化和高效的服务，进一步增强了企业的竞争力。

四、市场创新驱动国际创业

安克创新的市场创新策略展现了其在国际创业过程中，如何通过在不同阶段实施相应的市场战略推动其全球业务的发展，体现了市场创新、运营管理和本地化战略等理论在实践中的应用，并强调了在不同市场和文化环境中灵活适应和实施策略的重要性。

1. 系统化的线上运营切入市场

在此阶段，安克创新明确捕捉到了两大重要风口：电商的渠道机会和消费电子的品类创新机会。通过精心设计的系统化线上运营策略，安克创新不仅在亚马逊等线上渠道建立了强势的销售阵地，还紧紧抓住消费电子市场的快速增长，推出了一系列符合市场需求的产品。对电商渠道和消费电子品类机遇的准确把握，使安克创新能够在复杂的市场环境中，通过优化的运营系统和精准的市场定位，有效地平衡运输成本、时间、资金占用和客户满意度等多方面的关键绩效指标，从而保持了高水准的产品质量和客户满意度，为公司的持续增长和国际市场的拓展打下了坚实的基础。

2. 线下渠道拓展覆盖的消费群体

在2016年至2019年间，安克创新着力于线下渠道的拓展，以覆盖更广泛的消费群体。深入了解各地线下市场后，安克创新采取了因地制宜的市场策略，全面了解并适应不同目标市场的特定环境和消费者需求。在美国，公司主要依赖大型零售商，而在巴西，则更倾向于与本地的分销商合作。这种策略的灵活性展现了多元市场理论的实践应用，也即在不同市场之间平衡资源和策略以实现最优效益。随着时间的推移，安克创新在不同地区逐渐构建起强大的线下渠道网络，经过近四年的努力，线下渠道的占比从2015年的不到5%增长到2019年的超过20%，特别是在日本和中东等市场，成功构建了全渠道的销售优势，为公司的全球化战略打下了坚实的基础。通过线下渠道的拓展，安克创新不仅丰富了销售渠道，更是紧紧抓住了消费电子市场的快速增长机遇，为公司进一步的发展奠定了坚实的基础。

3. 通过国家代表实现全渠道本地化运营

2020年之后，安克创新积极响应全球化的挑战，坚定地实施本地化战略，以提高其在全球各个市场中的效率和影响力。为了更好地适应各个国家和地区的市场环境，安克创新以国家为单位，组建了一系列高效的本地团队。这些团队不仅负责整合线上和线下的运营资源，还深入研究本地市场的特性和需求，确保公司的产品和服务能够与当地消费者产生深度的互动。

安克创新的本地团队不仅深入了解本地消费者的需求和偏好，还与本地的供应商和分销商建立了紧密的合作关系。这种合作模式不仅确保了产品的供应链稳定，还为公司在本地市场中建立了良好的口碑。此外，安克创新还严格遵守各个国家和地区的法律法规，确保其业务活动的合法性和合规性。通过这种全渠道本地化运营的策略，安克创新成功地打通了线上和线下的销售渠道，实现了真正的无缝连接。这不仅为公司带来了稳定的销售收入，还为消费者提供了更加便捷和个性化的购物体验。

第二节　国际创业反哺安克创新持续创新

在全球化的浪潮中，创新已经成为企业赢得国际市场的核心竞争力。它不仅驱动企业走向国际，更为企业在复杂的国际市场环境中提供了独特的竞争优势。与此同时，国际创业为企业带来的多元化经验和视野，反过来又为企业的创新注入了新的活力和灵感。这种双向的、互补的关系，使创新和国际创业成为相辅相成的双轮驱动力。安克创新正是凭借这种双轮驱动，不断地在产品、用户、组织以及市场层面进行创新，从而在国际市场上取得了一席之地。

一、国际创业反哺产品创新

为了在国际市场保持竞争力，安克创新不断推广新的产品线。然而，由于研发资源在多个细分产品线上被分散，安克创新在某些领域难以取得明显的竞争优势。这种挑战促使安克创新重新审视其产品开发和市场战略，寻求通过集中和加深研发来争取更大的市场份额，这是国际创业反哺产品创新的逻辑。

首先，国际市场的竞争压力促使了安克创新的产品创新。安克创新的战略主要聚焦于产品创新和优化，通过研发为消费者提供高质量的产品和服务。随着市场竞争的升级，安克创新面对来自 HED 科技、Fibar Group、ENCO Electronic Systems 和 Sound & Vision 等主要竞争对手的压力，为了在国际市场的激烈竞争中保持其市场地位，安克创新不得不持续地推出新产品以满足不同市场和消费者的需求。

其次，安克创新在北美市场的进展也展示了其如何应对国际市场竞争的挑战。从 2018 年到 2021 年第一季度，安克创新在北美市场的收入规模、增长趋势、类别结构、主要竞争对手、市场份额等方面，都显示了安克创新需要通过持续创新来应对这些挑战，以及保持和提高其在国际市场的竞争力。

然而，国际市场上的技术挑战也推动了安克创新加大创新力度。例如，安克创新在进入家庭能源解决方案市场时，推出了安克创新 Anker Solix 品牌，展示了一系列模块化的太阳能储存系统，以应对国际市场的技术竞争和市场需求。另外，安克创新也在其他产品线，如无线音频和智能家居领域，推出了一系列创新的产品和解决方案，以增强其在国际市场上的技术竞争力。

二、国际创业反哺用户创新

安克创新在充电产品方面获得了成功，但在其他领域的品牌认知和市场定位方面仍然面临挑战。这些挑战激发了安克创新深入思考，如何通过创新提升品牌影响力和市场份额，说明国际市场挑战促进了安克的用户创新。

首先，安克创新的品牌定位和市场认知的挑战推动了公司在产品和服务方面的创新。作为全球充电技术的领军者，安克创新的创新力主要集中在四个核心品牌上，包括无线充电、车载充电，以及热销的便携式和壁挂式充电器。然而，随着市场的拓展，安克创新也努力跨足传统的充电产品之外的领域，涉足诸如智能制造和混合工作体验等新领域。

其次，产品线多元化导致安克创新的品牌认知和市场定位面临一定的挑战。最初专注于笔记本电池的安克创新，现已拓展到充电、无线音频和智能创新等多个产品线。每次进入新领域时，安克创新都需要应对该领域现有品牌和产品的竞争，使新领域的品牌认知和市场定位变得更为困难。

最后，面对品牌认知和市场定位的挑战，安克创新通过持续创新来提升品牌影响力和市场份额。例如，在 2023 年，安克创新发布了一系列新产品，展示了公司致力于通过创新提升消费者心中的品牌认知和市场定位。安克创新的这种创新努力不仅限于产品，还包括市场推广和品牌建设，以确保其在不断变化的国际市场环境中保持竞争力。

因此，安克创新面临的品牌认知和市场定位的挑战实际上激发了公司进一步的创新。通过不断开发新产品和探索新市场，以及通过市场推广和品牌建设来提升品牌认知和市场定位，安克创新能够在激烈的国际市场竞争中保持竞争力，进一步推动了其用户创新的进程。

三、国际创业反哺组织创新

安克创新积极采纳开放创新的理念，构建了一个开放、包容的组织结构。这种结构不仅为内部人才创造了广阔的成长空间，更为外部的创新者和专家提供了合作的平台。安克创新的这种开放组织模式，不仅限于内部的资源整合，更重要的是与全球的创新者和专家建立了深度的合作关系。这种合作不仅基于技术和产品，更多的是基于共同的价值观和使命感。这种深度的合作，使安克创新能够迅速捕捉到全球市场的变化，及时调整策略，确保在激烈的国际竞争中始终保持领先地位。

在全球化的大趋势下，如何在全球范围内实现品牌的统一性与在各个地区实现本地化的特色，是每一个跨国企业都需要面对的挑战。安克创新凭借其开放和灵活的组织结构，成功地在这两者之间找到了平衡。日本市场对于外来品牌来说，既是一个巨大的机会，也是一个考验。早在2012年，安克创新就在东京成立了一个专门的团队，全心全意地为日本市场服务。这个团队不仅负责安克创新的子品牌"Soundcore"在日本的销售和管理，更重要的是，他深入到日本市场的每一个角落，与当地的消费者、合作伙伴和供应商建立了紧密的联系，不断地学习和沉淀日本市场的运营经验。这种深度的本地化策略，使"Soundcore"在日本市场迅速获得了认同和成功，而这些在日本市场的成功经验，又被安克创新巧妙地运用到其他国际市场中。

安克创新通过全球化和本地化的策略，进一步加强了其在全球市场的竞争力。通过在各个国家和地区建立本地团队，安克创新确保了其产品和服务能够深入到各个本地市场，满足不同消费者的需求。通过覆盖146个国家和地区，以及全球用户数的突破，安克创新成功地将其产品线从单一品类发展到多品牌、多品类的系列产品矩阵。在不同国家和地区，安克创新通过搭建本地化团队，实现了全渠道本地化运营。这种本地化战略不仅加强了安克创新与全球市场的连接，而且通过技术的研发和内外部系统的整合，实现了全业务覆盖，为全球市场的创新和拓展提供了强有力的支持。

四、国际创业反哺市场创新

在全球经济一体化的大背景下，国际创业促使市场创新已经成为众多企业追求的目标。安克创新在面对市场挑战时所展现的策略和应对措施，为我们提供了一个鲜活的案例。

首先，尽管全球智能手机市场近年来呈现下滑趋势，但这并没有阻止安克创新继续前进。相反，这种外部市场压力成为推动其加大创新力度的动力。为了应对市场的变化，安克创新不仅推出了新的充电产品和无线音频类产品，还进一步拓展了其产品线，涉足家庭娱乐、家庭安全和智能家居等领域。这种多元化的策略，使安克创新在全球市场上始终保持着竞争力。

其次，面对中国这一全球最大电子消费市场的挑战，安克创新并没有选择回避。尽管其在中国市场的发展速度相对较慢，但这并没有影响其在国际市场上的布局。通过推出 Anker Solix 品牌和模块化的太阳能储存系统，安克创新成功地进入了家庭能源解决方案领域，这也显示了其在电池储存和电力传输方面的技术优势。

最后，安克创新对于销售渠道的选择也展现了其独特的市场策略。由于其收入大部分依赖于亚马逊，因此安克创新很早就开始积极探索线下渠道，与沃尔玛、百思买等大型零售商建立合作关系，同时也在自有网站等在线平台上进行布局，以此来减少对亚马逊的依赖。

总之，安克创新在面对国际市场的竞争挑战时，展现了其坚定的创新信念。无论是产品创新、用户创新、组织创新，还是市场策略的调整，都体现了企业"挑战—学习—创新"的核心理念。这种不断学习、不断创新的精神，使安克创新在全球市场上始终保持着竞争力，也为其未来的发展奠定了坚实的基础。

第九章　创新驱动乐普医疗全球化成长

在探索全球医疗器械市场的竞争和机遇中，乐普医疗的国际化之旅提供了一个典型案例。作为心血管疾病领域的领军企业，乐普医疗通过自主研发和技术创新，成功开发了多种先进医疗器械产品，如冠脉支架和心脏起搏器。这些产品在全球市场中扮演着各种角色，构成了乐普医疗竞争力的基石。然而，乐普医疗的成功不仅仅基于产品创新，它还包括对国际市场敏锐的洞察，通过并购整合和重大组织创新来实现的国际扩张，并适应全球市场的挑战。

本章探讨乐普医疗如何在全球医疗器械行业中确立其地位，以及其产品和组织策略如何共同促成这一过程。我们将分析乐普的市场定位、销售和供应链模式、对法规和标准的遵守，以及对目标市场的售后服务和技术支持。此外，我们还将探讨其组织创新如何支撑其全球扩张战略，特别是通过设立国际事业部和整合子公司业务来构建全球化商业模式。通过乐普医疗的案例，我们可以深入理解一个中国企业如何转变为全球医疗设备市场的重要参与者，并从中汲取启示。

第一节　医疗器械行业全球化扩张

一、中国医疗器械国际化的发展趋势

中国医疗器械行业的国际化历程可以分为开端（1994—2000 年）、加速（2001—2008 年）、承压（2009—2015 年）和升级（2016 年至今）四个阶段。在开端阶段，行业呈现快速的年增长率，达到了 1995 年的 49.4%，随后在 1996 年降至 25.4%，但在 2000 年又回升至 42.4%。这反映了行业的初步探索和国内市场改革带来的初期增长动力（图 9.1）。

进入 21 世纪后，中国加入 WTO，医疗器械行业的国际化进入加速阶段。在这个时期，中国的医疗器械出海规模迅速扩大，特别是在加入 WTO 后，国际市场对中国产品的需求大幅增长，显示出中国医疗器械在全球市场上的竞争力逐步增强。

图 9.1　中国医疗器械企业出海发展的四个阶段

到了 2009 年，受全球金融危机的影响，中国医疗器械行业进入承压阶段。年增长率开始下滑，显示出全球经济的不确定性对行业的影响。这期间，中国企业开始更加关注内部的技术创新和市场调整，准备应对日益激烈的国际竞争。

自 2016 年起，中国医疗器械行业步入升级阶段。这一阶段，伴随着技术和产品的升级以及国产替代的完成，中国医疗器械的国际化发展迎来了新的机遇。特别是新冠疫情的暴发，极大促进了医疗器械的全球需求，中国的出口额在 2020—2021 年持续增长。

这些变化背后的原因是多方面的。早期，市场改革和对外开放政策为医疗器械行业的快速增长提供了条件。中国加入 WTO 后，国际贸易的便利化以及全球市场的需求增加，推动了出口的大幅度增长。然而，全球金融危机和随后的经济波动对行业增长造成了压力，迫使中国医疗器械行业进行自我调整和升级。近年来，技术革新和国产替代的完成，加上新冠疫情所带来的全球性需求增加，为中国医疗器械的国际化打开了新的篇章。

从全球市场占比来看，2022 年北美仍是全球最大的医疗器械市场，占全球 32%。其次是欧洲市场，占全球 24%，而亚太医疗器械市场占全球的 20%。其中，中国是全球的第二大医疗器械市场。探讨了中国医疗器械行业的发展后，让我们看看这些趋势如何给乐普医疗的国际化之路带来机遇。

二、中国医疗器械行业国际化的机遇

集中带量采购政策作为一种政策工具，旨在降低医疗成本并提高医疗服务质量，对中国医疗器械企业的海外拓展产生了重大影响。首先，集中带量采购政策提高了中国医疗器械企业的竞争压力。中国医药信息网的数据显示，集中带量采购政策将订单集中在少数企业手中，导致中小医疗器械厂商的市场份额明显下降。这种市场份额的下降迫使这些企业探索新市场。对于这些中小企业来说，出海成为一个重要的选择。它们可以利用海外市场的巨大潜力，特别是在东南亚和非洲等地区，医疗器械市场的年均增长速度为8%—10%，实现企业的发展和扩张。

其次，集中带量采购政策促进了中国医疗器械企业的技术创新。面对集中带量采购政策的压力，企业需要提高产品的性能和质量，以获得更多的订单。据中国医疗器械行业协会报道，集中带量采购政策实施后，医疗器械企业的研发投资增长了30%。这促使企业加大了研发投入，推动了技术创新。例如，心脏支架等高端产品在欧美市场的份额明显提升。同时，技术创新也是企业出海的重要竞争优势。通过技术创新，企业可以提供更优质的产品和服务，吸引海外客户。

最后，集中带量采购政策带来了中国医疗器械企业的品牌提升。集中带量采购政策要求企业提供高质量的产品，这有助于提升企业的品牌形象。在海外市场，良好的品牌形象可以帮助企业获得更多的市场份额。根据对欧洲医疗市场的调查，中国医疗品牌的医疗专业人员从2018年的15%上升到了2022年的35%，显示出品牌认知度的显著提升。

然而，出海也面临一些挑战。例如，企业需要适应海外市场的法规和标准，需要建立有效的海外销售和服务网络，需要应对海外市场的竞争等。以乐普医疗为例，它们在欧美市场的扩张中面临挑战，特别是需要适应更严格的美国食品药品监督管理局和欧盟医疗器械法规。为此，乐普医疗通过与当地企业合作，提升了在法规遵守和市场接入方面的能力。集中带量采购政策对中国医疗器械企业出海产生了深远影响。它提高了企业的竞争压力，促进了技术创新，带来了品牌提升，也带来了一些挑战。

三、中国医疗器械行业国际化的挑战

我国医疗器械行业的国际化也面临一些问题。首先，虽然我国医疗器械出口规模迅速增长，但出口的产品主要以低值医用耗材和中低端医疗设备为主，技术含量不高。其次，与国际市场的接轨还存在一定的差距，特别是在产品标准、法规遵守等方面还需要进一步提升。最后，虽然我国医疗器械企业在全球市场的份额正在提升，但在核心技术和高端产品方面，与国际领先的医疗器械企业相比还存在一定的差距。

中国医疗器械行业的出海之路充满了挑战。首先，市场需求的差异是一个重要的考虑因素。由于每个国家和地区的人种、文化和医疗条件都存在差异，因此他们对医疗器械的需求也会有所不同。例如，一款在中国市场上非常受欢迎的产品可能在其他国家并不受欢迎。因此，中国医疗器械企业在出海时需要充分了解目标市场的需求，并据此调整产品设计和市场策略。

其次，法规和标准的差异也是出海企业需要面对的挑战。每个国家和地区都有自己的医疗器械监管法规和标准，而且这些法规和标准可能会随着时间和政策变化而变化。因此，中国医疗器械企业在出海时需要了解并遵守目标市场的法规和标准，否则可能会面临罚款甚至被禁止销售的风险。

再次，售后服务和支持的差异也是出海企业需要考虑的问题。不同国家和地区的消费者对售后服务和技术支持的需求可能会有所不同，而且语言、文化和沟通方式的差异也可能会影响售后服务的效果。因此，中国医疗器械企业在出海时需要提供针对目标市场的售后服务和技术支持。

最后，审批时间的差异也可能会对出海企业产生影响。不同国家和地区对医疗器械的审批时间有所不同，这将影响企业的产品上市规划。例如，美国可能需要几个月到两年的时间来审批一款产品，而新兴国家如越南和肯尼亚的审批时间可能更短。总的来说，中国医疗器械行业在出海时需要充分考虑和应对市场需求、法规和标准、售后服务和支持以及审批时间等方面的挑战，以实现在海外市场的成功。

四、中国医疗器械行业国际化的选择

中国医疗器械行业在出海过程中首先要明确自身的市场定位和区域进入路径。由于每个国家和地区的医疗设备需求和市场环境都有所不同，因此企业需要根据自身的优势和目标市场的特点来选择适合的出海路径和策略。

其次，企业需要设计适合自身的销售模式、供应链模式、研发模式。销售模式需要根据目标市场的特点来确定，如是否采用直销或经销商模式。供应链模式需要根据企业的全球化发展阶段来确定，如是否在海外建厂或只做本地组装。研发模式则需要根据企业的技术和产品特点来确定，如是否采用集中研发或分散研发的方式。

此外，企业在出海过程中还需要注意法规和标准的差异。每个国家和地区都有自己的医疗设备监管法规和标准，企业需要了解并遵守这些法规和标准，以规避违规带来的风险。

在售后服务方面，由于不同国家和地区的消费者对售后服务的需求可能存在差异，因此企业需要提供针对目标市场的售后服务和技术支持。同时，由于语言和文化的差异，企业还需要提供相应的语言服务和文化适应培训。

总的来说，中国医疗器械行业出海需要清晰的市场定位，合理的销售和供应链模式，遵守目标市场的法规和标准，提供适应目标市场的售后服务和技术支持。同时，企业还需要关注行业动态和市场趋势，以便及时调整战略和策略，应对市场变化和挑战。

第二节　产品创新驱动乐普医疗全球化

一、乐普医疗的全球产品创新

乐普医疗 1999 年成立，于 2009 年 10 月在深圳证券交易所创业板挂牌上市，成为我国创业板较早上市的企业之一。乐普医疗的发展历程可以划分为三大阶段：首先是 1999—2009 年的 IPO（initial public offerings，首次公开募股）前蓄力发展阶段，公司依靠首个国产冠脉产品获批的先发优势，成长为国内冠脉支架龙头企业；其次是 2010—2020 年，公司围绕心血管疾病广泛布局，通过大量的收购整合，成为心血管领域的平台型企业；最后是 2021 年至今，公司积极响应集中带量采购，加快创新速度，实现更多元化的品类布局，逐渐走出集中带量采购带来的压力区域。

乐普医疗的业务重点集中在心血管疾病领域，其独特的"器械+药品+医疗服务+新型医疗"多业务板块布局，显示了公司在推动行业发展和技术创新上的决心和能力。公司在心血管医疗器械领域自主研发核心重磅产品，技术领先优势明显，先后推出了首个国产冠脉支架、国产单/双腔心脏起搏器、国产可吸收冠脉支架、国产切割球囊等，尤其是可吸收冠脉支架的研发和推广，引领了心血管领域的"介入无植入"技术，推动了中国甚至全球的行业发展。

2022 年是乐普医疗的国际化拓展的重要年份，公司在瑞士证券交易所上市，发行全球存托凭证募资约 2.24 亿美元，这笔资金将用于境外研发中心等项目的建设，显示了乐普医疗在国际化道路上的坚定决心和实际行动。乐普医疗不仅在国内拥有良好的市场地位和行业影响力，还在全球范围内展现了其强劲的技术实力和市场竞争力。

乐普医疗是科技部授予的国家心脏病植介入诊疗器械及设备工程技术研究中心，自创立以来，乐普医疗坚持产品创新，在心血管支架、心脏起搏器、心血管药物及医疗人工智能等领域持续成长突破，同时也承担了多个国家重大科研项目，包括国家发展改革委高技术产业化示范工程项目、科技部 863 计划项目、国家科技支撑计划项目等，这些都充分体现了乐普医疗在科技创新和社会责任方面的重要贡献。

为了激活公司持续创新的能力，乐普医疗提出了"预研一代、注册一代和生产销售一代"的梯度产品创新原则。乐普医疗以冠脉药物支架为基础，逐步进军生物可吸收医疗器械行业，自主研发国际第二代生物可吸收支架、新一代血管内药物（紫杉醇）洗脱球囊导管等重磅产品。

以乐普冠脉药物支架的发展历史为例：从1999年到2001年，乐普医疗完成了从无到有的突破，自主研发出第一款国产冠状动脉支架，获得国家药品监督管理局颁发的冠状动脉支架医疗器械注册证。当国产第一款冠状动脉支架完成注册并成功上市后，乐普医疗立刻在2002年启动药物涂层支架开发工作。在此后十年里，乐普医疗先后成功研发出血管内药物雷帕霉素洗脱支架系统和钴基合金雷帕霉素洗脱支架系统。

随着传统药物洗脱支架获得"北京市高新技术成果转化项目"称号，被认定为国家重点新产品，乐普医疗旋即将创新聚焦在新材料研发上，自2013年起着手研发新一代可吸收心脏病介入医疗器械产品。2019年，乐普医疗成功研发出生物可吸收冠状动脉（雷帕霉素）洗脱支架系统。该产品是全球范围内第一款介入非植入的冠脉支架，推动中国心脏病介入医疗器械产品跻身全球先进水平，帮助中国品牌在全球医疗器械供应市场上占据主动位置。

除了自研产品创新，乐普医疗还注重吸收同行经验，扩充自身知识储备，完善自身医疗服务体系。自2009年成功在深圳证券交易所创业板上市后，乐普医疗着手布局自身覆盖心血管疾病的预防、诊断、治疗和康复的全生命周期产业平台。乐普医疗并购了卫金帆医学、北京思达、荷兰COMED B.V.、美国普林基因等中国和海外知名医疗器械公司，整合旗下的多种强技术特点产品，如起搏器、封堵器、心脏瓣膜、血管造影机、诊断试剂、外科器械和家用智能医疗器械，致力打造心血管大健康+抗肿瘤的特色化生态平台。

乐普医疗还紧抓人工智能发展潮流，做到早布局、开新局。在2016年，乐普医疗便积极参与深圳合创智能及健康创业投资基金，通过公司创投的方式发现和吸收医疗健康、信息技术、新材料运用等相关领域的优质研发团队。通过几年的知识积累、项目孵化、产品测试，乐普医疗推出国际领先的人工智能心电分析软件系统。

二、产品创新驱动的海外扩张

乐普医疗专攻的心血管疾病诊疗行业是全球医疗服务行业重要的组成模块。2019年《柳叶刀》发表的专题报告《2019全球疾病负担报告》显示，心血管疾病是导致人类死亡和健康寿命损失的首要原因，居全球疾病负担首位。报告研究了 204 个国家和地区，13 类心血管疾病和 9 个相关危险因素。近 30 年，全球心血管疾病患病人数翻倍，从 1990 年的 2.7 亿增长到 2019 年的 5.2 亿，年龄标准化患病率几乎不变；全球心血管疾病死亡人数从 1210 万增长到 1860 万；人口增长和老龄化成为 21 世纪人类心血管疾病增长的主要原因。

美国莫德智库的数据显示，全球心血管器械市场规模在 2023 年约为 60 319 亿美元，预测 2022 年到 2027 年间复合年增长率为 6.42%。虽然全球心血管器械市场规模和潜力巨大，但是市场集中度高，由少量跨国医疗器械公司主导。美国医药新科评估公司 2022 年的数据显示，全球医疗器械前十大公司拥有世界 84.2% 的市场份额，市场主力玩家包括美敦力、雅培核心实验室、通用医疗、波士顿科学和爱德华生命科学。这些头部心血管器械公司主要集中在美国、英国和日本等发达国家，拥有悠久的公司历史，且彼此之间合作紧密。

面对严格的准入门槛和市场份额高度集中的心血管诊疗行业特性，乐普医疗一直在完善自己的破局策略，探索助力全球市场增持的产品创新方式。随着从 2019 年至 2023 年的五年公司新战略稳步实施，乐普医疗的研发团队逐渐形成了一系列聚焦国际市场的产品创新模式，最终通过推出可吸收材料实现在冠状动脉支架细分领域的弯道超车，突破国外跨国公司的技术围堵，成为该赛道的领军企业。

在全球化的商业版图中，乐普医疗如何在激烈的国际市场竞争中保持其血管支架细分市场的增长和领先地位呢？关键在于产品创新，这不仅仅是一个简单的概念，而是一个深入的战略实践，它根植于时间和空间两个维度的创新驱动力。图 9.2 精准地勾勒出了这一战略的轮廓。

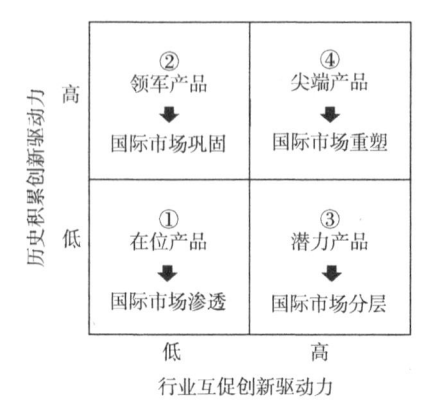

图 9.2 国际化情境下产品创新驱动力矩阵

纵轴的历史积累创新驱动力，是企业内部长期研发实力的直观体现。通过不

第九章　创新驱动乐普医疗全球化成长

断地学习、试错、优化，乐普医疗构建了一座坚实的知识大厦，其基石便是对产品无止境的追求和创新。横轴的行业互促创新驱动力则揭示了企业如何通过市场经验和行业交流，在复杂的国际舞台上不断地完善和强化其产品。

在这个双轴驱动的模型中，产品被划分为四类，每一类在国际市场的策略和发展阶段都有所不同。首先，在位产品代表那些已经进入市场并开始扩张的产品。这些产品需要通过渗透策略不断增加市场份额，它们是企业稳固其市场地位的基础。其次是领军产品，这些产品在市场中已经有了显著的领导地位，并在持续的研发和行业合作下，继续巩固这一地位。它们是企业竞争力的象征，需要在市场巩固中保持自己的优势。再次是潜力产品，虽然这些产品当前可能尚未完全稳定其市场地位，但它们正处于迅速上升的通道。这些产品的存在显示了企业对未来的投资和预见，它们在市场分层中寻找合适的生存空间。最后是尖端产品，它们是企业创新能力的最高展现。这些产品不仅推动了市场的重塑，也为企业开辟了新的增长路径。它们代表着企业未来的方向和愿景，通常是市场重塑的先锋。

在这四个象限中，产品和市场策略之间的相互作用形成了一个动态的生态系统。乐普医疗通过在这个系统中灵活运作，不仅在现有市场中稳步增长，也在新市场中寻找机会。这种基于创新驱动力的战略布局，为企业在国际市场中的持续竞争和成长提供了强有力的支持。通过内部研发的积累和外部行业合作的互动，乐普医疗正在国际市场上谱写新的故事。

乐普医疗的多元产品根据其在时间维度和空间维度的创新驱动力不同，形成四种不同类型的产品，包括在位产品、领军产品、潜力产品和尖端产品。这些产品各有特点，在乐普国际市场布局中都扮演着重要的角色（图 9.3）。

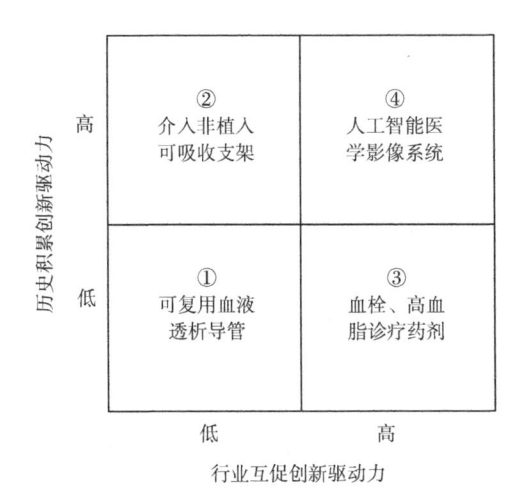

图 9.3　乐普国际化中的产品创新驱动力矩阵

首先是在位产品。乐普医疗的在位产品在市场上已经树立起稳定的形象，具备成熟的设计与生产体系。这类产品，虽然不再依赖历史的积累创新，但它们在新市场中仍有巨大的潜力。面对多变的国际市场需求和激烈的竞争，乐普医疗不满足于国内市场的成果，而是将视野投向更宽广的国际舞台。例如，将适应印度市场需求的可复用血液透析导管作为突破口，推出了适合当地市场并能大幅降低医疗成本的创新产品。这样的微创新举措，不仅满足了特定市场的需求，也为产品在全球范围内的重新定位奠定了基础。

其次是领军产品。乐普医疗的领军产品凭借深厚的历史积累创新，已在市场中占据领导地位。这些产品作为企业收入的主要来源，拥有长久的生命周期和高额的研发投入。在全球市场竞争中，这些产品不仅需要巩固现有优势，还应把握合作机遇，防御竞争对手的模仿。乐普医疗以其冠状动脉药物洗脱支架系统为代表，通过持续的技术革新和市场扩张，实现了从市场参与者到领导者的华丽转身。在技术创新的推动下，乐普医疗不仅巩固了其在心血管介入治疗领域的领先地位，还以超过40%的增长率持续拓展市场份额。

再次是潜力产品。这类产品虽然历史积累不深，但正通过行业互动快速获得市场份额。乐普医疗洞察到了潜力产品在未来发展中的巨大价值，积极通过并购等形式，吸收外部知识，强化产品线。这一策略使乐普医疗在心血管介入医疗耗材的同时，拓展到全球心血管病治疗药物市场。以并购美国普林基因等公司为例，乐普医疗不仅提高了药品业务的收入和毛利率，更是巩固了其在全球心血管病诊疗领域的竞争地位。

最后是尖端产品。这些产品是乐普医疗对未来市场趋势的预判和布局，它们可能对整个行业产生重塑影响。乐普医疗通过与全行业的协同开发，致力于研发难度高、影响深远的创新产品。例如，乐普医疗的人工智能医学影像系统，就是一个突破性的尖端产品。这一系统结合了深度学习和大数据分析，提高了心血管疾病诊断的准确性和效率。乐普医疗不仅在国内成立了人工智能研究院，还积极与国际研究机构合作，推动了从心电分析到血糖监测等一系列智能医疗产品的开发。在这些尖端产品的研发过程中，乐普医疗不断吸收行业内的先进经验，融合内部历史积累，不断推动技术的进步。至2022年，乐普医疗的人工智能诊疗系统已经获得多国的认证，成为心血管行业内的标志性产品，为全球患者提供了创新的治疗方案，并显著增强了乐普医疗在全球医疗服务行业的话语权。

乐普医疗的这一多元化产品战略，不仅体现了其在不同产品生命周期阶段的精准定位，也展示了其在历史积累创新与行业互促创新两大维度上的深度布局。在位产品的持续微创新使乐普医疗在现有市场中保持了活力，领军产品的市场领导地位保障了企业的长期稳定收益。潜力产品的市场扩张与尖端产品的行业领先技术，共同构建了企业未来增长的坚实基础。乐普医疗正通过这四种类型的产品在全球市场中打造出一个相互促进、生态多元的商业模式，确保其在激烈的国际市场竞争中保持增长和领先地位。

第三节 组织创新驱动乐普医疗全球化

一、全球化背景下的组织成长

面向全球的产品创新和海外扩张需要相辅相成的组织支持。高端医疗器械是一个创新驱动的行业。对于乐普医疗这类已经在某一细分领域占据市场主导地位的公司来说，进行国际扩张已经不能仅依靠自身研发创新，还必须吸收同行经验，开辟第二赛道，冲击国际在位企业的市场主导地位。并购吸收市场经验是医疗器械公司做大做强的必由之路。国际巨头爱德华生命科学、美敦力、强生，它们的国际化增长都是由一次次并购推进的。

乐普医疗的国际化步伐也伴随着持续不断的并购，从医疗器械横跨到药品领域和人工智能大健康领域。2014年6月，乐普医疗的混合所有制改革方案获得了监管层的正式批复。公司创始人蒲忠杰通过直接以及间接持股的方式共计持股比例达到29.30%，让乐普医疗从一家国有控股企业变为混合所有制企业。随着创始人蒲忠杰从股权到管理都对乐普医疗实现了绝对的控制，乐普医疗的公司治理结构迎来重大转变，公司战略布局显著提速，在并购的路上高歌猛进。

从2014年开始，乐普医疗频频出手并购，并购领域涉及药品、外科器材、医疗服务机构等众多领域。2014年，乐普医疗发起了多个并购项目，包括新东港药业、海合天科技、雅联百得、乐健医疗（第三方医学检测）、医康世纪、金卫捷科技（可穿戴医疗设备）；设立乐普-金石健康产业投资基金、山蓝医疗健康基金。2015年，乐普医疗并购了艾德康（体外诊断设备）、宁波秉琨（吻合器子外科医疗器械），设立乐普金控作为核心金融业务板块管理平台。2016年，公司投资了美国Quanterix（液体活检技术）、君实生物医药公司（创新药）、睿健医疗（血透）等。2017年，乐普医疗斥资5.4亿元控股辽宁博鳌生物制药，扩充胰岛素产品线（表9.1）。

表9.1 乐普医疗并购/投资项目、领域（2014—2017年）

年份	并购/投资项目	领域
2014	新东港药业、海合天科技、雅联百得、乐健医疗、医康世纪、金卫捷科技、乐普-金石健康产业投资基金、山蓝医疗健康基金	药品、医学检测、可穿戴医疗设备、健康产业投资基金
2015	艾德康、宁波秉琨	体外诊断设备、外科医疗器械
2015	乐普金控	核心金融业务板块管理平台
2016	Quanterix、君实生物医药公司、睿健医疗	液体活检技术、创新药、血透
2017	辽宁博鳌生物制药	胰岛素产品线

然而，乐普医疗战略布局的提速并没有得到市场的认可，机构投资者对乐普医疗跨行业的全球布局一直持不温不火态度，不确定乐普医疗是否能够有效将并购获得的资源转化为自身盈利点。企业并购往往给组织结构带来冲击。合理的组织调整和创新能够帮助企业快速吸收新获得的同行经验，将高额商誉释放为企业利润。同理，缺乏有效的组织调整和创新会阻碍企业吸收新获得的同行经验，导致并购后的商誉减值。

面对市场质疑，乐普医疗在2019年进行了重大组织创新，设立全新的国际事业部，统领乐普医疗所有具有海外业务的子公司。如图9.4所示，乐普国际事业部采用了分层次、功能明确的组织结构。国际事业部下设有多个职能部门，包括研发、生产、销售等核心部门，同时还设有专门的服务团队如医疗服务部和市场部，这显示了乐普医疗对产品创新和市场服务的重视。

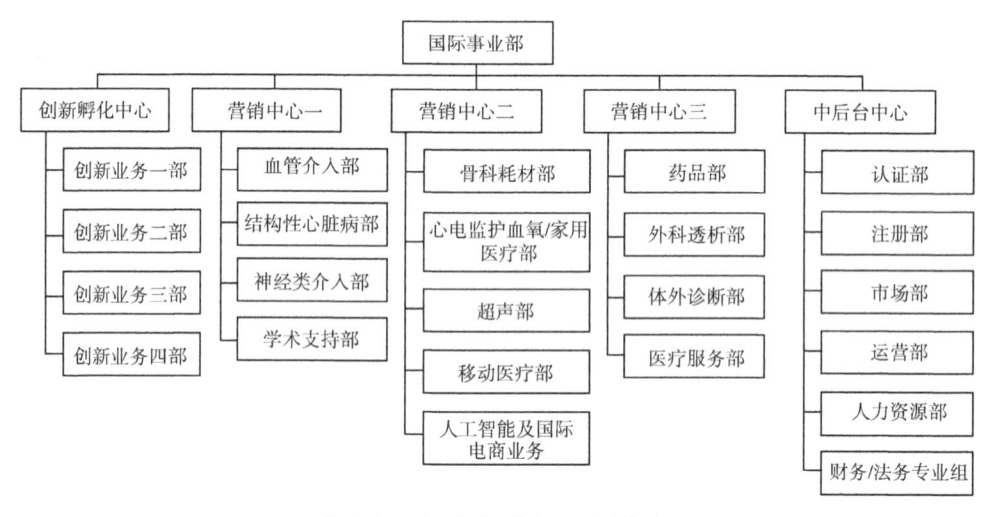

图9.4 乐普国际事业部组织结构

乐普国际事业部提出"以点带面"的原则，以产品创新为目标，整合分属不同子公司的海外产品研发、生产和销售的团队，形成了强有力的横向和纵向协同。这样的组织结构不仅优化了资源分配，提高了运营效率，而且通过各个职能部门之间的紧密合作，增强了对外部市场变化的响应速度和服务质量。

国际事业部的发展目标是通过全球资源整合，投资设点，提供高质量的产品和服务，将乐普医疗打造成为一家真正的全球化公司。乐普医疗国际事业部负责人蒲绯强调，乐普医疗国际事业部在未来要能够帮助集团在全球范围内整合医疗、药物和诊疗服务资源，在全球最适合的地方投资设点，面向全球市场提供产品和服务，让乐普医疗成为一家全球化的大公司。

以产品创新、聚焦服务和国际化实现增长是乐普医疗自2019年以来对外的关键战略，而实现这一战略的内在要求是融合、增效和稳发展。组织结构图清晰显示了研发、制造、销售以及后端支持服务如人工智能及信息化管理的融合机制。乐普医疗通过这种组织结构创新，强化了各子公司之间的联系，提高了整体运营效率。

蒲绯在接受访谈时指出，乐普医疗的子公司特别多，融合是实现乐普医疗多元化发展的根基。乐普医疗作为一家大公司，需要协同所有子公司共同增效，让整个集团平稳发展。这种组织结构的设计，加上明确的战略目标和管理原则，是乐普医疗国际化战略得以成功实施的关键。

随着2019年新集团战略的提出，乐普医疗积极探索产品创新推动海外扩张的对外市场增长策略和组织创新协同全球布局的对内组织增效策略。这种外部市场与内部管理的双重策略，加之组织结构的优化，造就了乐普医疗在后疫情时代的强势崛起，使乐普医疗在高端医疗器械领域与国外产品形成强有力的竞争，巩固了其在中国心血管医疗器械研发制造行业的前沿地位，并成为向世界展示中国医疗行业蓬勃发展的领航品牌。

二、组织创新驱动的全球布局

检验一个公司是否是全球化的大公司，有一个简单的指标，即公司的地域分布和海外营业收入占全部收入的比例。企业国际化成熟度指标的计算方式很简单，但是企业经营过程中想要提升自身在这一指标上的得分却复杂许多。全球化企业需要从组织结构、企业文化、管理体系等方面呈现全球化。仅仅搭建一个新的组织结构远远不足以驱动乐普医疗的国际化发展。

组织在成长过程中要满足三个要素，即领导者、团队员工和组织管理的相互契合和共同发展。为了实现全球化成长，乐普医疗开发出三点组织创新驱动力：领导者国际洞察、团队员工本地深耕和组织管理全球协同，如图9.5所示。

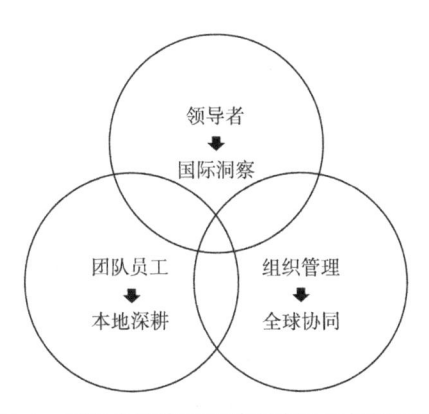

图 9.5　国际化情境下乐普医疗组织创新驱动力矩阵

第一，领导者的个人国际视野可以驱动组织对国际形势形成更深刻的洞察。领导者的个人视野往往决定公司能否搭建与战略相适配的组织模式。一个面向全球市场的组织就需要具有全球市场洞察力的领导者。乐普医疗选择拥有丰富海外经验的蒲绯女士牵头乐普医疗国际事业部的建立。蒲绯女士拥有美国麻省理工学院材料与管理金融双学位，哈佛大学物理学硕士学位，曾在瑞士信贷投资银行实习，有在国际著名材料公司 3M（明尼苏达矿业及机器制造公司）的从业经验，回国后自创教育公司，是兼具高精材料研发、新产品运营和企业全球发展布局的复合型人才。在蒲绯女士接手乐普医疗国际事业部后，她果断减缓乐普医疗进行大中型企业并购的步伐，将国际事业部的重心聚焦在对已有资源的整合，帮助乐普医疗稳步扩大其国际业务的收入水平，将并购商誉逐步转化为乐普医疗的公司竞争优势。

第二，团队员工的本地化深耕行动可以驱动组织服务全球不同市场的差异化需求，创造全球性的产品、定制化的服务。团队员工的业务能力决定组织能否有效实现公司战略。以全球化为公司战略的组织需要每个员工都具有国际意识，理解国际情形，服务国际需求。结合心血管医疗器械和药品治疗行业的国际研发、生产和销售态势，乐普医疗国际事业部在员工招募和安排方面都进行有针对性的选择。在研发方面，乐普医疗正在瑞士着手建立第一个海外研发基地，招募来自瑞士、荷兰、德国、瑞典等传统医疗强国的高端人才。在生产方面，乐普医疗已经在马来西亚建立了集团第一个海外生产基地，利用地理和人力成本优势负责对来自超 20 个海外供应地的原料加工。在销售方面，乐普医疗已经在美国、荷兰、土耳其和印度建立海外分公司，构建全球化调度和本地化服务的销售团队，衔接乐普医疗分布在世界 120 个国家和地区的产品代理商。

第三，以全球化增长为战略目标的组织管理是驱动组织向全球化企业成长的必要原料。组织管理是支撑管理者展现国际洞察并允许团队员工有效完成本地化深耕的基础。乐普医疗国际事业部根据业务需求制定了三级人员画像，明确每级员工的业务要求和管理权限，使全体员工向同一个目标"做国际化大公司"努力。在三级人员画像中，第一级是副总监级。乐普医疗国际事业部要求副总监级别的管理者要不断追求卓越，具备领导团队达成销售任务的影响力，能够跟进乐普医疗品牌需求进行系统化思考，拥有整体经营意识。第二级人员是经理。经理作为三级组织的中间一环，肩负着信息上传下达的责任。国际事业部要求每个经理自身必须诚信可靠，同时保持有效沟通，从而带领员工准确执行国际事业部的计划。第三级就是业务员。国际事业部要求他们保持敏锐学习，高效完成团队计划，遇到问题时能够及时沟通，确保信息传递通畅。

自 1999 年成立以来，乐普医疗已在中国心血管医疗器械领域成为领军企业。乐普医疗的国际扩张受其多维度产品创新战略的驱动，该战略包括在位产品、领军产品、潜力产品和尖端产品。这一战略使乐普医疗能够适应不同的全球市场，满足特定区域需求和监管标准。公司通过收购、合作以及在海外建立研发和生产基地，进一步加强了其全球影响力。

当然，乐普医疗在国际扩张过程中也遇到不少挑战，包括适应不同市场需求、监管标准、售后服务预期高和各国的审批时间线差异。尽管面临这些挑战，乐普医疗成功利用其创新产品阵容和战略性收购，扩大了其全球足迹。乐普医疗的发展之旅是一个中国国内公司转变为全球医疗设备市场重要参与者的典范。这一转变标志着乐普医疗在战略性的产品创新、适应全球市场需求以及有效应对国际监管和市场挑战方面能力的提升。

第十章　创新驱动菜鸟国际化战略布局

　　本章分析了菜鸟如何通过创新驱动其国际化战略布局，展现了其在全球物流领域的领先地位和影响力。菜鸟的核心竞争力体现在其强大的全球物流基础设施、全渠道的业务运营能力和数字化转型上。菜鸟在跨境物流方面实施了全球化战略，通过精细化运营和本地化服务，有效应对了国际市场的挑战，特别是在末端配送环节。此外，菜鸟构建了一个无缝式的跨境物流网络，覆盖了整个物流过程，并通过数字化技术提升了运输效率。

　　菜鸟还进行了模式创新，以适应市场变化，推出了全链路物流服务，满足了跨境贸易中的多样化需求。这种全链路服务是菜鸟成功的关键组成部分，通过整合和优化供应链的每个环节，提升了整体的客户满意度和市场竞争力。在组织创新方面，菜鸟利用了智慧化技术，优化了供应链核心环节，如仓储、分拨和清关，提高了供应链效率。菜鸟的组织架构调整和稳定性也对其国际化战略的成功起着至关重要的作用，确保了战略目标的连续性和执行的有效性。

第一节　菜鸟全球化布局模式创新

　　菜鸟自 2013 年成立以来，以其创新的技术理念和卓越的服务质量，迅速成为全球最大的跨境电商物流服务企业之一，同时也是国内物流服务的领军者。公司坚持不懈地建设和运营全球化的物流网络，持续拓展其解决方案组合、客户群体、科技实力以及全球业务覆盖范围。菜鸟的业务不仅覆盖了国际物流、国内物流，还包括了科技支撑和其他多元化服务。

　　在物流服务领域，菜鸟通过控制物流关键节点和发挥合作伙伴的综合能力来提供服务。在国际市场，菜鸟提供跨境快递、国际供应链管理以及海外本地物流服务。在国内，除了传统的供应链管理和品质快递服务外，还涵盖了逆向物流服务。菜鸟已经建立了一张全球端到端的智慧物流网络，实现了高效的物流配送体系。

　　截至 2023 年，菜鸟的全球网络已经拓展至 200 多个国家和地区。公司运营的基础设施包括总面积超过 15 万平方米的两个智能物流枢纽（eHub）、1100 多个仓库（建筑面积约 1650 万平方米）以及 380 多个分拣中心。这一庞大的网络由每周 170 班的包机、包板航班，以及 2700 条运输线路支撑，确保了全球货物的快速流通。此外，菜鸟在全球的末端配送网络超过 4400 个网点，以及 17 万个服务驿站，覆盖了绝大多数消费者。

菜鸟物流依托其强大的全球物流基础设施、全渠道的业务运营能力以及数字化转型，已经形成了三大核心竞争力。公司不断通过技术创新和服务优化，推动全球物流行业的发展，为客户提供了更为高效、便捷的物流解决方案。菜鸟的发展历程展现了中国物流企业的国际化趋势和不断增长的全球影响力（图 10.1）。

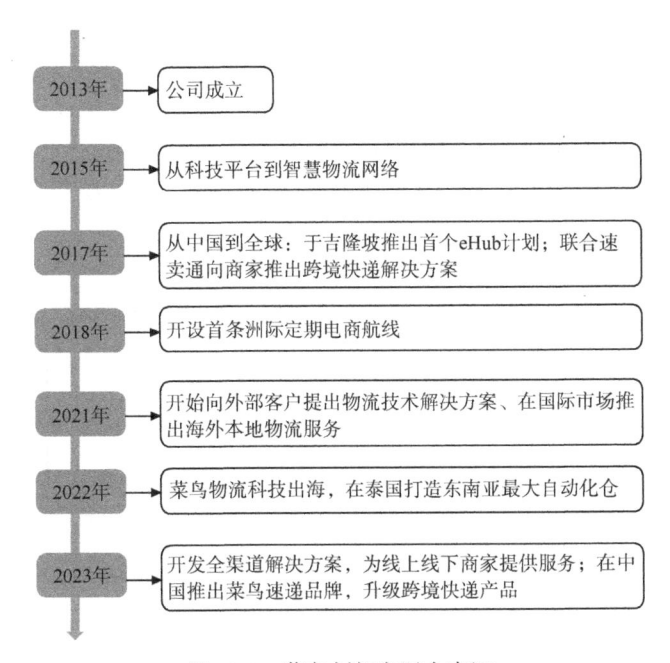

- 2013年　公司成立
- 2015年　从科技平台到智慧物流网络
- 2017年　从中国到全球：于吉隆坡推出首个eHub计划；联合速卖通向商家推出跨境快递解决方案
- 2018年　开设首条洲际定期电商航线
- 2021年　开始向外部客户提出物流技术解决方案、在国际市场推出海外本地物流服务
- 2022年　菜鸟物流科技出海，在泰国打造东南亚最大自动化仓
- 2023年　开发全渠道解决方案，为线上线下商家提供服务；在中国推出菜鸟速递品牌，升级跨境快递产品

图 10.1　菜鸟创新发展大事记

一、菜鸟全球化跨境物流创新

跨境物流作为跨境电商的重要基础设施，正日益成为消费者选择商品和平台的关键因素。为了加强物流调控能力，海外仓、保税仓、物流枢纽、国际干线的建设显得尤为重要。自 2013 年成立以来，菜鸟便致力于全球化布局。早在 2015 年，菜鸟就率先启动了保税仓业务。在此基础上，菜鸟进一步拓展了国际快递业务，在万国邮政联盟和国际商业快递的夹缝中，找到了一条以包裹为主要形态的，提供极致性价比国际快递服务的新途径。

跨境物流的全球化不仅要求"行动本地化"，还要求深入了解每个海外市场的特殊性，并具备当地的运营能力。这意味着单纯地将国内模式复制到海外是不可行的。菜鸟的全球化战略通过将国际快递服务细分为四个阶段——A段、B段、C段和D段——来实现精细化运营。其中，A段主要负责国内的揽收和分拣工作，确保包裹正确快速进入物流系统；B段则涉及干线运输，包括航空货站的操作、货物配舱以及飞机的调度等，作为连接国内外的关键环节；C段处理目的国的清关手续和大区至目的间的分拨工作，是国际物流链中不可或缺的一环；D段则是物流过程中最接近客户的环节，涵盖目的国内的末端配送，直接影响着客户对物流服务的总体感受。

在海外市场，尤其是D段的末端配送，对物流企业来说是个巨大挑战。末端配送直接与最终消费者接触，其服务质量直接关系到物流企业的品牌形象。为此，菜鸟在美洲、欧洲等关键市场，不仅自建网络，还与当地企业合作，不断完善末端配送网络。这种本地化的运营策略使菜鸟能够更好地适应不同市场的需求，提供更高效、更准确的物流服务，从而提升整个供应链的运作效率，并在全球物流市场中强化其竞争优势（图10.2）。

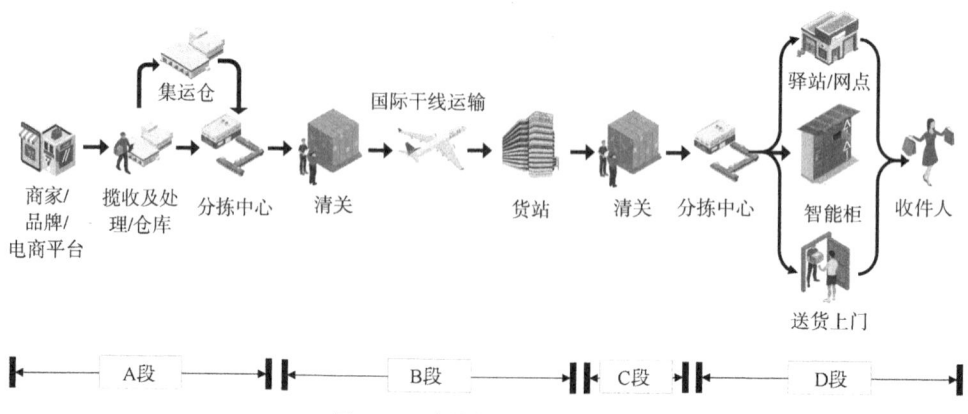

图10.2 跨境物流的主要阶段

此外，菜鸟在全球化布局中的一个关键策略是构建一个无缝式的跨境物流网络。这一网络涵盖了从包裹揽收、干线运输，到海外枢纽和目的国配送的全过程。这不仅意味着高投入和长期的商流支撑，而且要求全流程可控且顺畅。菜鸟在这方面的努力还包括对海外本土基础设施的建设，这在战略上具有极高的价值，尤其是在提高末端配送效率和降低成本方面。例如，在西班牙市场，菜鸟已在30多个城市开通了直营物流服务，并在多个城市实现了次日达服务，大大提升了海外消费者对中国快递速度和品质的体验。

菜鸟还通过创新性地将中国式快递的优质服务复制到跨境履约中，提供了全流程可追踪服务和多语种跨时区的客户服务，解决了跨境电商中常见的时差、语言等沟通障碍。此外，菜鸟在物流服务产品的设计上充分考虑了成本控制的重要性，推出了不同层次的物流产品，如"5美元10日达"和"2美元20日达"，以及定制化的解决方案，以满足不同类型商家的需求。

菜鸟国际快递的全球化战略不仅仅局限于提高运输效率，还包括对数字物流科技的应用，如数字化的自动化分拨中心建设，使其在跨境物流服务上走在行业前列。通过这些策略，菜鸟已经在时效、体验、成本的综合考量中为跨境物流行业树立了新标准，展现了其作为全球化服务网络的巨大潜力和领先地位。

菜鸟的国际化业务对于公司的发展具有至关重要的意义。随着全球电商的迅猛发展和跨境交易量的显著增长，一个高效、可靠的国际物流网络已成为连接全球市场、促进贸易流通的关键基础设施。菜鸟通过在全球范围内加速构建物流基础设施，不仅强化了自身在国际电商物流服务市场中的竞争地位，而且为全球消费者和商家提供了更高效的物流解决方案。

菜鸟的"端到端"物流服务，从智能物流枢纽到末端配送点的全链条覆盖，确保了国际包裹的高效履约，大幅提升了跨境电商的配送时效。例如，将从中国到主要国际目的地的快递时效从原来的1个月至2个月缩短至10天或更短的举措，不仅极大提升了消费者体验，而且增强了跨境电商平台的吸引力。

自2018年起，菜鸟的"国际物流大通道"的建设，通过在全球自建的国际快递网络和对核心物流节点的控制，形成了一个覆盖全球100多个国家和地区的包裹配送网络。这显示了菜鸟对全球化布局的长远眼光和战略投入。截至2022年底，菜鸟在香港、吉隆坡、列日等地布局的6个智能物流枢纽，380多个分拣中心，以及专门用于国际物流的27个中心，都是其全球化战略的具体体现。这些基础设施的建设，为菜鸟提供了在全球范围内实现快速响应和服务交付的能力。

此外，菜鸟管理的超过300万平方米的跨境物流仓库，每月运用的240多架包机，以及与全球60多个口岸的合作，展现了其在全球物流网络中的强大控制力。智能清关系统的建立，以及在海外8000多套智能自提货柜的布局，进一步提升了跨境物流的效率和便捷性。

国际化业务对菜鸟而言不仅是增长的新引擎，也是其核心竞争力的重要组成部分。菜鸟的全球化战略不仅推动了自身业务的持续增长，而且为全球电商物流行业的发展树立了新的标杆。通过构建全球综合物流网络，菜鸟正成为全球电商物流的关键力量，影响着全球电商的每一笔交易和每一次物流体验。

菜鸟的全球化策略不仅仅是对物流设施的建设和运营的精细化，更重要的是依托于物流技术的持续创新。菜鸟的技术创新包括数据驱动的供应链管理、智能算法优化的运输路径选择、自动化分拣系统和机器人配送等。正是这些创新技术的应用，菜鸟能够在全球范围内提供高效、可靠的物流服务，满足不断增长的跨境电商需求，同时也推动了全球电子商务的发展。

二、模式创新驱动全渠道运营

随着企业品牌的海外扩张，跨境贸易呈现出订单量小、频次高、碎片化和零散化的特点。电商从传统的 B2B（business to business，企业对企业）模式演变到 B2C（business to customer，企业对顾客）铺货阶段，最终转型升级为 B2C 品牌模式。

供应链服务产品为适应市场变化，经历了以下几个发展阶段。①萌芽期：在这一阶段，供应链服务产品采用的是传统国际直邮模式。商品从卖家直接邮寄给买家，流程简单但时效性和成本控制有限。②发展期：随着跨境电商的增长，保税进口模式开始流行。商品在国际运输过程中可以在保税仓储区域内进行存储，减少关税负担，并提高物流效率。③成熟期：在此阶段，供应链服务开始呈现多样化，满足不同客户和市场的需求。物流方案更加多元，提供从快递到海运的多种选择。④进阶升级期：伴随着跨境电商平台的成熟，供应链服务产品开始全面覆盖供应链的各个环节，并跨越不同行业。服务更加注重个性化定制和智能化，同时加入了低碳环保的元素，以满足现代消费者和社会的需求（图 10.3）。

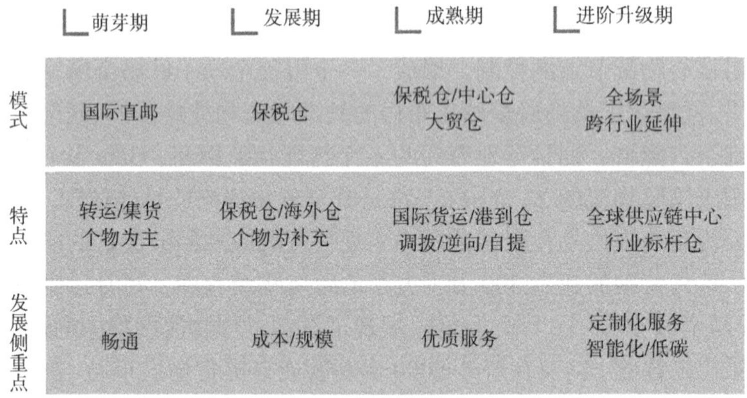

	萌芽期	发展期	成熟期	进阶升级期
模式	国际直邮	保税仓	保税仓/中心仓 大贸仓	全场景 跨行业延伸
特点	转运/集货 个物为主	保税仓/海外仓 个物为补充	国际货运/港到仓 调拨/逆向/自提	全球供应链中心 行业标杆仓
发展侧重点	畅通	成本/规模	优质服务	定制化服务 智能化/低碳

图 10.3　供应链服务产品经历的不同时期

供应链服务产品的发展反映了跨境电商的成长和市场需求的变化。从初期的简单直邮模式，发展到现在的全链条、跨行业、智能化和环保化服务，供应链行业正变得更加细分化和专业化。这些变化不仅提升了供应链的效率和效果，也为企业提供了更多的竞争优势。

全链路物流服务在跨境贸易中扮演着至关重要的角色，它不仅需要适应多种贸易模式，还需要满足不同海外仓储、进口报关以及末端配送的时效性要求。这种服务的多样性和敏捷性是商家选择物流服务商时的重要考量。全链路物流服务是跨境电商成功的关键组成部分，它通过整合和优化供应链的每个环节，使企业能够更灵活、高效地管理其物流需求，最终提升整体的客户满意度和市场竞争力。

菜鸟的全链路物流服务提供了一系列贸易模式的支持，包括保税、直邮、一般贸易和免税等。这些服务形成了涵盖 B2B 和 B2C、进口和出口、线上和线下的全渠道服务能力。为了保证服务质量和提升客户体验，菜鸟还建立了覆盖全国的自营仓配体系，确保国内末端配送的效率和质量（图 10.4）。

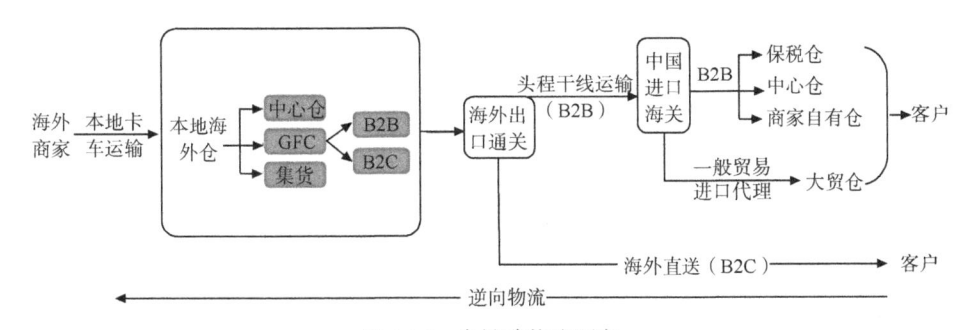

图 10.4　全链路物流服务

GFC 英文全称为 global freight consolidators，译为全球货运整合商

通过这种全链路的物流服务和全渠道服务的拓展，菜鸟能够贴合商家的多样化需求，实现降本增效，并形成规模效应。这不仅提高了物流服务的效率和质量，还为全球商家提供了强大的后勤支持，赋予它们在全球市场竞争中更大的动力。

菜鸟的业务虽然源于电商，但随着线上线下融合的加深，已经发展出全渠道的物流解决方案，这些解决方案不仅服务于阿里巴巴生态体系内的交易，也涵盖其他线上平台和线下实体店的交易。在全球化的进出口贸易活动中，菜鸟采用了 B2B 和 B2C 相结合的模式，适应从成本和速度向绿色、可持续物流转变的市场需求。

菜鸟的 B2C 仓配网络和 B2B 城配网络是其两大网络体系的基石。B2C 仓配网络保障了商家能够应对大规模促销活动和突发事件，如新冠疫情导致的供应链挑战。B2B 城配网络则服务于百万小店以及全国各大连锁商超和乡村市场，覆盖了中国前 100 大城市的核心商圈。

这种 B2B 和 B2C 能力的融合和互补，推动了菜鸟供应链的一体化发展，显著提高了其供应链的灵活性和智慧化水平。在这一转变中，飞轮效应尤为显著，即通过不断地自我增强和优化，每个环节的改进都能推动整个系统的性能提升，从而形成正向的增长动力。

具体来说，当 B2B 业务的效率提升，如通过更优的仓储管理和货物调度系统，它可以更好地支持 B2C 业务，如快递配送，这会增加消费者满意度，进而带来更多的订单，形成一个正向循环。同时，随着订单量的增加，B2B 端的批发和配送服务需求也会增长，这再次促进了仓储和物流效率的提升。这样的循环不断重复，形成了强大的飞轮效应，有助于菜鸟在物流领域实现持续的增长和优化。

菜鸟的全渠道服务和拓展，通过不断地内部优化和对外服务能力的提升，实现了物流供应链的韧性和柔性，不仅支持了国内外"双循环"的经济活动，而且成功实现了从单一的数量扩张向质量和效率的全面提升转变（图 10.5）。

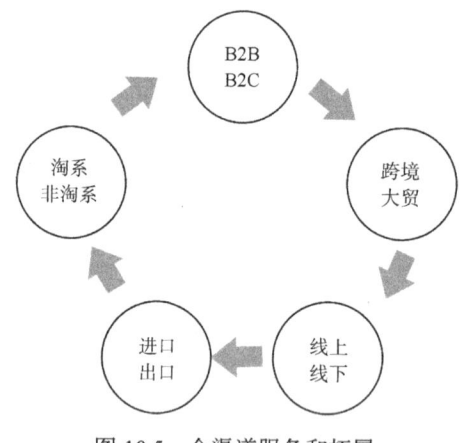

图 10.5　全渠道服务和拓展

近年来，随着"全渠道"运营的普及，电商企业对专业供应链服务的需求越来越紧迫。从线上的直播电商、尾货特卖、社群裂变，到线下的独立门店、商超货架，很多新消费品牌开始广泛布局线下渠道，超市和便利店里随手可及的传统品牌也在大力开拓线上 DTC 业务。

在当前的商业环境中，渠道正在不断融合，消费者需求也在逐步进阶。如果品牌还采用传统的"有多少货卖多少量"的方式，或是经常出现缺货、爆仓的问题，导致用户需要等待长达一周甚至 10 天的时间，那么生意就很难做大。这就对物流提出了新的挑战和要求。

其中，雀巢中国和菜鸟的合作就是一个典型案例。当雀巢中国全面启动 DTC 业务时，面临着时效性和库存两大难题。用户会通过电商直播、天猫旗舰店或同城零售等不同渠道下单，在大促或电商直播的高峰期，订单量可能会迅速增长到日常的数百倍，如果中间出现信息脱节，就可能导致"一边货物积压、另一边渠道无货可卖"的困境。在这之前，雀巢中国遵循的是"工厂—仓库—终端门店/电商线上店—消费"的发货流程，然而，菜鸟打造的雀巢中国 DTC 履约中心投入使用后，流程发生了精简优化，变为"工厂—DTC 履约中心—消费者"，直接通过 DTC 履约中心连接工厂和消费者,多渠道采用同一套仓配体系,库存统一管理调度。这种"一盘货"的管理方式可以将雀巢中国分布在多个品牌、多个平台、多个渠道的全链路数据进行打通。一方面化零为整,提高了工厂、仓储和配送的协同效率,另一方面还能基于整体销售情况进行销量预测,并基于这种分析指导生产和物流,提前把货物"下沉"到菜鸟各个社区的站点和前置仓库里,分摊掉过去集中在大促或尾款时期的发货压力,同时也避免了订单处理不及时、配送延迟、爆仓等问题的出现。

全渠道不仅仅是传统的、垂直化的渠道管理模式,它所代表的是一种错综复杂的、矩阵式的全渠道结构,而且每个渠道上的销售可能都涉及多个部门之间的全面协作。从产品研发到市场营销,再到供应链管理、物流体系建设,每个环节都需要相互配合和协调。

第二节 菜鸟全球化布局产品创新

一、产品差异化定制创新模式

菜鸟物流通过自建的全球覆盖物流网络和对核心物流节点的强大控制,为中国制造商、品牌和消费者提供了"端到端"的出口及进口供应链服务。这些服务旨在实现全链路的顺畅可控,同时降低交接成本,以高性价比的跨境出口电商物流服务为中国商品"一杯咖啡钱送全球"。菜鸟在其国际快递布局中,通过兼顾速度、服务质量和成本,建立起了竞争壁垒。

与 DHL、UPS 等全球快递巨头相比,菜鸟的优势在于其高性价比的服务,尤其是对中小商家而言,这是跨境电商供给侧最大的客户群体。菜鸟推出了分层的物流产品,分为优先产品、标准产品和经济产品三个类别。①优先产品:重点是高性价比和全程追踪,针对西班牙、荷兰、美国、比利时等需求旺盛国家的全链路升级解决方案。②标准产品:提供分段强控和最优时效服务,配合免费揽收和一件起揽等快捷服务。③经济产品:操作简单、覆盖广泛,适用于 8 美元以下的国际小包,为客户提供多样化的跨境商品选择。

菜鸟的差异化服务不仅满足了不同产品需求的特殊性,也体现了对提供定制化服务的承诺。这种差异化体现在三个方面。①时效:将中国出口货物送达其他国家的时间缩短至 10 天以内,突出了菜鸟在快速、高效物流服务方面的能力。②成本:实现了极具竞争力的价格,如 10 美元实现全球 5 日达、5 美元实现全球 10 日达、2 美元实现全球 20 日达。③服务分层:为高价值商品提供优先服务,确保在整个物流过程中获得更专业和快速的处理(表 10.1)。

表 10.1　菜鸟的三类产品

产品类别	时效	目的地	价格	服务客户
优先产品	5—10 个工作日	美国、法国、西班牙等 8 个国家和地区	约 10 美元	主要为速卖通、天猫国际以及包括快手在内的其他电商平台商家
标准产品	10—18 个工作日	巴西、美国、法国等 179 个国家和地区	约 5 美元	
经济产品	20—45 个工作日	全球 200 多个国家和地区	约 2 美元	

对于不同品类的货物，菜鸟提供了覆盖多种行业的供应链解决方案，根据特定行业的需求提供定制化服务，确保不同商家在不同国家路线上可以选择合适的快递服务。这些服务不仅帮助商家降低成本，还能应对市场的复杂多变性。

从传统供应链到智慧供应链的转变，菜鸟不仅提供了多功能服务，还针对客户不断变化的需求提供了场景化服务。依托大数据分析处理能力，菜鸟能够针对供应链的痛点提供一体化解决方案和定制化服务。

除了产品分层和定制化解决方案，菜鸟的产品创新还体现在逆向物流解决方案上，为客户提供了包括退货和换货在内的全方位物流服务，进一步增强了客户体验。

二、逆向创新提升产品竞争力

在全球电商市场中，中国的电商行业因其规模庞大和复杂性高，面临着众多挑战。这些挑战不仅包括管理大量的商品 SKU（stock keeping unit，存货单位）和应对购物节等活动带来的订单激增，还包括逆向物流的大需求量。随着电商业的蓬勃发展，退货已成为电商交易的常态，尤其是在服饰品类，退货比例可以高达 30%，这为逆向物流带来了巨大挑战。

逆向物流包含了产品退回、物料替代、物品再利用、废弃处理、再处理、维修和再制造等多个环节。跨境电商退货所涉及的逆向物流特别复杂，因为它不仅涉及国际干线运输，还包括双边清关和国内配送，使其流程长、成本高、效率低。

逆向物流中的一些常见模式包括以下几种。①海外仓退货模式：商品退回到海外仓库，可能进行再次销售或者处理。②保税仓复出口退货模式：商品退回到国内的保税仓库，之后可能重新出口或在国内销售。③直邮、转运模式：商品通过直邮、转运，这通常是个人消费者退货的常用方式（图 10.6）。

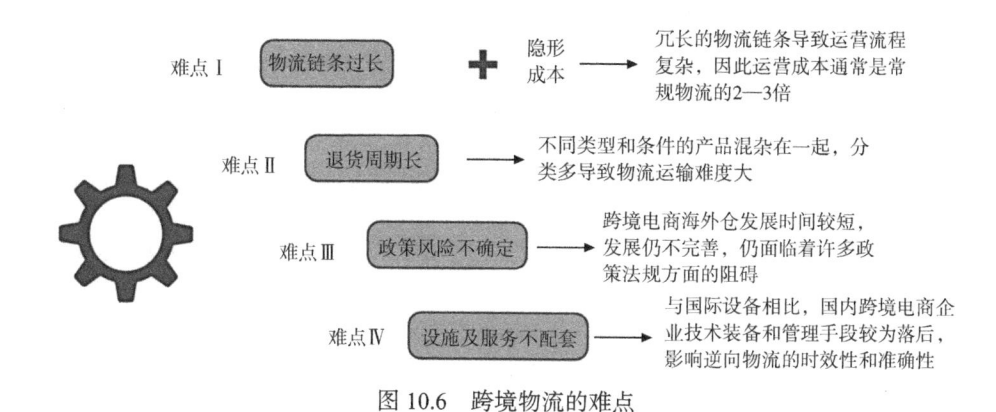

第十章 创新驱动菜鸟国际化战略布局

难点Ⅰ 物流链条过长 ＋ 隐形成本 → 冗长的物流链条导致运营流程复杂，因此运营成本通常是常规物流的2—3倍

难点Ⅱ 退货周期长 → 不同类型和条件的产品混杂在一起，分类多导致物流运输难度大

难点Ⅲ 政策风险不确定 → 跨境电商海外仓发展时间较短，发展仍不完善，仍面临着许多政策法规方面的阻碍

难点Ⅳ 设施及服务不配套 → 与国际设备相比，国内跨境电商企业技术装备和管理手段较为落后，影响逆向物流的时效性和准确性

图 10.6 跨境物流的难点

面对图10.6的这些难点，跨境电商物流服务商需要建立有效的逆向物流系统。这可能涉及开发专门的退货处理流程，优化清关和运输流程，以及建立更加灵活的退货处理中心，如设置专门的海外退货中心和国内保税退货仓，以降低成本和提高效率。同时，服务商还需要考虑如何提高退货商品的再利用率，减少浪费，同时提升客户满意度。总的来说，跨境电商的逆向物流是一个复杂的系统性挑战，需要跨境物流服务商在策略、操作和技术上进行全面优化，以实现高效、低成本、可持续的物流解决方案。

菜鸟针对逆向物流问题，推出了两种解决方案以提高效率并降低成本。第一种方案是数字化海关全链路的打通，这涉及订单处理和库存管理。当消费者需要退货时，菜鸟提供逆向仓储服务，将退回的商品运至意向配货的仓库。通过与海关的数字化申报过程，商品在保持完好的情况下可重新上架销售。

第二种方案是建立海外逆向退货仓库，特别针对那些退货率高的非标准商品，如服饰类商品。通过在海外设立退货仓，并完成海关申报，这些退货商品可以被逆向仓库操作处理并重新整理，然后再返回给相应的商家。这样不仅简化了退货流程，还降低了跨境退货的整体成本，为商家提供了更大的灵活性。

这两种产品创新不仅增强了菜鸟在全球市场的核心竞争力，还促进了新市场的发展，并强化了品牌形象。通过建立差异化的物流能力，菜鸟能够有效应对市场中复杂且多样化的需求，同时推动行业创新，引领市场趋势。这种对逆向物流挑战的应对展示了菜鸟在供应链管理和物流服务方面的创新精神和实际行动（图10.7）。

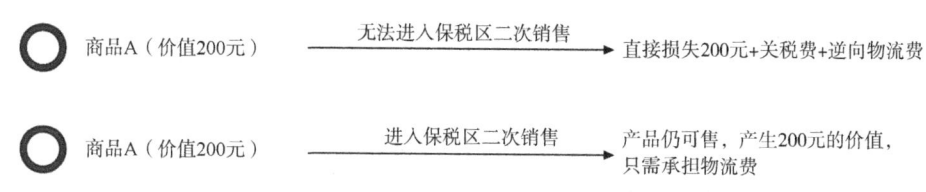

○ 商品A（价值200元） —— 无法进入保税区二次销售 → 直接损失200元+关税费+逆向物流费

○ 商品A（价值200元） —— 进入保税区二次销售 → 产品仍可售，产生200元的价值，只需承担物流费

图 10.7 菜鸟逆向物流解决方案的两种方式

第三节　菜鸟全球化布局组织创新

一、菜鸟组织创新的技术基础

中国物流业经历了人工操作、机械化、自动化和智慧化的发展历程。目前的智慧化阶段，搬运机器人、无人机送货技术已经开始出现，物联网、云计算、大数据、人工智能等新兴技术开始应用于不同的物流领域，支持物流运作。

跨境电商物流环节众多，各段运输信息不对称，导致难以实现全链条监控。这种复杂性使用户体验不佳；全链条资源整合难度高，缺乏能够有效整合上下游资源的手段；与此同时，清关流程对信息的电子化、数字化程度要求高，需要与海关、保税仓、物流等多个对象进行对接。

自 2013 年创立至今，菜鸟物流科技致力于运用创新技术，构建全球智能物流网络，优化整个物流价值链的效率和效果。菜鸟通过技术解决方案的提供，已经建立了全球规模最大的数字化驿站网络，突出表现在 OTWB（one-stop transport and warehouse business，一体化物流管理系统）、自动化立体仓库和 RFID（radio frequency identification，射频识别）等领域。

OTWB 是菜鸟基于大数据构建的一体化物流管理系统，它将运营管理、运输管控和仓储运营紧密结合，通过业务透明化、精益管理、全域协同和数字化决策，实现业务运营的高效与精准。这一系统的实施有助于简化复杂的物流业务流程，优化成本结构，提升客户服务体验。

自动化立体仓库系统的引入，是菜鸟在提升仓库运营效率方面的重要举措。通过自动化技术，实现了货物的快速入库、储存和出库，显著缩短了货物的周转时间，并确保了仓储管理的精准性，进一步为客户提供了高效且可靠的物流服务。

菜鸟的 RFID 技术是将 RFID 技术应用于物流领域的一大创新，通过高精度识别，提高了配送的效率和准确性，同时降低了库存成本和物流过程中的失误率（表 10.2）。

表 10.2　菜鸟物流科技的服务

技术领域	服务内容	服务优势	助力品牌
OTWB	供应链一体化咨询	海量数据	物流成本节约 1500 多万元
自动化立体仓库	仓网规划	超强计算能力	周转天数优化 30% 以上
RFID	供应链计划平台	服务保障	销售量提升 10%，库存减少 5 亿元

菜鸟物流科技服务的发展方向包括全链路数字化，一站式满足复杂的物流需求，行业定制化服务和稳定性保障。全链路数字化意味着跨境电商物流的每一个环节都通过数字化手段进行优化，从而提高效率和时效性。一站式服务包括品牌方或供应商直发、保税、海外仓等多元化物流模式。行业定制化服务则是为不同行业提供符合其特殊要求的退换货、包装、运输等物流解决方案，以提升物流资源的利用效率。在稳定性保障方面，菜鸟在突发事件发生时，能够保证物流运输的连续性和稳定性。

RFID 技术的应用，极大提升了物流服务的扫描准确性，从业界平均的 80% 提升到了 99.8%以上，同时将成本从 2—3 元/次降低到 0.01 元/次，这对于降低人工成本和提高效率具有革命性意义。这些技术创新不仅提升了菜鸟的物流服务质量，也显著降低了物流成本，同时推动了整个物流行业向智能化、数字化的方向发展。

组织创新驱动的菜鸟仓储物流科技服务模式是菜鸟持续发展的核心动力，其中包括国际枢纽、国内枢纽、物流产业园在内的基础设施是面向物流合作伙伴的基础设施服务。菜鸟自主研发的应用集成了数智技术、无人车、自动化与物联网技术的物流科技系统，为全球供应链与消费者物流提供了坚实的技术支持。

菜鸟物流科技服务的特色之一就是其对数智化的深度应用，这使它在供应链的核心环节表现出与众不同的优势。数智化不仅体现在产品和服务的智能化、系统化，还体现在对整个供应链流程的优化和效率提升上。菜鸟通过在核心子环节如仓储、分拨、清关和配送等领域引入先进的数字化技术，显著提高了供应链效率，提升了对市场需求的快速响应能力和供应链的柔性（图 10.8）。

图 10.8　数智化在供应链核心环节的应用

海外仓智慧供应链系统是菜鸟物流的一个亮点。这一系统集成了价格测算、备货指导、库存管理等功能，使商家能够快速了解跨境物流履约的各个细节，并实现一键报价测算。这一集成化的供应链管理工具极大地简化了商家的操作流程，提升了跨境物流的效率和透明度。

在数智物流枢纽方面，菜鸟建立的全球智能物流枢纽能够进行货物卸载、清关、分拨等集中处理，这不仅满足了跨境电商的特点，而且促进了进出口双向贸易的顺畅。

此外，数字关务技术的应用使报关过程线上化，减少了货物清关的时间，提升了清关效率。

仓储自动化是菜鸟在提高物流效率上的另一项创新。菜鸟独创的自动化全流程拣选模式，结合了货到人和人到货的操作，大幅提升了拣选效率和精准度，同时降低了人工成本。

此外，无人车的应用，是菜鸟在最后一公里配送上的尝试。2022年，菜鸟驿站的无人配送车完成了超过400万件的配送任务，成为全球最大规模的商用无人配送车队，这标志着菜鸟在自动化配送技术上迈出了重要一步。

总的来说，菜鸟通过数智化技术在供应链的核心环节实现了全面的优化，不仅提高了操作效率和服务质量，也减少了运营成本，为商家和消费者带来了更多的价值。菜鸟正以其数智化的供应链解决方案，引领着物流行业的技术创新和发展趋势。

二、菜鸟组织创新的持续实践

1. 员工规模和成本

菜鸟作为阿里巴巴集团的重要组成部分，其在全球物流领域的战略布局和组织调整备受瞩目。在降本增效的大环境下，菜鸟国际逆势成长，员工数量持续增加，这对于菜鸟国际化布局十分重要。菜鸟的国际化战略是其业务发展的关键。随着跨境电商的快速增长和全球化贸易的深入发展，国际化已成为菜鸟不可或缺的战略方向。近年来，菜鸟的员工数量在持续增加，这些新增员工主要被分配到国际化业务上，这一动向清晰地反映出菜鸟对国际市场的重视和积极布局。在全球电商物流服务领域，面对不同国家和地区的复杂物流需求、多样化的市场环境以及激烈的国际竞争，需要大量专业人才以支持其全球化战略的实施。

人力资源的增加有利于菜鸟在全球各地构建更加完善的物流网络。跨境物流涉及的不仅仅是物流技术和流程，更重要的是对当地市场的深入理解、对国际贸易规则的熟悉以及对跨文化交流的适应能力。增加的员工可以帮助菜鸟在不同国家和地区建立更加本土化的服务体系，提升服务的灵活性和针对性，从而更好地满足各地客户的具体需求。

随着员工数量的增加，菜鸟在国际化过程中的创新能力和响应速度也将得到提升。创新是企业国际化成功的重要驱动力，新员工往往能带来新的思维和视角，有助于菜鸟在适应不断变化的国际市场环境中不断推陈出新。同时，更多的员工也意味着更强的执行力和更快的响应速度，这对于快速变化的国际市场来说至关重要。

值得注意的是，菜鸟的国际化战略实施也伴随着一系列挑战。例如，如何确保新员工能够快速融入公司文化、如何协调国际团队间的工作以及如何应对国际市场的复杂性等。这些挑战要求菜鸟在人力资源管理、团队建设以及战略规划等方面做出精心的设计和周密的规划。

随着国际化发展，菜鸟的劳务成本随时间的变化呈现出增长趋势。具体而言，从2021年至2023年，劳务成本从457 600万元增加至776 000万元，劳务成本在总成本中所占的比重在逐年增加，反映出员工对于菜鸟发展的重要性（表10.3）。

表10.3 菜鸟成本构成

营业成本	截至2021年 3月31日	截至2022年 3月31日	截至2023年 3月31日
履约成本/万元	4 093 300	5 174 700	5 971 900
劳务成本/万元	457 600	616 500	776 000
折旧及摊销/万元	148 600	150 700	187 900
其他/万元	19 400	26 700	29 500
合计/万元	4 718 900	5 968 600	6 965 300

资料来源：招股说明书

注：表中数据未经审计

劳务成本的提升，一方面可能是由于员工数量的增加，这与菜鸟国际化布局的扩张密切相关。随着菜鸟全球业务的扩展，需要更多的人力资源以支持新市场的运营、本地化服务的提供以及全球供应链的管理。另一方面，劳务成本的增加也可能是因为员工的平均薪酬提升，这可能与提升员工技能、增加高技能岗位有关，以适应全球化业务的复杂性和技术性要求。

劳务成本在成本结构中占据显著比重，意味着人力资源是菜鸟运营的一个关键投入。员工不仅是执行日常任务的主力，也是推动创新和持续改进的动力。菜鸟能够实现快速响应市场变化、优化服务流程、增强客户满意度以及维持竞争优势，很大程度上依赖于其员工的专业能力和业务执行力。

在全球化竞争激烈的今天，菜鸟的员工结构和人力资源管理策略也需要不断调整以适应变化。如何吸引和保留人才、如何提升员工的工作效率和创新能力以及如何通过培训和发展提升员工的职业技能，都是菜鸟在人力资源管理上需要重点考虑的问题。

2. 领导层的稳定性

在菜鸟的国际化布局中，稳定的领导层起着至关重要的作用。自2017年起，万霖担任菜鸟总裁，并在此后的时间里没有更换，这在经常进行组织调整的阿里巴巴集团中是相当罕见的。这样的稳定性对菜鸟的发展和国际化战略有着多方面的积极影响。

首先，领导层的稳定性为菜鸟的长期战略规划和执行提供了连续性。在万霖的领导下，菜鸟可以保持战略方向的一致性，减少因领导变动带来的战略摇摆和执行断层。在国际化布局中，这样的连续性尤为重要，因为跨境扩张往往需要长期规划和耐心落实。领导层的稳定性使菜鸟能够持续推进国际项目，确保长期投资得到回报。

其次，稳定的领导层有助于维护与全球合作伙伴的关系。国际化经营涉及与不同国家和地区的合作伙伴建立长期关系。领导层的稳定使菜鸟在与合作伙伴的沟通中能够保持一致的声音和承诺，这对于建立信任和理解至关重要。当合作伙伴相信菜鸟的承诺是长期和稳定的时候，他们更愿意投入资源进行合作。

再次，领导层的稳定性能够为内部员工提供信心和方向感。在国际化的过程中，员工面临新的挑战和压力，稳定的领导层能够提供清晰的愿景和稳固的领导风格，帮助员工适应变化和不确定性。这种领导上的确定性是员工士气和动力的来源，是推动组织适应国际市场并实现其全球目标的关键。

另外，稳定的领导层也有助于维持企业文化的连续性。企业文化是公司对内对外行为的基础，而领导层对文化的塑造和传承起到关键作用。万霖作为长期的领导者，不仅对菜鸟的业务有深刻的理解，同时也是企业文化的守护者和传播者，这对于保持团队在全球化过程中的凝聚力和一致性至关重要。

最后，万霖的个人背景和专业能力也为菜鸟的国际化布局提供了支持。作为亚马逊全球物流战略前总监，他具备国际视野和丰富的物流行业经验，这对于指导菜鸟在复杂的国际市场中导航至关重要。他的稳定领导为菜鸟提供了强有力的战略指导和执行力。

3. 组织架构调整

阿里巴巴集团在推动菜鸟的国际化布局中，组织架构的调整和稳定性起到了至关重要的作用。阿里巴巴集团在不同阶段通过组织架构的调整，以应对业务的快速增长和市场的变化，同时也为了保持其在全球市场中的竞争优势和业务突破。

组织架构调整的目的在于强化国内市场优势，并在海外市场寻求突破。例如，阿里巴巴在2015年启动了"大中台，小前台"的战略，这有助于一线业务更敏捷地适应市场变化。这种结构调整使公司可以更有效地响应市场需求，节约资源，并促进了业务线间的协作和知识共享。随着时间的推移，阿里巴巴进一步倡行构建敏捷组织，这反映了公司对快速变化市场的适应策略。

菜鸟作为阿里巴巴集团的一部分，其组织架构的调整和稳定性对其国际化布局尤为重要。一个明确的组织结构有助于公司更好地定义各个部门的角色和责任,这对于在全球范围内统一战略和执行是非常必要的。在国际化过程中,需要有一个稳定的架构来支持跨国运营,确保国际业务的顺畅开展,特别是当公司需要在多个国家和地区同时推进项目时。

阿里巴巴通过构建"1+6+N"的组织结构,即在阿里巴巴集团之下,设立了包括菜鸟在内的多个业务集团,这表明了公司对不同业务线的重视,尤其是对菜鸟这一关键的物流和供应链管理业务。这样的结构不仅可以提高效率和响应速度,而且能够促进业务的独立发展,这对于适应不同市场和实现本地化战略至关重要。

阿里巴巴集团的变革始终以提升生产力和创新为核心,这也反映了公司对于组织结构调整的长期视角和战略目标。组织的深度调整激发了创新力,这是实现长期可持续发展的关键。

总结来说,组织架构的调整和稳定性对于菜鸟的国际化战略至关重要。它们不仅确保了战略目标的连续性和执行的有效性,而且通过提高组织的灵活性和适应性,帮助公司快速响应全球市场的变化。正如阿里巴巴集团在内部被称为"晴天修屋顶"的架构调整,这种积极主动的管理方式使公司能够在不断变化的市场中保持领先地位。

参考文献

才国伟, 吴华强, 徐信忠. 2018. 政策不确定性对公司投融资行为的影响研究. 金融研究,（3）: 89-104.

蔡莉, 张玉利, 蔡义茹, 等. 2021. 创新驱动创业：新时期创新创业研究的核心学术构念. 南开管理评论, 24（4）: 217-226.

陈晓红, 蔡莉, 王重鸣, 等. 2020. 创新驱动的重大创业理论与关键科学问题. 中国科学基金, 34（2）: 228-236.

范秋蓉. 2023. 经济政策不确定性、双元创新与资源型企业全要素生产率. 赣州：江西理工大学.

顾夏铭, 陈勇民, 潘士远. 2018. 经济政策不确定性与创新：基于我国上市公司的实证分析. 经济研究, 53（2）: 109-123.

郭润萍, 尹昊博, 陆鹏. 2022. 竞合战略、双元能力与数字化新创企业成长. 外国经济与管理, 44（3）: 118-135.

韩剑, 王星媛, 张中意. 2023. 专利审查高速路与中国"技术出海"：基于谷歌专利云数据的分析. 管理世界, 39（4）: 47-65.

黄江明, 赵宁. 2014. 资源与决策逻辑：北汽集团汽车技术追赶的路径演化研究. 管理世界,（9）: 120-130.

贾宝余, 陈套, 刘立. 2022. 科技自立自强视域下科技政策的转变：从追赶型到引领型. 中国科技论坛,（6）: 11-18.

姜伟, 马潇潇. 2022. 经济政策不确定性、FDI与中国经济增长. 统计与决策, 38（4）: 124-128.

金春雨, 张德园. 2020. 中国不同类型经济政策不确定性的宏观经济效应对比研究. 当代经济科学, 42（2）: 45-58.

李翀. 2014. 以市场能够换技术吗？——我国提高科学技术水平的路径分析. 经济社会体制比较,（5）: 12-19.

梁权熙, 谢宏基. 2019. 政策不确定性损害了中国经济的长期增长潜力吗？——来自企业创新行为的证据. 中央财经大学学报,（7）: 79-92.

梁正, 李代天. 2018. 科技创新政策与中国产业发展40年：基于演化创新系统分析框架的若干典型产业研究. 科学学与科学技术管理, 39（9）: 21-35.

刘镜秀, 门闯. 2015. 经济政策不确定性、金融摩擦与宏观经济. 技术经济, 34（5）: 94-103, 116.

孟庆斌, 师倩. 2017. 宏观经济政策不确定性对企业研发的影响：理论与经验研究. 世界经济, 40（9）: 75-98.

彭秀青, 蔡莉, 陈娟艺, 等. 2016. 从机会发现到机会创造：创业企业的战略选择. 管理学报, 13（9）: 1312-1320.

参考文献

塔勒布. 2011. 黑天鹅：如何应对不可预知的未来. 万丹, 刘宁, 译. 北京：中信出版社.
谭小芬, 张文婧. 2017. 经济政策不确定性影响企业投资的渠道分析. 世界经济, 40（12）: 3-26.
渥克. 2017. 灰犀牛：如何应对大概率危机. 王丽云, 译. 北京：中信出版社.
夏梁. 2015. "以市场换技术"是如何提出的（1978—1988）. 中国经济史研究,（4）: 102-113, 144.
邢小强, 仝允桓. 2009. 基于实物期权的新技术投资决策实证研究. 中国管理科学, 17(4): 30-38.
亚琨, 罗福凯, 李启佳. 2018. 经济政策不确定性、金融资产配置与创新投资. 财贸经济, 39(12): 95-110.
杨国超, 魏爽, 院茜, 等. 2023. 企业为何选择劳务外包：基于经济政策不确定性的解释. 中国工业经济,（9）: 136-154.
曾鸣. 2004. 什么是战略. 中国企业家,（10）: 28.
张超敏, 许晖, 单宇. 2022. 中国跨国企业如何适应新兴市场的不确定性?. 外国经济与管理, 44（1）: 50-67.
张玉鹏, 王茜. 2016. 政策不确定性的非线性宏观经济效应及其影响机制研究. 财贸经济,（4）: 116-133.
赵彬彬, 陈凯华. 2023. 需求导向科技创新治理与国家创新体系效能. 科研管理, 44（4）: 1-10.
郑立东, 程小可, 姚立杰. 2014. 经济政策不确定性、行业周期性与现金持有动态调整. 中央财经大学学报,（12）: 68-78.
Zahra S A. 2023. 创新驱动创业：新兴经济体发展的催化剂. 管理学季刊, 8（4）: 1-18.
Alvarez S A, Barney J B. 2007. Discovery and creation: alternative theories of entrepreneurial action. Strategic Entrepreneurship Journal, 1（1/2）: 11-26.
Autio E, Sapienza H J, Almeida J G. 2000. Effects of age at entry, knowledge intensity, and imitability on international growth. Academy of Management Journal, 43（5）: 909-924.
Baker S R, Bloom N, Davis S J. 2016. Measuring economic policy uncertainty. The Quarterly Journal of Economics, 131（4）: 1593-1636.
Baker S R, Bloom N, Davis S J. 2023. Economic policy uncertainty index: mainland papers for China (CHNMAINLANDEPU). https://fred.stlouisfed.org/series/CHNMAINLANDEPU[2024-01-29].
Banalieva E R, Dhanaraj C. 2013. Home-region orientation in international expansion strategies. Journal of International Business Studies, 44（2）: 89-116.
Barkema H G, Bell J H J, Pennings J M. 1996. Foreign entry, cultural barriers, and learning. Strategic Management Journal, 17（2）: 151-166.
Bessant J, Tidd J. 2015. Innovation and Entrepreneurship. 3rd ed. Hoboken: Wiley.
Bhave M P. 1994. A process model of entrepreneurial venture creation. Journal of Business Venturing, 9（3）: 223-242.
Birkinshaw J, Hamel G, Mol M J. 2008. Management innovation. Academy of Management Review, 33（4）: 825-845.
Birkinshaw J, Hood N. 2001. Unleash innovation in foreign subsidiaries. Harvard Business Review, 79（3）: 131-137, 166.
Blank S. 2013. The Four Steps to the Epiphany: Successful Strategies for Products that Win. 5th ed. Hoboken: Wiley.

Blank S, Dorf B. 2012. The Startup Owner's Manual: the Step-By-Step Guide for Building a Great Company. Hoboken: Wiley.

Born B, Pfeifer J. 2014. Policy risk and the business cycle. Journal of Monetary Economics, 68: 68-85.

Bower J L, Christensen C M. 1995. Disruptive technologies: catching the wave. Harvard Business Review, 73 (1): 43-53.

Bown C P, Kolb M. 2020. Trump's trade war timeline: an up-to-date guide. https://www.wita.org/wp-content/uploads/2020/02/trump-trade-war-timeline.pdf[2024-06-24].

Brettel M, Heinemann F, Engelen A et al. 2011. Cross-functional integration of R&D, marketing, and manufacturing in radical and incremental product innovations and its effects on project effectiveness and efficiency. Journal of Product Innovation Management, 28 (2): 251-269.

Bruton G D, Ahlstrom D, Obloj K. 2008. Entrepreneurship in emerging economies: where are we today and where should the research go in the future. Entrepreneurship Theory and Practice, 32 (1): 1-14.

Caldara D, Iacoviello M. 2022. Measuring geopolitical risk. American Economic Review, 112 (4): 1194-1225.

Cavusgil S T, Knight G. 2015. The born global firm: an entrepreneurial and capabilities perspective on early and rapid internationalization. Journal of International Business Studies, 46 (1): 3-16.

Chen C J. 2019. Developing a model for supply chain agility and innovativeness to enhance firms' competitive advantage. Management Decision, 57 (7): 1511-1534.

Chen Z, Huang S L, Liu C, et al. 2018. Fit between organizational culture and innovation strategy: implications for innovation performance. Sustainability, 10 (10): 3378.

Chesbrough H. 2003. Open Innovation: the New Imperative for Creating and Profiting from Technology. Boston: Harvard Business School Press.

Child J, Rodrigues S B. 2005. The internationalization of Chinese firms: a case for theoretical extension? Management and Organization Review, 1 (3): 381-410.

Choudary S P, van Alstyne M W, Parker G G. 2016. Platform Revolution: How Networked Markets Are Transforming the Economy and How to Make Them Work for You. New York: W. W. Norton & Company.

Christensen C M. 1997. The Innovator's Dilemma: When New Technologies Cause Great Firms to Fail. Boston: Harvard Business Review Press.

Christopher M. 2016. Logistics & Supply Chain Management. 5th ed. New York: FT Press.

Christopher M, Peck H, Towill D. 2006. A taxonomy for selecting global supply chain strategies. The International Journal of Logistics Management, 17 (2): 277-287.

Cooper R G. 2001. Winning at New Products: Accelerating the Process from Idea to Launch. 3rd. New York: Basic Books.

Cooper R G, Edgett S J. 2008. Maximizing productivity in product innovation. Research-Technology Management, 51 (2): 47-58.

Covin J G, Green K M, Slevin D P. 2006. Strategic process effects on the entrepreneurial orientation-sales growth rate relationship. Entrepreneurship Theory and Practice, 30 (1): 57-81.

Cox T. 1994. Cultural Diversity in Organizations: Theory, Research, and Practice. Oakland: Berrett-Koehler Publishers.

Cox T, Blake S. 1991. Managing cultural diversity: implications for organizational competitiveness. The Executive, 5: 45-56.

Creal D, Wu J C. 2017. Monetary policy uncertainty and economic fluctuations. International Economic Review, 58 (4): 1317-1354.

Cui X, Wang C, Liao J, et al. 2021. Economic policy uncertainty exposure and corporate innovation investment: evidence from China. Pacific-Basin Finance Journal, 67: 101533.

de Brentani U, Kleinschmidt E J, Salomo S. 2010. Success in global new product development: impact of strategy and the behavioral environment of the firm. Journal of Product Innovation Management, 27 (2): 143-160.

Dedrick J, Kraemer K L, Linden G. 2010. Who profits from innovation in global value chains? A study of the iPod and notebook PCs. Industrial and Corporate Change, 19 (1): 81-116.

Deng L, Gibson P, Gunasekaran A. 2020. Cross-cultural workforce integration in international mergers and acquisitions. Thunderbird International Business Review, 62 (3): 251-263.

Dodgson M, Gann D, Salter A. 2008. The Management of Technological Innovation: Strategy and Practice. New York: Oxford University Press.

Dong L, Chapman M. 2020. Huawei's 5G network technology: a strategic and policy analysis. Telecommunications Policy, 44 (2): 101856.

Dosi G, Egidi M. 1991. Substantive and procedural uncertainty: an exploration of economic behaviors in changing environments. Journal of Evolutionary Economics, 1 (2): 145-168.

Doz Y. 2017. Strategic Management in Multinational Companies//Missoni E, Alesani D. Management of International Institutions and NGOs. London: Routledge: 9-38.

Drucker P F. 1954. The Practice of Management. London: Harper.

Drucker P F. 1985. The discipline of innovation. Harvard Business Review, 63: 67-72.

Falahat M, Ramayah T, Soto-Acosta P, et al. 2020. SMEs internationalization: the role of product innovation, market intelligence, pricing, and marketing communication capabilities as drivers of SMEs' international performance. Technological Forecasting and Social Change, 152: 119908.

Fernández-Villaverde J, Guerrón-Quintana P, Kuester K, et al. 2015. Fiscal volatility shocks and economic activity. The American Economic Review, 105 (11): 3352-3384.

Ferreira J J M, Teixeira S J, Rammal H G. 2021. Technological Innovation and International Competitiveness for Business Growth: Challenges and Opportunities. London: Palgrave Macmillan.

Foss N J, Saebi T. 2017. Fifteen years of research on business model innovation: how far have we come, and where should we go? Journal of Management, 43 (1): 200-227.

Gassmann O, Frankenberger K, Csik M. 2018. St. Gallen business model navigator. https://wackwork. de/wp-content/uploads/2017/11/St-Gallen-Business-Model-Innovation-Paper.pdf[2024-07-11].

Ghemawat P. 2007. Managing differences: the central challenge of global strategy. Harvard Business Review, 85 (3): 58-68, 140.

Ghoshal S, Bartlett C A. 1990. The multinational corporation as an interorganizational network. Academy of Management Review, 15 (4): 603.

Gnizy I, Baker W E, Grinstein A. 2014. Proactive learning culture: a dynamic capability and key success factor for SMEs entering foreign markets. International Marketing Review, 31: 477-505.

Gooderham P N, Grøgaard B, Nordhaug O. 2013. International Management: Theory and Practice. Cheltenham: Edward Elgar Publishing.

Gregory S. 1982. Culture's consequences: international differences in work-related values. Design Studies, 3: 55-56.

Hajro A, Gibson C B, Pudelko M. 2017. Knowledge exchange processes in multicultural teams: linking organizational diversity climates to teams' effectiveness. Academy of Management Journal, 60 (1): 345-372.

Han S, Qiu J P. 2007. Corporate precautionary cash holdings. Journal of Corporate Finance, (1): 43-57.

Hansen E G, Schaltegger S. 2016. The sustainability balanced scorecard: a systematic review of architectures. Journal of Business Ethics, 133 (2): 193-221.

Hofstede G. 1984. Cultural dimensions in management and planning. Asia Pacific Journal of Management, 1 (2): 81-99.

Inkpen A C, Tsang E W K. 2005. Social capital, networks, and knowledge transfer. Academy of Management Review, 30 (1): 146-165.

Jackson G, Deeg R. 2008. Comparing capitalisms: understanding institutional diversity and its implications for international business. Journal of International Business Studies, 39 (4): 540-561.

Johanson J, Vahlne J E. 1977. The internationalization process of the firm: a model of knowledge development and increasing foreign market commitments. Journal of International Business Studies, 8 (1): 23-32.

Johanson J, Vahlne J E. 2009. The Uppsala internationalization process model revisited: from liability of foreignness to liability of outsidership. Journal of International Business Studies, 40 (9): 1411-1431.

Johansson J K. 1996. Global Marketing: Foreign Entry, Local Marketing, and Global Management. Chicago: Irwin.

Jonsson A, Foss N J. 2011. International expansion through flexible replication: learning from the internationalization experience of IKEA. Journal of International Business Studies, 42 (9): 1079-1102.

Johnson D, Lee K, Lee M. 2015. Regulatory adaptation and internationalization: a study of global firms. Journal of World Business, 50 (4): 623-635.

Johnson P, Wilson D. 2013. International experience and the performance of Scandinavian firms: role of institution and industrial policy. International Business Review, 22 (3): 406-418.

Julio B, Yook Y. 2012. Political uncertainty and corporate investment cycles. The Journal of Finance, 67 (1): 45-83.

Keupp M M, Gassmann O. 2009. The past and the future of international entrepreneurship: a review and suggestions for developing the field. Journal of Management, 35 (3): 600-633.

Kim W C, Mauborgne R. 2004. Blue ocean strategy. Harvard Business Review, 82 (10): 76-84.

Kiss A N, Danis W M. 2008. Country institutional context, social networks, and new venture internationalization speed. European Management Journal, 26 (6): 388-399.

Kiss A N, Danis W M, Cavusgil S T. 2012. International entrepreneurship research in emerging economies: a critical review and research agenda. Journal of Business Venturing, 27 (2): 266-290.

Knight F H. 1921. Risk, Uncertainty, and Profit. New York: Dover Publications.

Knight G A, Cavusgil S T. 2004. Innovation, organizational capabilities, and the born-global firm. Journal of International Business Studies, 35 (2): 124-141.

Kogut B, Singh H. 1988. The effect of national culture on the choice of entry mode. Journal of International Business Studies, 19 (3): 411-432.

Kogut B, Zander U. 1993. Knowledge of the firm and the evolutionary theory of the multinational corporation. Journal of International Business Studies, 24 (4): 625-645.

Kumar V, Pansari A. 2016. Competitive strategies in the motion picture industry: an ABM approach. Academy of Marketing Science Review, 34 (1): 1-15.

Lashinsky A. 2012. Inside Apple: How America's Most Admired—and Secretive—Company Really Works. New York: Business Plus.

Lee C, Lee K, Pennings J M. 2001. Internal capabilities, external networks, and performance: a study on technology-based ventures. Strategic Management Journal, 22 (6/7): 615-640.

Li S, Scullion H. 2010. Developing the local competence of expatriate managers for emerging markets: a knowledge-based approach. Journal of World Business, 45 (2): 190-196.

Liu X M, Wang C G, Wei Y Q. 2009. Do local manufacturing firms benefit from transactional linkages with multinational enterprises in China? Journal of International Business Studies, 40 (7): 1113-1130.

Luo Y D, Tung R L. 2007. International expansion of emerging market enterprises: a springboard perspective. Journal of International Business Studies, 38: 481-498.

Lüthje C, Herstatt C, von Hippel E. 2005. User-innovators and "local" information: the case of mountain biking. Research Policy, 34 (6): 951-965.

Mangram M E. 2012. The globalization of Tesla Motors: a strategic marketing plan analysis. Journal of Strategic Marketing, 20 (4): 289-312.

Martin K, Sanders E, Scalan G. 2016. The role of compliance in organizational identity: insights from the global financial services industry. Law and Financial Markets Review, 10 (2): 84-97.

Martin X, Swaminathan A, Tihanyi L. 2018. Experience spillovers across corporate units and the assignment of global managers: evidence from multinational firms. Management International Review, 58 (4): 571-596.

Maurya A. 2022. Running Lean: Iterate from Plan A to a Plan That Works. 3rd ed. Sebastopol: O'Reilly Media.

McKinsey Global Institute. 2024. Digital globalization: the new era of global flows. https://www.mckinsey.com/~/media/McKinsey/Business%20Functions/McKinsey%20Digital/Our%20Insights/

Digital%20globalization%20The%20new%20era%20of%20global%20flows/MGI-Digital-globalization-Executive-summary.pdf[2024-01-29].

Nonaka I. 1994. A dynamic theory of organizational knowledge creation. Organization Science, 5 (1): 14-37.

Nonaka I, Takeuchi H. 1995. The Knowledge-creating Company: How Japanese Companies Create the Dynamics of Innovation. New York: Oxford University Press.

Osterwalder A, Pigneur Y. 2010. Business Model Generation: a Handbook for Visionaries, Game Changers, and Challengers. Hoboken: Wiley.

Oviatt B M, McDougall P P. 2005. Defining international entrepreneurship and modeling the speed of internationalization. Entrepreneurship Theory and Practice, 29 (5): 537-553.

Packard M D, Clark B B, Klein P G. 2017. Uncertainty types and transitions in the entrepreneurial process. Organization Science, 28 (5): 781-964.

Pástor L, Veronesi P. 2012. Uncertainty about government policy and stock prices. The Journal of Finance, 67 (4): 1219-1264.

Peng M W, Wang D Y L, Jiang Y. 2008. An institution-based view of international business strategy: a focus on emerging economies. Journal of International Business Studies, 39: 920-936.

Porter M E. 1985. Technology and competitive advantage. Journal of Business Strategy, 5(3): 60-78.

Porter M E. 1998. Competitive Advantage: Creating and Sustaining Superior Performance. New York: Free Press.

Prahalad C K, Doz Y L. 1987. The multidivisional structure of multinational corporations: an information-processing perspective//Prahalad C K, Doz Y L. The Multinational Mission. London: Palgrave Macmillan: 57-87.

Prange C, Pinho J C. 2017. How personal and organizational drivers impact on SME international performance: the mediating role of organizational innovation. International Business Review, 26 (6): 1114-1123.

Ramamurti R. 2012. What is really different about emerging market multinationals? Global Strategy Journal, 2 (1): 41-47.

Ries E. 2011. The Lean Startup: How Today's Entrepreneurs Use Continuous Innovation to Create Radically Successful Businesses. London: Portfolio Penguin.

Rushton A, Croucher P, Baker P. 2022. The Handbook of Logistics and Distribution Management: Understanding the Supply Chain. 7th ed. London: Kogan Page Publishers.

Schaltegger S, Lüdeke-Freund F, Hansen E G. 2016. Business models for sustainability. Organization & Environment, 29 (3): 264-289.

Schein E H. 2010. Organizational Culture and Leadership. 4th ed. San Francisco: Jossey-Bass Publishers.

Schilling M A. 2013. Strategic Management of Technological Innovation. 3rd ed. New York: McGraw-Hill Companies.

Schmitz A, Urbano D, Dandolini G A, et al. 2017. Innovation and entrepreneurship in the academic setting: a systematic literature review. International Entrepreneurship and Management Journal, 13: 369-395.

Schneider B, Ehrhart M G, Macey W H. 2013. Organizational climate and culture. Annual Review of Psychology, 64: 361-388.

Schneider S C, Barsoux J L. 2002. Managing Across Cultures. London: Pearson.

Schumpeter J A. 1934. The Theory of Economic Development: an Inquiry into Profits, Capital, Credit, Interest, and the Business Cycle. New York: Oxford University Press.

Schumpeter J A. 1942. Capitalism, Socialism and Democracy. New York: HarperPerenial.

Segal G, Shaliastovich I, Yaron A. 2015. Good and bad uncertainty: macroeconomic and financial market implications. Journal of Financial Economics, 117 (2): 369-397.

Shane S. 2000. Prior knowledge and the discovery of entrepreneurial opportunities. Organization Science, 11 (4): 448-469.

Shane S, Venkataraman S. 2019. Entrepreneurship as the pursuit of opportunity. Academy of Management Review, 25 (1): 217-226.

Smith J, Doe A. 2022. Strategic innovation in global value chains. Journal of Business Strategy, 43 (4): 190-205.

Smith J, Richardson R. 2011. Corporate social responsibility and legal compliance: the case of international expansion. International Business Review, 20 (3): 269-280.

Stone B. 2013. The Everything Store: Jeff Bezos and the Age of Amazon. New York: Little, Brown & Company.

Sundararajan A. 2016. The Sharing Economy: the End of Employment and the Rise of Crowd-based Capitalism. Cambridge: The MIT Press.

Taras V, Steel P, Kirkman B L. 2016. Does the organizational culture literature support the culture-performance linkage? Applied Psychology, 65 (3): 662-678.

Taylor S, Perry B. 2018. Multinational enterprises and local institutions: the opportunities and challenges of corporate engagement in global governance. International Business Review, 27 (4): 723-740.

Teece D J. 2007. Explicating dynamic capabilities: the nature and microfoundations of (sustainable) enterprise performance. Strategic Management Journal, 28 (13): 1319-1350.

Teece D J. 2014. A dynamic capabilities-based entrepreneurial theory of the multinational enterprise. Journal of International Business Studies, 45: 8-37.

Tian X W. 2016. Managing International Business in China. Cambridge: Cambridge University Press.

Timmons J A. 1999. New Venture Creation: Entrepreneurship for the 21st Century. 5th ed. New York: McGraw-Hill.

Trott P. 2008. Innovation Management and New Product Development.4th ed. Englewood: Prentice Hall.

Tsai W. 2002. Social structure of "coopetition" within a multiunit organization: coordination, competition, and intraorganizational knowledge sharing. Organization Science, 13(2): 179-190.

Tushman M L, O'Reilly C A. 1996. Ambidextrous organizations: managing evolutionary and revolutionary change. California Management Review, 38 (4): 8-29.

von Hippel E. 1994. The Sources of Innovation. New York: Oxford University Press.

von Zedtwitz M, Gassmann O. 2002. Market versus technology drive in R&D internationalization:

four different patterns of managing research and development. Research Policy, 31(4): 569-588.

Westerlund M, Rajala R. 2010. Learning and innovation in inter-organizational network collaboration. Journal of Business & Industrial Marketing, 25 (6): 435-442.

Wilson D, Anastasopoulos P, Hartmann A, et al. 2018. Rethinking risk management in the public sector infrastructure projects. International Journal of Project Management, 36 (3): 446-458.

Wilson D, Chen Y, Erakovich R. 2017. Managing political dynamics to enhance the implementation of Public-Private Partnership projects: an emergent strategic action model. Public Performance & Management Review, 40 (4): 643-669.

Xu D A, Shenkar O. 2002. Institutional distance and the multinational enterprise. Academy of Management Review, 27 (4): 608-618.

Xu Z X. 2020. Economic policy uncertainty, cost of capital, and corporate innovation. Journal of Banking & Finance, 111: 105698.

Zahra S A, George G. 2002. International entrepreneurship: the current status of the field and future research agenda//Hitt M A, Duane Ireland R, Michael Camp S. Strategic Entrepreneurship: Creating a New Mindset. Hoboken: Wiley: 255-288.

Zahra S A, Wright M. 2016. Understanding the social role of entrepreneurship. Journal of Management Studies, 53 (4): 610-629.

Zhang J, Watson G F, Palmatier R W, et al. 2016. Dynamic relationship marketing. Journal of Marketing, 80 (5): 53-75.

Zheng N, Wei Y Q, Zhang Y B, et al. 2016. In search of strategic assets through cross-border merger and acquisitions: evidence from Chinese multinational enterprises in developed economies. International Business Review, 25 (1): 177-186.

Zott C, Amit R, Massa L. 2011. The business model: recent developments and future research. Journal of Management, 37 (4): 1019-1042.